MINERVA
はじめて学ぶ教職

14

吉田武男

監修

特 別 活 動

吉田武男/京免徹雄

編著

ミネルヴァ書房

監修者のことば

　本書を手に取られた多くのみなさんは，おそらく教師になることを考えて，教職課程をこれから履修しよう，あるいは履修している方ではないでしょうか。それ以外にも，教師になるか迷っている，あるいは教師の免許状だけを取っておく，さらには教養として本書を読む方も，おられるかもしれません。

　どのようなきっかけであれ，教育の営みについて，はじめて学問として学ぼうとする方に対して，本シリーズ「MINERVA はじめて学ぶ教職」は，教育学の初歩的で基礎的・基本的な内容を学びつつも，教育学の広くて深い内容の一端を感じ取ってもらおうとして編まれた，教職課程向けのテキスト選集です。

　したがって，本シリーズのすべての巻によって，教職に必要な教育に関する知識内容はもちろんのこと，それに関連する教育学の専門領域の内容もほとんど網羅されています。その意味では，少し大げさな物言いを許していただけるならば，本シリーズは，「教職の視点から教育学全体を体系的にわかりやすく整理した選集」であり，また，このシリーズの各巻は，「教職の視点からさまざまな教育学の専門分野を系統的・体系的にわかりやすく整理したテキスト」です。もちろん，各巻は，教育学の専門分野固有の特徴と編者・執筆者の意図によって，それぞれ個性的で特徴的なものになっています。しかし，各巻に共通する本シリーズの特徴は，文部科学省において検討された「教職課程コアカリキュラム」の内容を踏まえ，多面的・多角的な視点から教職に必要な知識について，従来のテキストより大きい版で見やすく，かつ「用語解説」「法令」「人物」「出典」などの豊富な側注によってわかりやすさを重視しながら解説されていることです。また教職を「はじめて学ぶ」方が，「見方・考え方」の資質・能力を養えるように，さらには知識をよりいっそう深め，そして資質・能力もよりいっそう高められるように，各章の最後に「Exercise」と「次への一冊」を設けています。なお，別巻は別の視点，すなわち教育行政官の視点から現代の教育を解説しています。

　この難しい時代にあって，もっと楽な他の職業も選択できたであろうに，それぞれ何らかのミッションを感じ，「自主的に学び続ける力」と「高度な専門的知識・技術」と「総合的な人間力」の備わった教師を志すみなさんにとって，本シリーズのテキストが教職および教育学の道標になることを，先輩の教育関係者のわれわれは心から願っています。

　2018年

　　　　　　　　　　　　　　　　　　　　　　　　　吉　田　武　男

はじめに

　本書は，教師を志す人にとって必要な特別活動に関する基礎的・基本的知識とともに，発展的な内容につながる道標を提示した一冊であり，教員養成におけるスタンダードなテキストシリーズ「MINERVA はじめて学ぶ教職」のなかの一冊に位置づけられたものである。実際に，教育職員免許法・同施行規則改正および「教職課程コアカリキュラムの在り方に関する検討会」の取りまとめという改革のなかにあって，特別活動に関する科目は，教職科目として「道徳，総合的な学習の時間等の指導法及び生徒指導，教育相談等に関する科目」のカテゴリーに割り当てられた必修科目となっている。その意味では，いまや特別活動は教育界において十分に市民権を得ている用語となり，教育学の一分野を形成するものである。

　少し特別活動の歴史を見てみると，小学校と中学校のなかに特別活動という用語が初めて登場するのは，[1968年版] と [1969年版] の学習指導要領であり，高等学校については [1970年版] の学習指導要領のなかにほぼ同じ内容に該当する分野が「各教科以外の教育活動」という別称で呼ばれていた。次の改訂にあたる [1977年版] の小学校と中学校，および [1978年版] の高等学校の学習指導要領では，特別活動の用語が小学校，中学校，および高等学校を通して使用されるようになった。したがって，特別活動の用語が小学校から高等学校までの学校段階で使用されるようになって50年を越えている。その50年を長いと見るか短いと見るかという判断は横に置くとしても，現在では特別活動という用語は間違いなく学校の教育課程に位置づき，教育界に広く知られている。

　しかし，広まったと言っても，本書を手にした読者のみなさんが，「特別活動とはどのようなものですか」と問われたなら，その内容や特徴を正しく答えられる人はそれほど多くはないであろう。「学級活動のようなもの」「修学旅行だ」「クラブ活動だ」というような不完全な答えが口から出てくるかもしれない。現時点ではまだそのような答えは不十分ながらも許されるとしても，小学校入学から高等学校卒業まで日本で12年間にわたって特別活動を毎日のように体験してきたみなさんが，特別活動という名前を聞いても，まったく見当がつかないということでは困ってしまう。もちろん，学校では，特別活動という用語がいつも使われるとは限らず，しばしば「特活」という略称も日常的に使われてきたことも多少は影響しているのだろう。しかし，特別活動の用語は，今では広く知られるようになり，前述したように教職課程の必修科目になっているにもかかわらず，その名称や内容が教師を志す多くのみなさんに十分に理解されていないというのであれば，教育界において特別活動の存在意義は本当の意味でまだ十分に理解されていない，と見なすべきであろう。

　実際にかつての時代においては，特別活動は，「特別にしなくてもよい活動」と悪口を言われたこともあった。また，特別活動の略称である「特活」は，「トッカツ」と呼ばれずに，わざとふざけて「トンカツ」と揶揄的な意味を込めて呼ばれたこともあった。そのようないわば不遇の時代を経て，学習指導要領の改訂のたびに，特別活動はそれぞれの時代における人間形成にとってとくに必要とされるもの

をつねに提供できる（例えば，[1977年版]の小学校と中学校，および[1978年版]の高等学校の学習指導要領のときには「人間性豊かな児童生徒の育成」ができる，[1998年版]の小学校と中学校，および[1999年版]の高等学校の学習指導要領のときには「生きる力の育成」ができる）学習領域として，その地位を教育課程のなかで築いてきた。実際に，[2017年版]の小学校と中学校，および[2018年版]の高等学校の学習指導要領は，「生きる力」をより具体化した「知識及び技能」「思考力，判断力，表現力等」「学びに向かう力，人間性等」という三つの資質・能力の柱を「人間関係形成」「社会参画」「自己実現」という三つの視点から提示し，特別活動の目標を大きく変更している。つまり，現在では，特別活動は，学校教育ないしは教育課程のなかで一定の役割を確実に担う存在となっている。最近では，それどころか，特別活動は，エジプトやオマーンなどの中東諸国をはじめ，世界から日本式のライフスキル教育ないしはホリスティック教育として注目され，「tokkatsu」というローマ字が世界で通じるようになりつつある。

　それでも，特別活動に関する学術的な研究は，専門的な研究者の数も少なく，まだまだ不十分な状況であるうえに，既述したように，この学習領域の存在はすべての読者のみなさんにも十分に理解されていない状況にある。そのために，教員養成におけるテキストの内容も多種多様な状況になりがちであり，本書も含めて，これから改善される余地を多く残している。

　このような状況のなかにあって，本書は，子どもとかかわる学校の教師を志すみなさんはもちろんのこと，特別活動の知識を教養としてより深く本格的に学びはじめようとするみなさんにとっても，できるかぎりふさわしい内容になるように思案されたものである。その際に，基礎的な知識をていねいに提示しつつも，抽象的な理論にも，また小手先の実践的な技法にも偏るのではなく，理論と実践をバランスよく組み入れること，そして学習指導要領に準拠しつつも，学習指導要領解説を読めば済むような内容や構成にならないことを，とくに全体的に考慮した。

　第Ⅰ部「特別活動の理念と歴史」では，特別活動の位置と教育的意義とともに，日本の特別活動の歴史的なあゆみを取り上げた。そこで，「特別活動とは何か」という問いに対しては，正確な答えは出てこなくても，およそどのようなものであるかを大枠で把握してほしい。

　第Ⅱ部「特別活動の基礎理論」では，まず，特別活動と生徒指導，特別活動と教科教育，特別活動と道徳教育，特別活動と総合的な学習の時間，特別活動とキャリア教育というように，特別活動との関連性について考察する。特別活動の特徴を理解しながら，「特別活動とは何か」という問い対して，より正確な答えを理論的に言えるようになってほしいと願っている。そのうえで，特別活動にしぼって，その固有の目標と内容を的確に把握してもらいたい。

　第Ⅲ部「特別活動の実際」では，小学校学習指導要領によって示されている四つの内容，すなわち学級活動，児童会活動，クラブ活動，学校行事を中心に，その実際を具体的な実践例とともにわかりやすく解説している。ただし，中学校の場合には，その内容は，クラブ活動を除いた，学級活動，生徒会活動，学校行事の三つであり，高等学校の場合には，同じく三つであるが，学級活動という名称がホームルーム活動となっている。また，部活動は正確に言えば特別活動のカテゴリーに含まれないが，過去の経緯と活動の共通的な特徴を考慮して，クラブ活動とともに説明されている。ここでは，そのような特別活動の実際的で具体的なあり方を理解してほしい。

　第Ⅳ部「よりよい特別活動と教師を目指して」では，これからもよりよく改善され発展されていくた

めのポイントとして，「特別活動においてどのような評価が行われるべきか」「特別活動はどのようにすれば地域に開かれるのか」「特別活動を担う教師に求められる資質・能力とは何か」をあげて，そのあり方についての基礎的な解説とともに，斬新なアイデアも提案している。ここから，自分が体験してきた特別活動の思い出と教師になった未来の自分とを想像しながら，今の特別活動の状況を子どもたちのためにどのように改善していきたいかを模索してほしい。できれば，そのような思いや希望を，教師になることによって実践してもらいたい。

　なお，本書では，《巻末資料》として［2017年版］の小学校と中学校の「学習指導要領　特別活動」を掲載したので，学習に活用してほしい。また，章末ごとに，特別活動に対する学びを整理し，よりいっそう深めるための「Exercise」と「次への一冊」を示した。これも学習の参考にしてほしい。

　本書を活用してくれたみなさんが，特別活動を正しく理解し，近未来に，よりよい特別活動を子どもとともに創り上げていただけるならば，編著者としてうれしいかぎりである。

　また，次ページに示した表は，本書の各章と教職課程コアカリキュラムとの対応表である。参考にしてもらいたい。

　最後に，本書を刊行するにあたって，ミネルヴァ書房編集部の河野菜穂氏と深井大輔氏をはじめ，多くの方々にお世話になったことを，ここに感謝とお礼を申し上げたい。ありがとうございました。

2020年9月

編著者　吉田武男
　　　　京免徹雄

| 全体目標 | 特別活動は，学校における様々な構成の集団での活動を通して，課題の発見や解決を行い，よりよい集団や学校生活を目指して様々に行われる活動の総体である。学校教育全体における特別活動の意義を理解し，「人間関係形成」・「社会参画」・「自己実現」の三つの視点や「チームとしての学校」の視点を持つとともに，学年の違いによる活動の変化，各教科等との往還的な関連，地域住民や他校の教職員と連携した組織的な対応等の特別活動の特質を踏まえた指導に必要な知識や素養を身に付ける。
 ＊養護教諭及び栄養教諭の教職課程において「道徳，総合的な学習の時間及び特別活動に関する内容」を単独の科目として開設する場合は，（1）を習得し，そこに記載されている一般目標と到達目標に沿ってシラバスを編成する。なお，その場合は学習指導要領の内容を包括的に含むこと。 | | | | | | | |

一般目標	（1）特別活動の意義，目標及び内容を理解する。				（2）特別活動の指導の在り方を理解する。			
到達目標 本書における章	1)学習指導要領における特別活動の目標及び主な内容を理解している。	2)教育課程における特別活動の位置付けと各教科等との関連を理解している。	3)学級活動・ホームルーム活動の特質を理解している。	4)児童会・生徒会活動，クラブ活動，学校行事の特質を理解している。	1)教育課程全体で取り組む特別活動の指導の在り方を理解している。	2)特別活動における取組の評価・改善活動の重要性を理解している。	3)合意形成に向けた話合い活動，意思決定につながる指導及び集団活動の意義や指導の在り方を例示することができる。	4)特別活動における家庭・地域住民や関係機関との連携の在り方を理解している。
第1章	○	○						
第2章	○	○	○	○				
第3章	○	○	○					
第4章	○	○						
第5章	○	○	○					
第6章	○	○	○					
第7章	○	○	○	○				
第8章	○	○	○	○				
第9章	○		○				○	
第10章	○			○			○	
第11章	○			○			○	
第12章	○			○			○	
第13章	○					○		
第14章	○							○
第15章	○				○	○	○	○

<h1>目　次</h1>

第Ⅳ部　よりよい特別活動と教師を目指して

第 I 部

特別活動の理念と歴史

第1章
特別活動の基礎基本

〈この章のポイント〉
　本章では，諸外国からの影響を受けながらも，日本において醸成された特別活動の特徴についての概略を説明する。その際に，人間形成や学校教育の根本的基盤および国際的視点から，日本独自の発展を遂げた特別活動の有り様やあり方を解説する。特別活動の意義について複眼的な視点から学ぶ。

1　特別活動とは何か

1　学校生活からみた特別活動

　小学校・中学校・高等学校時代の学校生活を漠然と振り返ってみると，特別な行事がないかぎり，1日の学校生活は，各教科の時間で占められていたと思われがちである。しかし，現実には授業時間以外に，さまざまな教育活動が設けられていた。小学校では，1時間目の前に「朝の会」が行われていた。お昼には「給食の時間」，午後には「掃除の時間」が設けられていた。そして帰宅前には，「終わりの会（帰りの会）」がいつも行われていた。また，週に1回は，授業時間のときに学級の「話合い活動」や「クラブ活動」が設けられていた。ときには，学年を越えて集まって話し合う「児童会活動」も行われていた。中学校や高等学校段階になると，「クラブ活動」はなくなり（学習指導要領［1998年改訂］の際に廃止），「朝の会」あるいは「終りの会」がしばしば縮小・省略されたりするところもあったが，基本的に小学校と同じような活動は行われていたはずである。

　また，1年間を振り返ってみると，「入学式」や「卒業式」，さらには「始業式」や「終業式」などの儀式だけでなく，「遠足」や「旅行」，「避難訓練」や「防災訓練」，「健康診断」や「疾病予防」，「防犯指導」や「交通安全指導」，そして「運動会」や「球技大会」のような体育的な行事，さらには「文化祭（学校祭）」や映画・演劇・伝統芸能などの「鑑賞会」のような文化的な行事なども季節的に行われていた。

　実は，これらの活動すべてが特別活動と呼ばれる学校の教育活動である。このような活動体験は，個々人のなかでそれなりに印象深く残っているものであ

▷1　いわゆる「ゆとり教育」のなかで削減された。詳しくは，第2章の26ページを参照。

3

る。実際に学生や成人に，「学校の活動のなかで最も印象深く残っているものは何ですか」とたずねると，例えば運動会や文化祭などの特別活動をあげる人も多いのではないか。そこでは，学校生活の大部分を占める各教科の授業よりも，その生活の隙間を埋めるように少しだけ存在するだけの特別活動が意外と多くあげられる。

　しかし，特別活動は，印象深いものとして思い出されても，実際には成績の評定に関係ないために，一人ひとりの子どもにとっても，あるいは学校の教師や保護者にとっても，一般的に重要視されていなかったのではないか。もちろん，特別活動の実践に熱心な教師たちもいただろうが，残念ながらその数は少なかったのではないだろうか。

　ところが，特別活動は，各教科の授業と比べて教えなければならないような制約された教育内容をあまり有しないために，子どもにとってかなり自由度の高い学習活動であった。それゆえに，特別活動は，名称をはじめ，目標や内容をその時代状況に応じて変化させながら，学校の教育活動として存続されてきた。とりわけ，近現代の激動の時代にあって，特別活動はその趨勢にうまく乗りながら，発展を遂げてきたと言ってよいだろう。

　その詳細な変遷については第2章で説明されることになるが，以下では，まず特別活動の思想的基盤から時系列的に振り返り，さらに世界的視野から国際的に眺めながら，特別活動とは何か，という問いに迫ってみたい。

②　世界の歴史・思想からみた特別活動

　わが国において，特別活動は，戦後になって学校のカリキュラムのなかに登場した学習領域である。しかし，戦前にも，特別活動の内容につながるさまざまな教育活動は行われており，古くは，近代日本の学校が成立した明治期の「祝日学校儀式」をはじめ，運動会や遠足などの教科外教育に見られる。いまの言い方をすれば，特別活動のなかの「学校行事」に関する活動は，早くから行われていたのである。

　そのようなわが国の実態に対して，諸外国に目を向けると，もっと古い歴史的変遷が垣間見られる。ヨーロッパにおいては，当然のことながら，教科外教育の前に教科教育が存在している。その教科の起源は古くは古代ギリシャ時代まで遡れるが，カリキュラムとして正規に位置づいたものとしては中世の七自由科があげられる。その後，中世や近世の時代を経て，新しい教科がカリキュラムに加えられ，19世紀後半になると，現在の学校に見られるような諸教科が概ね現れることになった。したがって，長期にわたって，学校教育に関しては，あくまでも教科教育が関心の的であった。そのために，学校のカリキュラムとしては，教科外教育はあまり注目されてこなかったが，学校教育における

▷2　評定
ある対象を一定の基準に従って，段階に分類したり，序列をつけたりすることである。しばしば日常的に「評価」と同義に使われたりするが，「評価」は価値判断に重きをおき，さらにフィードバック機能までを包含して使われるのに対して，「評定」はその時点の状態を明確にするための数量的記述に重点をおいて使われる用語である。

▷3　祝日学校儀式
国家祝祭日を活用して，祝日に教師や児童・生徒の全員が学校に集合する儀式のことである。このような国家の祝日に学校行事を行うことを推進したのは，初代文部大臣の森有礼であった。森は，この行事を通して，国家を意識させようとしたと言われている。

▷4　七自由科
文法，修辞法，弁証法という言語に関する3科と，算術，音楽，幾何，天文という数に関する4科からなる。

人間形成が意識され始めると，教科教育における人間形成を補完するものとして一定の役割を担うようになった。

　とりわけ，アメリカの中等教育では，19世紀末から20世紀初頭に至る時期に，課外活動が教育活動に活発に取り入れられるようになった。例えば，多くの中等教育段階の学校では，歌唱，オーケストラ，陸上競技，バスケットボール，フットボール，テニス，野球，演劇などである。いまの言葉で言えば，部活動に当たるものである。さらに，子どもの手によって計画される自治的な集会活動も広く行われるようになり，現在では特別活動の訳語の一つとなっている「extra-curricular activities」という言葉が使われるようになったのもこの時期である。やがて，これらの課外活動は次第に教科外活動として教育課程のなかに組み込まれて発展するようになり，第二次世界大戦直後の日本に自由研究という名前で輸入され，日本でさまざまに変更されるなかで，日本独自の発展が見られた。その詳細な実態については，第 2 章に譲ることとし，以下では，そのような教科外教育の実践につながったいわゆる思想的源流について，ヨーロッパにおける二つの思想を確認しておきたい。なぜなら，この二つの思想が過去の教育的遺産として存在していたからこそ，欧米，とりわけアメリカにおいて，子どもの生活や活動を重視する教科外活動がデューイ（Dewey, J. 1859-1952）の思想を活かしながら発展したと考えられるからである。

　その一つは，「近代教育の父」と呼ばれるスイスの教育家ペスタロッチ（Pestalozzi, J.H. 1746-1827）の思想である。18世紀後半から19世紀にかけて活躍したペスタロッチは，「生活は陶冶する（das Leben bildet）[▷5]」という彼の言葉に顕著に示されているように，人間形成にとって生活することの重要性を主張した。実際にペスタロッチは，貧しい子どもを自立した人間にするために，教科中心の教育から子どもの生活活動や生産活動を大切にしながら知徳体の調和的発達を促す実践に尽力した。このペスタロッチの生活教育の思想は，19世紀末から20世紀初頭にかけてヨーロッパを中心に国際的に広がった子どもの活動や生活を重視する新教育運動に大きな影響を与えた。もちろん，彼の思想はアメリカのデューイにも影響を与え，デューイによって学校における子どもの自主的で主体的な活動を尊重する教育思想，つまり主知主義や注入主義の教育から子どもの活動や経験を尊重する子ども中心主義の教育思想へ継承・発展することになったのである。この教育思想が，教科外活動を子どもの人間形成に寄与するものとして，学校教育に積極的に取り入れる大きな拠り所となったのである。

　もう一つは，第 2 章においても言及されているアーノルド（Arnold,T.）の思想である。1828年にイギリスのパブリック・スクール[▷6]の名門ラグビー校の校長となった彼は，上級生が下級生を指導する関係を活用しながら，集団的なスポーツを通して大英帝国の指導者として生きていくための資質を身につけさせ

▷5　「生活が陶冶する」とは，簡潔に説明すると，「日々の生活が人間を形成する」あるいは「生活が人格を育んでいく」ということを意味している。

▷6　パブリック・スクール　イギリスの私立中等教育機関の総称である。最古のウィンチェスター校は，1832年に設立されている。

5

ようと考えた。このアーノルドの考え方は，中等教育段階以上の運動部の活動を推進することに，そして後の教科外や課程外に属するクラブ活動や部活動に人間形成的な意味を積極的に見出すことに，大きな影響を与えることになったのである。

③　世界からみた特別活動

このような歴史をもつ特別活動は，現在では世界的にどのように行われているのであろうか。もちろん，特別活動といっても，それは日本特有の教育活動というべきものであって，世界のものと簡単に比較できるわけではない。したがって，ここでは，特別活動の概念を少し広く捉えて，特別活動的な実践が世界でどのように行われているかを眺めることにしよう。

そこで，まず，世界の学校教育について特別活動という視点から見ると，大きく三つに区分することが可能である[47]。

第一のグループは，教科中心の教育課程になっており，特別活動のような教育活動を教育課程のなかであまり熱心には行っていない学校である。例えば，ドイツやフランスなどのヨーロッパ大陸諸国で見られ，「ヨーロッパ型」と呼ばれるものである。そのうちのドイツでは，とくに6歳から4年間にわたって通学する公立の基礎学校では，教科以外の時間数は教育課程に組み込まれていない。まさに，ドイツの公立の基礎学校は，いわゆる「生活学校」ではなく「知識学校」と呼ぶべき特徴を有している。しかしときには，ドイツの公立の基礎学校では，法的な根拠はないまま，「朝の輪（Morgenkreis）」と呼ばれるものが不定期に実施されるものの，児童会活動のようなものはほとんど行われない。ただし，中等学校段階になると，生徒会活動が次第に活発になる[48]。

第二のグループは，社会主義のイデオロギーを特定の授業時間だけでなく学校教育全体に浸透させ，その思想を子どもに伝えようとする学校である。例えば，中国やキューバなどの社会主義諸国において見られるものである。それゆえ，「社会主義型」と呼ばれる。そのうちの中国について言えば，「少年宮」や「青少年活動センター」という学校以外の社会教育施設が充実しつつあり，学校の教科外教育を補完するかたちになっている。ただし，中国では，他の東南アジア諸国と同様に，特別活動的な活動は盛んである。

第三のグループは，教科以外の教育活動が正規の教育課程になっている学校である。例えば，イギリスやアメリカなどである。それゆえ，「英米型」と呼ばれる。これらの学校では，スポーツ活動や文化活動をはじめ，レクリエーション活動や社会奉仕活動などのクラブ活動が盛んである。とくに，その種のクラブ活動は歴史的な影響もあって，中等教育段階の学校において活発に行われている。なお，日本の学校はこの分類に従えば，基本的には第三グループの「英

▷7　二宮皓編『新版　世界の学校──教育制度から日常の学校風景まで』学事出版，2014年。

▷8　ドイツでは，各学校に最高意思決定機関としての学校評議会を設置することが州法で決まっており，このメンバーとして，校長や教員をはじめとして，保護者，地域住民，弁護士などの専門家に加えて，中等教育段階の学校では，生徒の代表が参加できることになっている。このようなシステムは，ドイツだけでなく，フランスやスウェーデンなど，ヨーロッパでは盛んである。

米型」に属すると言えよう。

　また，特別活動的なものの実施状況について世界を地域別に眺めれば，次のように要約できる。

　⑴　アジア諸国：大きく二つに区分できる。一つは東アジアであり，特別活動的な内容は教育課程のなかに組み込まれながら盛んに行われている。もう一つの南・西アジアでは，一部の学校行事は行われるものの，その他の特別活動的な内容はあまり行われていない。

　⑵　オセアニア諸国：学校行事をはじめ，特別活動的なものは行われている。

　⑶　アフリカ諸国：特別活動的な内容はあまり熱心に行われていない。

　⑷　ヨーロッパ諸国：特別活動的なものの実施は，地域によってかなり異なっている。大枠において言えば，北欧諸国は学級会活動をはじめ，概ね熱心に行われている。それに対して，北欧を除くヨーロッパ諸国は概ね低調である。東欧諸国は，学校行事を中心として行われている状況である。もちろん，イギリスでは，クラブ活動は盛んである。

　⑸　アメリカ諸国：北アメリカでは，クラブ活動や生徒会活動や学校行事が盛んに行われているのに対し，南アメリカでは，特別活動的な活動は学校行事を除いて低調である。

　以上，世界の特別活動を概観したように，その地域や国の諸事情によってその実践の様子は違っているが，内容的に特別活動的なものは行われている。そのなかでも，比較的盛んな東アジアにあって，日本の特別活動は世界的な視野からみれば，活発に展開されているだけでなく，日本特有の発展を遂げている。それゆえ，世界各地の教育関係者は，日本の特別活動の実践を観察するために訪れている。とくにエジプトやオマーンなどの中東諸国の注目度はきわめて高く，特別活動は英語で「tokkatsu」と表記されるようになってきている。日本国内では，特別活動は，まだ「トンカツ」と揶揄されて軽視されることがあっても高く評価されることは少ないが，海外のいくつかの国では，自分たちの学校教育に取り入れられないかという視点で，高く評価されている。

2　日本の学校教育のなかの特別活動の位置

1　学校教育と教育課程

　前述した通り，20世紀のアメリカの中等教育を中心に積極的に取り入れられた教科外活動が，第二次世界大戦後の日本に自由研究の名前で輸入され，教育課程のなかで特別教育活動や特別活動などと名前を変えながら日本独自の発展

▷9　注目されることになった一つの遠因は，国際的なスポーツ大会，とりわけサッカーのワールドカップの予選リーグや本戦において，自国の勝敗結果に関係なく，観客席を清掃して去る日本のサポーターの行動であった。とくに，最近では，ワールドカップロシア大会の決勝トーナメントにおいて，日本が優勝候補の強豪ベルギーに途中までリードしながら，後半の終了間際に1点を失って逆転負けした後でも，サポーターが自分たちのいた場所を清掃する行動に，世界の人々は感動を覚えていたという。このような日本人サポーターの行動がどこで学ばれたのかを推し量られたとき，特別活動の一つである学校の清掃活動に見出されたことが大きな注目のきっかけとなったといわれている。

を遂げることになった。そのために，日本の学校教育は，「ヨーロッパ型」の「知識学校」とは大きく異なった方向に舵を切ることになった。その結果，日本では，知識習得を中心とする教科教育だけでは学校教育は成立しないという信念・確信のようなものが根づくことにつながった。

　もちろん，その根本的な原因としては，日本の歴史的な風土や文化をはじめ，日本の明治期以降の教育実践の蓄積などによるところも無視できないが，戦争直後におけるアメリカからの教科外活動の理論と実践は，その後の日本の学校教育，とりわけ教育課程の編成に大きな影響を及ぼすことになった。その結果，教育課程のなかに教科外活動が必ず位置づけられるようになったために，「Curriculum」という英語は日本語に翻訳されるときには，「教科課程」や「学科課程」ではなく，「教育課程」という訳語が定着することになったのである。

２　教育課程における特別活動

　新学習指導要領によって，現在の日本における小学校の教育課程は，国語や社会をはじめ，新しく加わった外国語などの各教科，「特別の教科　道徳」，そして教科外活動としての外国語活動と総合的な学習の時間と特別活動から編成されている。同じく中学校の教育課程は，各教科，「特別の教科　道徳」，そして教科外活動としての総合的な学習の時間と特別活動から編成される。また，高等学校の教育課程は，各教科，そして教科外活動としての総合的な探究の時間と特別活動から編成されている。つまり，特別活動は，小学校から高等学校までつねに教育課程のなかに位置づけられている。しかも，すべての学年において特別活動は行われることになっている。さらに言えば，特別支援学校の小学部・中学部・高等部においても，特別活動はすべての学年で行われることになっている。したがって，その点から，特別活動は教育課程のなかで重視されていると言えなくもないであろう。それゆえ，大学の教職課程においても，特別活動の科目が必修になっていることは，その重要性を裏づける傍証の一つであると言えよう。

　しかし，みなさんの体験では，特別活動に熱心に取り組んでいた教師は，あまり多くなかったのではないだろうか。また，第１節で述べたようにみなさん自身もそれほど注目してこなかったのではないだろうか。実際に，学習指導要領において他の教育課程の領域と列挙して明記されるときには，特別活動は，その名前で呼ばれるようになってからも，つねにその末尾に置かれていた。現実的には，学校完全週５日制のもとで「ゆとり」重視，そののちには学力重視が叫ばれるなかで，2000年代に入ると特別活動の廃止もまことしやかに関係者間で噂され，それに対する危機感も共有されていたが，学習指導要領［2008年

改訂］においても，また新学習指導要領においても，その必要性は認められ，特別活動は他の教育課程の領域と列挙されていつものようにその末尾に置かれることになった。

　そのような教育課程における特別活動の扱われ方をみるならば，特別活動は，不必要ではないが，何か積極的に必要性も感じられていないようにも思われる。そこで，次に，特別活動の性格や実態を概観しながら，その必要性を考察することにしよう。

3　特別活動の意義

1　特別活動の教育的意義

　教育課程の基準を示す学習指導要領では，特別活動は他の教育課程の領域と列挙されるときには，なぜいつもその末尾に置かれるのか。それは，特別活動の軽視の表れなのか。さらに言えば，他の領域と違って，特別活動という名称は，「特別」という言葉を使っている点でも奇妙な用語ではないだろうか。そして，特別活動の「特別」はいったい何に対して特別ということなのだろうか。これらの問いに答えるために，学校の教育実践を整理しながら，特別活動の教育的意義について説明する。

　古くから教育学の世界では，教育作用は陶冶（Bildung）と訓育（Erziehung）という二つの側面に区分され，それらの側面が相まって人間形成に寄与できるとされてきた。その場合の陶冶とは，学問や文化などの客観的価値によって知識や技能を形成しようとするものであるのに対し，訓育とは，意志や感情などに直接的に働きかけ，人格を形成しようとするものである。つまり，陶冶は主として教科教育に，訓育は主として教科外活動に相当することになる。

　したがって，特別活動は教科外活動の一つであり，教科教育とは別のカテゴリーの領域である。その意味からすれば，特別活動の「特別」は教科教育の「教科」に対してのものであるために，特別活動の目指すものは，当然ながら教科教育と大きく異なり，しかも教科教育において重視される客観的価値からもかけ離れることになる。具体的には，特別活動では，子どもの自主性・自発性・自治性・実践性・協力性などの育成のみならず，個性や社会性の育成も重視される。そのうえ，集団性も方法の原理として大切にされている。

　それゆえ，特別活動は，他の教科外活動（例えば，総合的な学習の時間，小学校のみで行われる外国語活動）と比べてみても，客観的価値の学習からは最も縁遠い存在である点で，教育課程における各教科からの並びで言えば，各教科教育から最も離れた末尾のところに位置づけられてしまう。しかし，特別活動は，

人間形成の訓育の側面で必要不可欠な領域の一つとして意義を見出され，戦後の日本においては社会的な変動のなかで消えるどころか，その時代に応じて柔軟に変貌しながら，長く現在まで発展してきているのである。

　では，社会的な変動のなかで消え去らずに存在し続けてきた特別活動に対して，どのような意義がつねに見出されていたのだろうか。これまで，研究者によっても，また学習指導要領改訂の度に発行される学習指導要領解説においても，特別活動に関してつねに変わらず共通な意義も見出されているが，その時代に合わせてしばしば異なった意義が語られることもあった。例えば，2008年に発行された「中学校学習指導要領解説特別活動編」では，次の五つの意義があげられていた。

ア　集団や社会の一員として，「なすことによって学ぶ」活動を通して，自主的，実践的な態度を身に付ける活動である。

イ　教師と生徒及び生徒相互に人間的な触れあいを基盤とする活動である。

ウ　生徒の個性や能力の伸長，協力の精神などの育成を図る活動である。

エ　各教科，道徳，総合的な学習の時間などの学習に対して，興味や関心を高める活動である。また，逆に，各教科等で培われた能力などが総合・発展される活動でもある。

オ　知，徳，体の調和のとれた豊かな人間性や社会性の育成を図る活動である。

　このような意義に関する記述は，2017年に発行された「中学校学習指導要領解説特別活動編」と比べると，内容や表現についてもかなり異なっている。しかし，次の二つの内容だけは，特別活動の教育的な意義としてぶれることなく一貫して記述されており，その意味では特別活動の特質とも言うべきものである。

　一つは，集団活動を特質とすることであり，方法の原理でもある。一人ひとりの子どもがさまざまな集団に所属することによって，子どもの人間関係も多様となり，生活経験も豊かになる。その結果，人間関係を形成する力が養われ，集団の質も高まることになる。この点は，確かに他の教育活動でも見られないわけではないが，特別活動にとくに顕著に影響を及ぼすものである。

　もう一つは，実践的な活動を特質とすることであり，方法の原理でもある。特別活動は，実際的な体験活動による学習，すなわち「なすことによって学ぶ」ことを通して，人間形成を図ることになる。もちろんこの点も他の教育活動でも見られないわけではないが，「なすことによって学ぶ」という実践的な活動は，特別活動にとって方法であると同時に目的でもあるために，特別活動にとって一体不離なものである。

［2］　特別活動の今日的意義

今日の社会の変貌は，人間の生活にとっての利便性や物質的豊かさを生み出した一方で，さまざまな歪みも人間の生活のなかに露呈させている。とくに人間形成という点に関しては，憂慮すべき教育問題や教育的病理現象が次々と出現している。例えば，教育環境の格差，家庭や地域社会の教育力の低下，子ども虐待，いじめ問題，学級崩壊，不登校，校内暴力，授業放棄，自殺・殺傷事件，ニートやフリーターの増加，スクールカースト，引きこもりなど，あげればきりがない現実である。

それらの教育問題や教育的病理現象は相互に絡み合い，その背後に情報化やグローバル化などの社会の激変という「社会の問題」と，さらには心的外傷後ストレス障害やうつ症状などの個人の「心の問題」もあって，簡単に解決策は見出せない状況にある。

だからといって，そのまま放置することは許されない。もちろん，学校の教育実践がその解決策を提示できるわけではないが，一定の効果を示さなければならないであろう。その際，前述した陶冶と訓育という教育作用の区分に従えば，学問や文化などの客観的価値を介さないような，わかりやすく言えば，知識や技能獲得に執着しないような訓育，すなわち教科外活動のほうが人間に直接的に働きかける点で，より大きな効果を与えやすい教育作用である。その意味で，教科外活動のなかでも，特別活動は，とりわけ大きな実践的効果を生み出すことに貢献できるであろう。なぜなら，特別活動の実践には，さまざまな実際的な内容が包含されながら，教えるべき教育内容からの制約が各教科や「特別の教科　道徳」をはじめ，「総合的な学習（探究）の時間」よりも弱いために，高い柔軟性の性質が見てとれるからである。

実際に，2016（平成28）年12月の中央教育審議会答申「幼稚園，小学校，中学校，高等学校及び特別支援学校の学習指導要領等の改善及び必要な方策等について」に基づき，「社会に開かれた教育課程」の実現が目指されて学習指導要領が作成されたが，特別活動は，高い柔軟性の性質を活かして，その実現の方策にきわめて合致したものとなっている。その点に，前述したような二つの教育的な意義に加えて，いくつかの今日的意義が確認されている。

「中学校学習指導要領解説特別活動編」に即して言えば，次の四つがあげられよう。

第一に，特別活動の特質を踏まえた資質・能力の育成である。今回の改訂では，各教科を通して育成することを目指す資質・能力として，「何を理解しているか，何ができるか（生きて働く「知識及び技能」の習得）」（以下，「知識及び技能」の習得と略す），「理解していること・できることをどう使うか（未知の状況

にも対応できる「思考力，判断力，表現力等」の育成)」(以下，「思考力，判断力，表現力等」の育成と略す)，「どのように社会・世界と関わり，よりよい人生を送るか (学びを人生や社会に生かそうとする「学びに向かう力，人間性等」の涵養)」(以下，「学びに向かう力，人間性等」の涵養と略す) をバランスよく育むことが重視されている。特別活動の実践におけるさまざまな集団活動のなかで，「思考力，判断力，表現力等」を活用しながら，「知識及び技能」は実感をともなって体得され，「学びに向かう力，人間性等」が涵養されることになる。つまり，新学習指導要領において各教科で育むことが求められている三つの柱，すなわち三つの資質・能力は，特別活動のさまざまな集団活動を通すことで，しかも自主的，実践的な活動を重視することで，教科の枠を越えた実社会に役立つ「生きる力」になる。その点に，特別活動の今日的意義の一つが見出される。

第二に，特別活動による学級経営への寄与である。学級は，子どもにとって学校生活の基盤となるものである。その学級がよりよい生活集団や学習集団へと向上するためには，教師の意図的，計画的な指導と子どもの主体的な取り組みが不可欠である。その意味で，学級経営は，特別活動の要として計画され，特別活動の目標に示された資質・能力を育成することにより，さらなる深化が図られる。このようなことを通して，学びに向かう学級集団づくりができないというのであれば，各教科などで求められる「主体的・対話的で深い学び」という学習過程は保障されないだろう。特別活動は，授業改善の基盤となる学級づくりとともに，学級経営に寄与するという今日的意義を有している。

第三に，特別活動は各教科などの学びを実践につなげる役割をもっている。特別活動の実践のなかでは，各教科などで育成された資質・能力が，実際の場で試される。例えば，社会科や理科で学んだ災害について，特別活動のなかで実際の防災訓練を通して防災が学ばれる。また，社会的・職業的自立に向けて資質・能力を身につけるキャリア教育も，特別活動を要として，実生活で活用できるように行われる。このように，特別活動は，各教科などでの学びを実生活に活用できるように関連づける教育的な役割ないしは意義を有している。

第四は，学級や学校の文化を創造することである。自発的，自治的な学級活動を通して，子どもは学級生活に主体的に参画し，学級文化を創造する一翼を担うことになる。また，生徒会 (児童会) 活動，学校行事などの集団活動を通して，楽しく豊かな学校文化が醸成される。もちろん，伝統や校風の継承は大切であるが，子どもにどのような資質・能力を育むのかを優先して，発展的に新しいものを生み出す活動はきわめて大切である。なぜなら，創造性の資質・能力は，これからの社会において，求められる重要な一つの資質・能力になるからである。

3 　特別活動の未来的意義

　IT や人工知能の発達が予想されるグローバル化社会のなかで，近未来の学校で求められる学力観については，大きく変わることが予想される。そこで，具体的にはおよそ2020年から2030年までの社会で生きる子どもたちを念頭に置いて作成されたのが，今回改訂された新学習指導要領であると言われている。とくに，「キー・コンピテンシー（Key Competencies）」[10]の能力観を基礎に置いた OECD（経済協力開発機構）の PISA 調査の結果に基づき，日本の子どもたちに問題があるとされた，「思考力・判断力・表現力」の育成が求められるようになった。そこでの「キー・コンピテンシー」は，簡潔に言えば，「省察性（Reflectiveness）」[11]を中心に据えて，(1)「相互作用的に道具を用いる力（Use Tools interactively）」，(2)「異質な集団で交流する力（Interact in heterogeneous groups）」，(3)「自律的に活動する力（Act autonomously）」である。このような「キー・コンピテンシー」の能力観を参考にしながらも，文部科学省では，少し修正するかたちで，「知識及び技能」の習得，「思考力，判断力，表現力等」の育成，「学びに向かう力，人間性等」の涵養という，三つの資質・能力が，これからの未来社会において「生きる力」となるものとして新学習指導要領において強調されている。

　そうなると，各教科と比べて教えるべき教育内容からの制約を強く受けにくい特別活動は，第2章でも明らかなように，つねに学習指導要領の改訂にあって，その時点で目指される改善の意図に合致するように対応できる領域であるために，未来に向けて目標や内容などは柔軟に変更改善される。新学習指導要領においても同様に，これからの社会において求められる三つの資質・能力に合致するように，大きな障害もなく特別活動の目標と内容は変更改善されている。したがって，特別活動は，学問や文化などの客観的価値の習得という制約を受けないために，現在のみならず，未来に向けて求められる資質・能力を各教科の学習よりも迅速かつ容易に学習活動に取り入れることができる。

　例えば，最近の OECD では，2030年を見据えながら「ウェルビーング（Well-being）」に価値を置いて，前述した三つの「キー・コンピテンシー」を基礎に，さらに追加される三つの価値として，すなわち「新たな価値を創造する力（Creating new value）」「対立やジレンマを克服する力（Reconciling tensions and dilemmas）」「責任ある行動をとる力（Taking responsibility）」が検討されているが，決断さえすれば，特別活動の学習領域には，それらの価値は，迅速かつ容易に子どもの活動のなかに組み入れられるであろう。もちろん，それらの価値が今後変更されることがあっても，同様に組み入れられる。そのような未来に向けた柔軟な性質を有するために特別活動はつねに教育課程のなかで末尾に置

▷10 「Key Competencies」は，「主要能力」「鍵となる能力」などと訳されることもある。

▷11 「思慮深さ」と訳されることもある。

かれながらも，求められる教育活動に対して迅速に対応できるという柔軟性，すなわち未来的意義というべきものをもっている。

Exercise

① これまでの学校教育のなかで，最も印象深く記憶に残っているものはないかを思い出すとともに，なぜそれが記憶に残っているのかを考えてみよう。

② 特別活動は，なぜ日本で盛んなのかについて，話し合ってみよう。

📖次への一冊

中村豊・原清治編著『特別活動』ミネルヴァ書房，2018年。

　　新学習指導要領に対応した特別活動の入門書であり，その意味で本書と類似したものであるが，実践的・具体的な内容に重きを置いて説明されている点で，参考になる図書である。

日本特別活動学会編『三訂　キーワードで拓く新しい特別活動――平成29年版・30年版学習指導要領対応』東洋館出版社，2019年。

　　実践や実践研究の基盤となる特別活動に関連するキーワードを選び，それらの定義・意味や背景をわかりやすく説明した用語集。特別活動の研究を始めるときに役立つ。

田沼茂紀『未来を拓く力を育む特別活動』北樹出版，2018年。

　　学生や教職経験の浅い教師に向けて，その教育的意義や基礎的な知識・スキルについてわかりやすく説明した入門書。新学習指導要領［2017年改訂］［2018年改訂］にも対応している。

引用・参考文献

赤坂雅裕・佐藤光友編著『やさしく学ぶ特別活動』ミネルヴァ書房，2018年。

折出健二編『特別活動』学文社，2008年。

田沼茂紀『未来を拓く力を育む特別活動』北樹出版，2018年。

中村豊・原清治編著『特別活動』ミネルヴァ書房，2018年。

日本特別活動学会編『三訂　キーワードで拓く新しい特別活動――平成29年版・30年版学習指導要領対応』東洋館出版社，2019年。

文部科学省『小学校学習指導要領（平成29年告示）解説　特別活動編』東洋館出版社，2018年。

文部科学省『中学校学習指導要領（平成29年告示）解説　特別活動編』東山書房，2018年。

文部科学省『高等学校学習指導要領（平成30年告示）解説　特別活動編』東京書籍，2019年。

山口満・安井一郎編『改訂新版　特別活動と人間形成』学文社，2010年。

第2章
特別活動の歴史的変遷

〈この章のポイント〉

　特別活動は，いつ頃どのようにして，学校教育のなかで実施されるようになったのだろうか。特別活動は，戦前と戦後でどのように違うのか。戦後，特別活動は，学習指導要領のなかでどのように位置づけられ，今日まで変化してきたのか。本章では，戦前の特別活動の特徴を示したうえで，戦後，特別活動が学習指導要領のなかでどのように位置づけられ変化していったのか，その歴史的変遷を学ぶ。

1　課外活動としての特別活動

　1　課外活動としての教科外活動

　課外活動としての特別活動は，日本の学校教育で導入されるよりも前から，イギリスやアメリカの学校教育において，スポーツ活動や自治活動など教科以外の課外活動（extra-curricular activities）として実施されてきた。例えば，18世紀のイギリスでは，ラテン語やギリシャ語を習得することが正規の課業とされるなか，パブリック・スクールの代表校であるイートン校やラグビー校は，課外活動としてスポーツ活動を実施していた。この活動は当時，イギリス人の紳士教育として教育的価値が見出されていた。

　また19世紀末のアメリカでは，読み・書き・算を中心とした学校教育が行われていたなかで，中等教育の生徒は，自発的に教科以外の活動やスポーツ活動，自治活動を実施していた。第一次世界大戦後の1920年頃になると，生徒の自主的・自発的な活動は，人格形成において多大な影響を及ぼすものであることから，課外活動ではなく，正規の教育活動として位置づけるべきではないかという議論がなされるようになった。その後，アメリカにおいて，課外活動の教育的意義が注目を集めるようになり，自主的で自律的なリーダーシップがとれるような人材の育成にとって，課外活動は重要な意義を有する教育活動であると認識されるようになった。

　このような諸外国の動向は，日本の学校教育にも影響を与えている。教育課程は，国語・算数・理科・社会などの各教科からなる「教科課程」と，道徳や特別活動などからなる「教科外活動」によって編成されるものと考えられてい

▷1　パブリック・スクール
イギリスのパブリック・スクールは，歴史と伝統を有する独特の紳士教育を行う私立の中等教育学校のことである。歴史的にエリートを育成し，大学進学の準備教育を施している。

るが，戦前日本の教育課程は，教科のみで組み立てられていた。それゆえ，戦前日本の特別活動は，正規の教育課程の外で営まれる「課外活動」としての教科外活動と位置づけられてきたのである。ただし，日本における特別活動の始まりは，どちらかと言うと，イギリスやアメリカのように自主的・自発的なスポーツ活動や自治活動ではなく，学校が意図的に行う行事的な意味合いが強い運動会，遠足，学芸会などであった。

２ 明治期の特別活動

　近代日本の公教育制度は，1872年の学制発布とともに始まった。当時の文部省（現文部科学省）は，学制の発布と同時に最初の教育課程を発表したが，この教育課程のなかに特別活動に関する項目は存在していない。明治期の特別活動は，教育課程外の活動として，運動会，遠足，学芸会などの学校行事が実施されていたのである。

　小・中学校で運動会が取り入れられたのは，初代文部大臣の森有礼の影響が大きい。森有礼は自身が考案した兵式体操という軍隊式の訓練を「運動会」として学校教育に取り入れ，1894年の日清戦争以降は，ほぼすべての学校に普及させた。当時の運動会は，「旗奪」や「隊列運動」など軍事色が強い種目が多く，身体的鍛錬のために実施されていたが，1900年代になると，運動会は身体的鍛錬と精神的修養の二つの役割を担う学校行事として取り組まれるようになった。

　運動会の発祥と似た学校行事として，遠足や修学旅行がある。遠足は，もともと長距離を歩行することで身体の鍛錬を図る「運動遠足」として，運動会と同じような役割を有していた。それが1900年代には，身体的鍛錬に加えて集団規律の訓練を意図した活動へと広がった。さらに遠足は，教室内で学んだ各教科の知識を教室の外に出て，実際の社会や自然のなかで応用する学習を意図した活動へと発展している。このような遠足は，鉄道の発達とともに，歩行訓練という軍事的な要素よりも，文化遺跡の見学や社会科見学，自然体験という学習要素が強調され，遠足や修学旅行という名称で実施されるようになった。

　1890年には教育勅語が制定され，教育勅語の徹底を図るために，翌年の1891年には「小学校祝日大祭日儀式規程」が定められた。これが学校における儀式的行事の実施に関する初めての法律であり，学校では御真影への礼拝や教育勅語の奉読などを内容とする儀式を行うことが義務づけられた。教育勅語制定後は，国民教化システムのなかで，「国家のための教育」として，このような儀式が行われ，富国強兵を目指して，運動会や遠足などが実施されたのである。

　また学芸会は明治期に取り入れられた学校行事であるが，遠足や運動会よりも少し後に導入され，1900年代には，子どもたちが習得した学習成果を保護者

▷２　御真影
天皇，皇后以下の皇族の肖像写真を敬っていう語。

▷３　富国強兵
産業・経済の発展と軍事力の強化を標榜するスローガンである。国を富ませ，兵力を強めること。

に発表する場として開催されるようになった。当初は，児童生徒の学習発表の場として唱歌や朗読が行われていたが，大正期に入り新教育運動[4]の影響を受けると，学芸会で演劇や音楽活動が行われるようになり，学芸会が盛んになっていった。

　以上のように，日本の明治期における特別活動は，運動会，遠足，学芸会などの学校行事が主として取り組まれてきたのである。児童生徒が自主的に実施する活動というよりは，学校が意図的に実施する行事的な意味合いが強い活動であったが，この学校行事は，大正期・昭和期に拡大・発展していくことになる。

③　大正期・昭和初期の特別活動

　大正期の学校行事は，大正デモクラシー[5]の影響を受けて多様化し，内容も大きく変化した。とくに大正期の教育思潮である児童中心主義[6]の考え方に基づき，児童生徒の自主的な活動が重んじられるようになり，学校行事は課外活動として，学校教育のなかで重要な役割を担う存在になっていた。大正期の学芸会や運動会は，できるかぎり児童生徒に案を立てさせ，教育者は相談相手となり，監督や指導を行うという考え方が広まった。自由教育論，芸術教育論，生活教育論，全人教育論などの新教育運動の影響の下，学芸会においては演劇が取り入れられたり，自由画展覧会が開催されたり，学校行事の幅が広がったのである。

　昭和期に入ると，文部省（現文部科学省）が初めて公式に教科外の活動を奨励する訓令を示した。1931年の中学校令施行規則の改正にともなって発せられた「文部省訓令第2号」において，「生徒の自発的研究を奨励し，これを指導するは教育の要務なり」として，生徒の「性能，趣味，境遇，志望に応じて自由に研究する」ことを認め，「毎週2時間以内を課程外の指導に充てる」ことを示している。

　しかし1930年代後半になると，徐々に軍事色が強まり，自由主義的な大正デモクラシー運動は弾圧されるようになった。1941年には国民学校令により，小学校が国民学校[7]へと改められ，戦時体制下の教育制度へと移り変わっていったのである。国民学校令施行規則において，儀式や学校行事を重んじて，教科教育と一体として実施されるべきことが示され，皇国史観に基づく教育が行われた。

　以上みてきたように，戦前日本の特別活動は，学校行事を中心として展開されてきた。これらの活動は，正規の教育課程の外で営まれる「課外活動」として実施されてきたが，その教育的意義は，次第に認識されるようになっていった。特別活動が教育課程のなかに体系的に位置づけられていくのは，次節で説

▷4　新教育運動
19世紀末に児童中心主義の傾向をもつ多様な教育・文化活動が欧米諸国で始まり，20世紀初頭からそれが盛んになり，1930年頃までには東欧やアジアの各国にも広まった一連の動きのことである。教科書中心・教師中心の教育を批判し，「児童から」を標語として自発活動を重んじた新しい教育である。日本では大正デモクラシー期に隆盛。

▷5　大正デモクラシー
1910～30年前後にかけて日本の政治・文化の各方面に表れた民主主義（デモクラシー）的・自由主義的動向をいう。

▷6　児童中心主義
子どもの自発的な学びを重視する考えに基づく教育実践のこと。

▷7　国民学校
1941年に小学校の名称を改めて成立した初等科（6年）と高等科（2年）からなる初等普通教育機関である。1947年には再び小学校となる。

明する戦後の話である。

2　自由研究から特別教育活動へ

▷8　勅令主義
議会の制定する法律ではなく，天皇の名において発せられた命令に基づく立法の原則。戦前日本の教育に関する事項は，天皇の大権事項とされ，勅令によるのが一般的であった。

▷9　日本国憲法
1946年11月3日公布，1947年5月3日施行。教育に関する条項は，日本国憲法第26条「教育を受ける権利」。

▷10　教育基本法
1947年に公布・施行され，2006年に初めて改正された。

▷11　学校教育法
1947年に公布・施行。

戦後の日本の教育では，戦前の反省を踏まえて，勅令主義[8]ではなく法律主義に基づき，日本国憲法[9]が最高法規とされ，教育基本法[10]や学校教育法[11]などの教育に関する法律が制定され，新しい教育体制が整えられた。戦後は，学習指導要領のなかで，学校教育の教育課程の方向性が示されている。そこで本節以降，特別活動の動向を把握するために，学習指導要領の改訂に沿って，特別活動の歴史的変遷を追うこととする。

1　教科として位置づけられた自由研究（1947年）

戦後，初めて「学習指導要領一般編」が試案として刊行されたのが1947年である。その学習指導要領のなかに定められた「自由研究」が，今日の「特別活動」の原型だと考えられている。1947年の「学習指導要領一般編（試案）」によれば，小学校の教育課程は，国語，社会，算数，理科，音楽，図画工作，家庭，体育，自由研究の9教科である。中学校の教育課程は，国語，社会，数学，理科，音楽，図画工作，体育，職業（農業，商業，水産，工業，家庭）を必修教科とし，外国語，習字，職業，自由研究を選択教科と位置づけている。高等学校の教育課程では，中学校と同様に自由研究は選択教科として位置づけられた。

つまり，小・中・高等学校において，現在の「特別活動」の原型だと考えられている「自由研究」は，教科として位置づけられたのである。教科の一つとして定められた「自由研究」は，小学校第4学年〜第6学年において週2〜4時間，中学校全学年においてそれぞれ週1〜4時間を配分時間として時数が確保された。「自由研究」が，どのような性格を有する教科であるのか，小・中学校の学習指導要領に沿ってまとめると，以下の通りである。

第一に，「自由研究」は，児童生徒の個性の赴くところに従って，その個性を伸ばしていくために時間を用いることが求められている。「学習指導要領一般編（試案）」によれば，教科の学習は，いずれも児童生徒の自発的な活動を誘って，学習を進められるようにしていくことを求めているが，児童生徒の興味・関心の広がりによっては，一定の学習時間でその活動を満足させることができない場合がある。そのような場合に，「自由研究」の時間を活用して，学習を深く進めるのである。例えば，鉛筆やペンで文字の書き方を習っている児童生徒が，毛筆で文字を書くことに興味をもち，これを学びたいという場合は，「自由研究」で書道を学ばせ，個性の赴くところに従って，その個性を伸

ばしていくことに自由研究の時間を用いる。そのため，自由研究の時間は，すべての児童生徒が同じことを学ぶ時間ではなく，ある子は理科の実験に，ある子は書道に，ある子は絵画に，というように興味・関心に沿って，きわめて多様な活動を行うことを想定している。

　第二に，自由研究は，学年の区別をすることなく，興味・関心が同じ人同士が集まって，学習を進める組織であることが求められている。音楽クラブ，書道クラブ，手芸クラブ，スポーツクラブといった組織による活動のために，自由研究の時間を用いることも望ましいとされている。このような用い方は，児童生徒の自発的な活動がなされるゆとりの時間として，各教科の時間内だけでは伸ばしにくい活動を想定している。

　第三に，児童生徒が学校や学級の全体に対して負っている責任を果たす活動，例えば，当番の仕事や学級の委員として仕事をすることが求められている。

　以上のように，当時の自由研究は，(1)個人の興味と能力に応じた教科の発展としての自由な学習，(2)クラブ組織による活動，(3)当番の仕事や学級委員としての仕事の3種類の性格を有していた。いずれも，児童生徒の「個性の赴くところに従って，それを伸ばして行くことに，この時間を用いて行きたい」という，児童生徒の個性の伸長を意図したねらいを有するものであった。しかしながら実際には，その趣旨は理解されにくく，「自由研究」の時間が他教科の補充授業なのか，それともクラブ活動や学級の仕事などそれまで教育課程外の活動を教育課程内の活動として位置づけるものなのか，疑問や問題点が多々示され，自由研究は廃止へと追い込まれていった。

　1947年の学習指導要領のなかで新設された自由研究は，わずか2年で不要とされ，1951年の学校教育法施行規則の改正にともない，法規のうえでも自由研究という名前は削除されたのである。

2　特別教育活動の登場（1951年）

　学習指導要領において，特別活動の原型だと考えられていた自由研究に代わり，新たに登場したのが「特別教育活動」である。学習指導要領の改訂に先駆けて，文部省学校教育局長は1949年に中学校へ通達を出し，新たに特別教育活動を設けることを求めた。1951年の「学習指導要領一般編（試案）」では，自由研究の項目はなくなり，それに代わって，小学校ではクラブ活動や児童会などの「教科以外の活動」が設けられ，中学校と高等学校では「特別教育活動」の時間が設けられた。

　小学校の教育課程に示された「教科以外の活動」は，主に二つの活動があり，一つは「民主的組織のもとに，学校全体の児童が学校の経営や活動に協力

参加する活動」として，「児童会」「児童の種々な委員会」「児童集会」「奉仕活動」がある。もう一つは「学級を単位としての活動」として，「学級会」「いろいろな委員会」「クラブ活動」がある。これらの活動は，教育的に価値があり，子どもの社会的，情緒的，知的，身体的発達に寄与するものであるため，「教科以外の活動」として小学校の教育課程のなかに正当な位置づけをもたせるべきであるとされた。

　従来の自由研究は，前項で述べた通り 3 種類の性格を有していたが，一点目にあげた「教科の発展としての自由な学習」については，各教科の学習指導法の進歩にともない，各教科の時間内にその目的を果たすことができるようになったため，特別な時間を設ける必要はなくなった。それよりも，二点目にあげた「クラブ組織による活動」や三点目の「当番の仕事や学級委員としての仕事」に該当するような活動を小学校の「教科以外の活動」の時間として求めたのである。

　中学校の教育課程においては，「特別教育活動」という名前で，中学校第 1 学年〜第 3 学年の各学年ともに70〜175時間（週 2 〜 5 時間）配当された。特別教育活動の領域は，(1)ホームルーム，(2)生徒会，(3)クラブ活動，(4)生徒集会の 4 種類が主要なものである。このような特別教育活動が設けられた理由は，「教育の一般目標の完全な実現は，教科の学習だけでは足りないのであって，それ以外に重要な活動がいくつもある」という考え方が基にある。特別教育活動は，単なる課外活動ではなく，また教科を中心として組織された学習活動でもない，正規の学校教育活動なのである。

3　特別教育活動の制度化（1958年）

　教育課程審議会は1958年に，小・中学校の教育課程の編成は「各教科」「道徳」「特別教育活動」「学校行事」の 4 領域で構成することについて答申した。戦前の日本で取り組まれていた「特別活動」は，学校行事がその主たる活動内容とされていたが，ここで提案された教育課程の構成をみてみると，特別教育活動は学校行事とは異なる別の活動として確立している。この答申を受け，文部省は，学校教育法施行規則の一部を改正し，学習指導要領を改訂することになった。1958年に改正された学校教育法施行規則は，「小学校の教育課程は，国語，社会，算数，理科，音楽，図画工作，家庭及び体育の各教科並びに道徳，特別教育活動及び学校行事等によって編成するものとする」とし，「中学校の教育課程は，必修教科，選択教科，道徳，特別教育活動および学校行事等によって編成するものとする」ことを定めた。

　従来，特別教育活動に関する規定は，学習指導要領のなかでその位置づけを明記するのみであったが，1958年の学校教育法施行規則の改正によって，特別

教育活動が教育課程のなかに位置づくことを法律でも明記するようになった。また1958年の学習指導要領以降，学習指導要領は「試案」ではなく「告示」となり，学習指導要領の目標と内容が，国の基準として法的拘束力をもって示されるようになった。

　新たに制度化された小学校の特別教育活動は，(1)児童会活動[12]，(2)学級会活動[13]，(3)クラブ活動[14]などを行うものであり，その目標は以下の3点であった。

---

(1)　児童の自発的，自治的な活動を通して，自主的な生活態度を養い，社会性の育成を図る。

(2)　所属する集団の運営に積極的に参加し，その向上発展に尽すことができるようにする。

(3)　実践活動を通して，個性の伸長を図り，心身ともに健康な生活ができるようにする。

　特別教育活動の指導計画作成およびその実施にあたっては，児童の自発的な要求を可能な限り受け入れるようにし，取り上げるべき種類，時間，方法などを慎重に考慮する必要があった。また特別教育活動は，児童の自主的な活動を基本とするものであるため，その計画は，固定的なものではなく，児童とともに一層具体的な実施計画を立てることができるような弾力性・融通性に富むものでなければならなかった。

　中学校の特別教育活動は，(1)生徒会活動[15]，(2)クラブ活動，(3)学級活動などを行うものであった。前項で示した通り，1951年の学習指導要領では，(1)ホームルーム，(2)生徒会，(3)クラブ活動，(4)生徒集会の4種類が特別教育活動の領域とされていたが，1958年の改訂により，生徒集会の項目はなくなり，生徒会の活動の一部として，その必要があれば，集会活動を実施するものとされた。中学校の特別教育活動の目標については，小学校と同様，生徒の自発的・自治的・自主的な活動が尊重されるものになっており，具体的には，以下の3点であった。

---

(1)　生徒の自発的・自治的な活動を通して，楽しく規律正しい学校生活を築き，自主的な生活態度や公民としての資質を育てる。

(2)　健全な趣味や豊かな教養を養い，余暇を活用する態度を育て，個性の伸長を助ける。

(3)　心身の健康の助長を図るとともに，将来の進路を選択する能力を養う。

　高等学校の特別教育活動の領域は，広範囲にわたるが，年間を通じて計画的，継続的に指導すべき活動としては，(1)ホームルーム活動，(2)生徒会活動，(3)クラブ活動があげられていた。これらの活動は，生徒の自発的な活動が健全

▷12　児童会活動
この活動は全校の児童をもって構成された児童会において，学校生活に関する諸問題を話し合い，解決し，学校内の仕事を分担処理するための活動を行うものである。

▷13　学級会活動
この活動は学級ごとに，学級生活に関する諸問題を話し合い，解決し，学級内の仕事を分担処理するための活動を行うものである。

▷14　クラブ活動
この活動は主として小学校中学年以上の同好の児童がクラブを組織し，共通の趣味・関心を追求する活動を行うものである。

▷15　生徒会活動
この活動は全校生徒を対象に，主として学校における生徒の生活の改善や福祉を目指す活動である。

に行われるように，学校は周到な計画を立て，適切な指導を行わなければならなかった。高等学校の特別教育活動は，教科，科目としては組織されていないが，高等学校の教育目標の達成に寄与する有効な学習活動であり，教育課程の一部として，教科の指導以外に，時間を設けて指導を行うものであった。高等学校の特別教育活動の目標は，以下3点に重点が置かれていた。

---

(1) 民主的な生活について望ましい態度と習慣を養う。

(2) 公民的資質を向上させる。

(3) 健全な趣味や教養を豊かにし，将来の進路を選択決定するのに必要な能力を養うなど，個性の伸張を図る。

　以上，1958年に告示された学習指導要領では，小学校でも「特別教育活動」という言葉を用いるようになり，教科でもなく，道徳や学校行事とも違う「特別教育活動」が，小・中・高等学校の教育課程のなかに一貫して確立したのである。

3　特別教育活動から特別活動へ

［1］　特別活動の新設（1968年，1969年，1970年）

▷16　児童活動
小学校の児童活動は，「児童の自発的，自治的な実践活動を通して，健全な自主性と豊かな社会性を育成し，個性の伸長を図る」ことを目標にしている。

▷17　学校行事
小学校の学校行事は，学校生活に秩序と変化を与える教育活動によって，児童の心身の健全な発達を図り，あわせて学校生活の充実と発展に資することを目標としている。

▷18　学級指導
小学校の学級指導は，学級における好ましい人間関係を育てるとともに，児童の心身の健康・安全の保持増進や健全な生活態度の育成を図ることを目標としている。

　学校教育法施行規則の一部改正にともない，1968年に小学校の学習指導要領，1969年に中学校の学習指導要領，1970年に高等学校の学習指導要領が改訂された。1968年の学校教育法施行規則によれば，「小学校の教育課程は，国語，社会，算数，理科，音楽，図画工作，家庭及び体育の各教科，道徳並びに特別活動によって編成するものとする」と規定され，小学校の教育課程のなかに，教科や道徳と並んで特別活動が位置づけられた。中学校についても学校教育法施行規則のなかで，「中学校の教育課程は，必修教科，選択教科，道徳及び特別活動によって編成するものとする」と定められ，「特別活動」が新設されることになった。高等学校については，教育課程のなかで「特別活動」という言葉は用いられていなかったが，高等学校の教育課程は「各教科に属する科目及び各教科以外の教育活動によって編成するものとする」と規定され，「各教科以外の教育活動」のなかに(1)ホームルーム，(2)生徒会活動，(3)クラブ活動，(4)学校行事が位置づけられていた。

　改訂された学習指導要領によれば，小・中学校の特別活動の内容は，(1)児童（生徒）活動，(2)学校行事，(3)学級指導の三つから構成されている。一つ目の児童（生徒）活動は，従来の特別教育活動の内容であった児童（生徒）会活動，学級会活動，クラブ活動をすべて含めたものである。つまり，小・中学校の特

別活動は，従来の特別教育活動の内容に，学校行事と学級指導を加えた構成になっている。二つ目の学校行事は，従来の特別教育活動は，教科でもなく，道徳や学校行事とも違う，独立した一領域として確立していたが，今回の改訂によって，特別活動の内容は，教科や道徳とは異なるものの，学校行事を含めた活動へと変化している。小学校の特別活動の内容となった学校行事は，儀式，学芸的行事，保健体育的行事，遠足的行事および安全指導的行事を行うものとした。三つ目の学級指導は，従来の「学級会活動」とは異なるものであり，学校給食，保健指導，安全指導，学校図書館の利用指導，その他学級を中心として指導する教育活動を適宜行うものとしている。従来の「学級会活動」は生徒自身の自発的・自主的な活動を主としたものであったが，今回新設された「学級指導」は学級担任による生徒指導的な活動を指したものであった。

特別活動の授業時数は，学級指導，クラブ活動，学級会活動に充てる時数が示されている。1958年の中学校学習指導要領において，特別教育活動は毎学年35単位時間（週1時間）配当されていたが，1969年改訂後の特別活動は毎学年50単位時間を標準としている。このとき，中学校のクラブ活動は必修化され，「学年や学級の所属を離れて共通の趣味や関心をもって組織することをたてまえとし，全生徒が文化的，体育的または生産的な活動を行なうこと」として，正規の時間割のなかに組み込まれた。このクラブ活動のための時間は，今回の改訂で増えた15単位時間分の授業時数を充てて，時間割のなかに組み込まれる事例が多かった。また高等学校の各教科以外の教育活動として位置づけられたクラブ活動は，全生徒がいずれかのクラブ（文化的な活動，体育的な活動，生産的な活動）に所属することを求めていた。

▷19 中学校における授業時数の1単位時間は50分である。

▷20 **生産的な活動**
園芸，栽培，飼育，木工，金工，珠算，タイプライター，手芸，料理等を指す。

2 特別活動の確立（1977年，1978年）

1977年に小学校と中学校の学習指導要領が改訂され，1978年には高等学校の学習指導要領が改訂された。前項で示したように1970年改訂の高等学校学習指導要領では，「各教科以外の教育活動」の章のなかで(1)ホームルーム，(2)生徒会活動，(3)クラブ活動，(4)学校行事を記していたが，1978年の改訂ではそれを改め「特別活動」の章を設けた。これにより小・中・高で一貫した特別活動が確立したのである。

まず，特別活動の目標をみると，1977年の学習指導要領によれば，小・中学校の特別活動の目標は，「望ましい集団活動を通して，心身の調和のとれた発達を図り，個性を伸長するとともに，集団の一員としての自覚を深め，協力してよりよい生活を築こうとする自主的，実践的な態度を育てる」ことである。改訂前と大きな変更はないものの，特別活動の目標に「集団の一員としての自覚を深め」と「自主的」という言葉が加わった。高等学校の特別活動の目標

は，「望ましい集団活動を通して，心身の調和のとれた発達を図り，個性を伸長するとともに集団の一員としての自覚を深め，協力してよりよい生活を築こうとする自主的，実践的な態度を育て，将来において自己を正しく生かす能力を養う」ことが目標とされた。小・中学校の特別活動の目標との違いは，「将来において自己を正しく生かす能力を養う」ことまでを目標としている点である。従来の特別活動は，小学校・中学校・高等学校それぞれに異なる目標を定めていたが，1977年の改訂によって，小・中・高で一貫した目標が立てられたのである。

　次に，特別活動の位置づけをみてみると，前学習指導要領と大きな変更はないものの，今回新たに小学校の特別活動の授業時数が示され，教育課程のなかにより明確に位置づけられた。改正前の学校教育法施行規則には，小学校の特別活動の授業時数は定められていなかったが，今回の学校教育法施行規則の改正によって，各教科，道徳に加えて，特別活動の授業時数と総授業時数の標準が定められるようになった。小学校の特別活動の授業時数は，小学校第1学年が34単位時間，第2学年〜第3学年が35単位時間（週当たり1時間），第4学年〜第6学年が70単位時間（週当たり2時間）と設定された。中学校の特別活動の授業時数は，今回の改訂で各学年70単位時間（週当たり2時間）となり，前回より20単位時間ずつ増加している。高等学校のホームルームおよびクラブ活動は，原則として，各学年において年間35週，週当たり1単位時間以上行うものとすることが示された。また生徒会活動および学校行事については，学校の実態に即して，それぞれ適切な授業時数を充てるものと示された。

　そして，特別活動の内容については，前学習指導要領と枠組みは変わらず，小・中学校の特別活動は，(1)児童（生徒）活動，(2)学校行事，(3)学級指導の三つから構成されている。学校行事の内容に，勤労・生産的行事が新たに加わり，「勤労の尊さや意義，奉仕の精神などが体得できるような活動を行うこと」が示された。また学級指導には，「学級生活や学校生活への適応に関する指導」が新たに加わっている。高等学校の特別活動の内容については，(1)ホームルーム，(2)生徒会活動，(3)クラブ活動，(4)学校行事の四つから構成されており，前学習指導要領の内容と変わっていない。

4　平成期の特別活動

1　特別活動の改訂（1989年）

　平成期最初の学習指導要領〔1989年改訂〕では，特別活動の目標や性格に大きな変更はないが，小学校と中学校の特別活動の内容構成は高等学校にあわせ

▷21　小学校における授業時数の1単位時間は45分である。

▷22　高等学校における授業時数の1単位時間は50分を標準とする。

て４構成へと変わり，小・中・高で一貫した特別活動の内容構成が確立した。内容構成を比べてみると，前回の1977年改訂時における小・中学校の特別活動の内容は，(1)児童（生徒）活動，(2)学校行事，(3)学級指導の三つから成り立つものとしていたが，学習指導要領［1989年版］では，(1)学級活動，(2)児童（生徒）会活動，(3)クラブ活動，(4)学校行事の四つから成り立つものへと変わっている。高等学校の特別活動は，(1)ホームルーム活動，(2)生徒会活動，(3)クラブ活動，(4)学校行事の４構成としているので，小・中・高で一貫した内容構成となったわけである。

　具体的な内容をみてみると，前学習指導要領［1977年版］では，学級会活動，児童（生徒）会活動，クラブ活動をまとめて「児童（生徒）活動」と呼んでいたが，改訂後の学習指導要領［1989年版］では，児童（生徒）会活動とクラブ活動が，独立した活動内容として提示された。また従来，学級内の仕事の分担処理に関する活動を行う学級会活動と，学級生活への適応指導や学校給食の指導を行う学級指導は別項目で設定されていたが，平成期最初の学習指導要領［1989年版］では，学級会活動と学級指導は「学級活動」という一つの項目のなかで活動内容が示されている。

　小学校の特別活動の目標はほぼ変わっていないが，中学校の特別活動の目標には，「人間としての生き方についての自覚を深め自己を生かす能力を養う」ことが新たに加わった。同様に，高等学校の特別活動の目標には，「人間としての在り方生き方についての自覚を深め，自己を生かす能力を養う」ことが新たに加わっている。高等学校では，中学校で掲げられた「人間としての生き方」だけではなく「人間としての在り方生き方」についての自覚を深めることが求められた。実際に，中学校の学級活動や高等学校のホームルーム活動において，「個人及び社会の一員としての在り方」や「将来の生き方と進路の適切な選択に関すること」について指導することが求められている。

　小学校の特別活動の授業時数は，前回の学習指導要領［1977年版］と変わっていないが，中学校と高等学校の時間数は変わっている。中学校の特別活動の標準授業時数は，前回各学年70単位時間となっていたが，1989年の改訂により，各学年とも35〜70単位時間というように時間数に幅が設けられた。高等学校のホームルーム活動およびクラブ活動の授業時数は，原則として，合わせて週当たり２単位時間以上を配分するものとし，ホームルーム活動については，少なくとも週当たり１単位時間以上を配分するものと示された。生徒会活動および学校行事は，学校の実態に応じて，それぞれ適切な授業時数を充てることとした。

　また前回の学習指導要領において，中学校と高等学校のクラブ活動が必修化されたが，中学校と高等学校では，クラブ活動のほかに部活動が実施されてい

る。クラブ活動は週1時間程度の全員参加の必修として教育課程に位置づけられた教育活動であるが，部活動は原則，希望者が放課後の時間を利用して実施する教育課程外の教育活動である。学習指導要領［1989年版］において，「部活動への参加をもってクラブ活動の一部又は全部の履修に替えることができる」と柔軟な運用が認められた。

［2］　特別活動の内容構成の見直し（1998年）

　1998年の教育課程審議会答申は，特別活動の改善の基本方針として，「特別活動が，集団活動を通した教育活動としての特質を生かし，集団の一員としての自覚を深め，児童生徒の個性の伸長と調和のとれた豊かな人間性を育成するとともに，学級（ホームルーム）や学校生活の基盤の形成に重要な役割を果たしていることを踏まえ，特に，好ましい人間関係の醸成，基本的なモラルや社会生活上のルールの習慣，協力してよりよい生活を築こうとする自主的，実践的な態度の育成，ガイダンスの機能の充実などを重視する観点に立って，内容の改善を図る」ことを示した。この基本方針に沿って学習指導要領は1998年，1999年に改訂されたが，小・中・高等学校の特別活動の目標は前回の学習指導要領［1989年版］とほぼ変わっていない。若干の変化は，中・高等学校において「集団の一員として」という文言に，「社会」が加わり，「集団や社会の一員として」考えることが求められた点である。

　小学校の特別活動は，(1)学級活動，(2)児童会活動，(3)クラブ活動，(4)学校行事の四つの内容構成を変えずに現行を引き継ぐことになったが，中・高等学校の特別活動は，(1)学級活動（ホームルーム活動），(2)生徒会活動，(3)学校行事の三つの内容構成へと変更し，クラブ活動の項目が削除された。クラブ活動が削除された理由は，部活動がいっそう適切に行われるよう配慮したことによるが，それに加えて，学校外活動との関連や，新設された「総合的な学習の時間」における主体的な学習活動との関連を考慮してのことである。

　小学校の特別活動の授業時数は，小学校第1学年が34単位時間，第2学年～第6学年が35単位時間（週当たり1時間）となり，中学校の特別活動の授業時数は各学年とも35単位時間（週当たり1時間）へと縮小した。高等学校の特別活動の時間数は，ホームルーム活動が年間35単位時間以上とし，生徒会活動および学校行事については，学校の実態に応じて，それぞれ適切な授業時数を充てるものとしている。

［3］　特別活動の目標の見直し（2008年）

　2008年の中央教育審議会答申は，特別活動の改善の基本方針として，「特別活動については，その課題を踏まえ，特別活動と道徳，総合的な学習の時間の

それぞれの役割を明確にし，望ましい集団活動や体験的な活動を通して，豊かな学校生活を築くとともに，公共の精神を養い，社会性の育成を図るという特別活動の特質を踏まえ，特によりよい人間関係を築く力，社会に参画する態度や自治的能力の育成を重視する。また道徳的実践の指導の充実を図る観点から，目標や内容を見直す」ことを示した。とくに特別活動の各内容のねらいと意義を明確にするため，特別活動の内容ごとにも目標が示されることになった。

　以上の基本方針に沿って，まずは，特別活動の全体目標が改善された。小学校の学習指導要領［2008年版］で示された特別活動の目標は，「望ましい集団活動を通して，心身の調和のとれた発達と個性の伸長を図り，集団の一員としてよりよい生活や人間関係を築こうとする自主的，実践的な態度を育てるとともに，自己の生き方についての考えを深め，自己を生かす能力を養う」ことであった。中学校の学習指導要領［2008年版］と高等学校の学習指導要領［2009年版］の特別活動の目標は，「望ましい集団活動を通して，心身の調和のとれた発達と個性の伸長を図り，集団や社会の一員としてよりよい生活や人間関係を築こうとする自主的，実践的な態度を育てるとともに，人間としての（在り方）生き方についての自覚を深め，自己を生かす能力を養う」ことであった。このように2008年と2009年に改訂された小・中・高等学校の学習指導要領では，特別活動の目標のなかに「人間関係」という文言が加わり，小・中・高が一貫して特別活動は「よりよい生活や人間関係を築こうとする自主的，実践的な態度を育てる教育活動である」ことを明確にしたのである。

　次に，特別活動の個別の内容については，特別活動，道徳，総合的な学習の時間の役割を明確にするため，それぞれ目標が明記された（表2-1）。

表2-1　特別活動の個別内容ごとの目標

内　容	目　標
学級（ホームルーム）活動	学級（ホームルーム）活動を通して，望ましい人間関係を形成し，集団の一員として学級（ホームルーム）や学校におけるよりよい生活づくりに参画し，諸問題を解決しようとする自主的，実践的な態度や健全な生活態度を育てる
児童（生徒）会活動	児童（生徒）会活動を通して，望ましい人間関係を形成し，集団の一員としてよりよい学校生活づくりに参画し，協力して諸問題を解決しようとする自主的，実践的な態度を育てる
クラブ活動＊小学校のみ	クラブ活動を通して，望ましい人間関係を形成し，個性の伸長を図り，集団の一員として協力してよりよいクラブづくりに参画しようとする自主的，実践的な態度を育てる
学校行事	学校行事を通して，望ましい人間関係を形成し，集団への所属感や連帯感を深め，公共の精神を養い，協力してよりよい学校生活（や社会生活）を築こうとする自主的，実践的な態度を育てる

小学校の特別活動は，学習指導要領［1998年版］と同じく，(1)学級活動，(2)児童会活動，(3)クラブ活動，(4)学校行事から構成されており，中学校（高等学校）の特別活動は，(1)学級活動（ホームルーム活動），(2)生徒会活動，(3)学校行事から成り立っている。学習指導要領［2008年版］では，特別活動の各活動・学校行事についてもそれぞれ個別の目標が設定された。それぞれの活動の目標は，特別活動の全体目標と重なり合っており，とくに望ましい人間関係を形成すること，集団の一員として協力して参画すること，自主的，実践的な態度を育てることが共通して設定されている。またそれぞれの活動の目標は，小・中・高で一貫したものになったのである。

［4］ 今日の特別活動（2017年，2018年）

2017年に改訂された小・中学校の新学習指導要領と2018年に改訂された高等学校の新学習指導要領において，特別活動の内容構成は変わっていない。小学校の特別活動は，(1)学級活動，(2)児童会活動，(3)クラブ活動，(4)学校行事の4構成であり，中学校（高等学校）の特別活動は，(1)学級活動（ホームルーム活動），(2)生徒会活動，(3)学校行事の3構成である。

今回の改訂では，まず，特別活動で育成すべき資質・能力を明確に示すことが目指された。小・中・高等学校の特別活動の全体目標は，「集団や社会の形成者としての見方・考え方を働かせ，様々な集団活動に自主的，実践的に取り組み，互いのよさや可能性を発揮しながら集団や自己の生活上の課題を解決することを通して，次のとおり資質・能力を育成することを目指す」としている。

---

(1) 多様な他者と協働する様々な集団活動の意義や活動を行う上で必要となることについて理解し，行動の仕方を身に付けるようにする。
(2) 集団や自己の生活，人間関係の課題を見いだし，解決するために話し合い，合意形成を図ったり，意思決定したりすることができるようにする。
(3) 自主的，実践的な集団活動を通して身に付けたことを生かして，集団や社会における（主体的に集団や社会に参画し，）生活及び人間関係をよりよく形成するとともに，自己の生き方（人間としての生き方，人間としての在り方生き方）についての考えを深め（自覚を深め），自己実現を図ろうとする態度を養う。[23]

▷23 小学校の特別活動では「自己の生き方についての考えを深め」，中学校は「人間としての生き方についての考え方を深め」，高等学校は「主体的に集団や社会に参画し，…（中略）…人間としての在り方生き方についての自覚を深め」と記されている。

特別活動の個別内容ごとの目標は，いずれも上記に示した資質・能力を育成することを目指すものとして定められている。

次に注目すべき点は，学級活動のなかに，(3)として「一人一人のキャリア形成と自己実現」が新設され，次の内容が盛り込まれたことである。小学校では，一人ひとりのキャリア形成と自己実現を図るために，(ア)現在や将来に希望や目標をもって生きる意欲や態度を形成すること，(イ)社会参画意識の醸成や働

くことの意義を理解すること，(ウ)主体的な学習態度の形成と学校図書館等を活用することが新設された。中学校では，学級活動のなかでこれまで実践してきた「学業と進路」という項目が，「一人一人のキャリア形成と自己実現」に改められた。ここで目指された内容は，(ア)社会生活，職業生活との接続を踏まえた主体的な学習態度の形成と学校図書館等を活用すること，(イ)社会参画意識の醸成や勤労観・職業観を形成すること，(ウ)主体的な進路の選択と将来設計を行うことである。高等学校では，ホームルーム活動のなかで実践してきた「学業と進路」の項目が，「一人一人のキャリア形成と自己実現」へと改められた。ここで目指された内容は，(ア)学校生活と社会的・職業的自立の意義を理解すること，(イ)主体的な学習態度の確立と学校図書館等を活用すること，(ウ)社会参画意識の醸成や勤労観・職業観を形成すること，(エ)主体的な進路の選択決定と将来設計を行うことである。

　このように2017年と2018年に改訂された学習指導要領における特別活動は，その目標や内容構成に大きな変化はないものの，特別活動で育成すべき資質・能力が明確に示された。また今回の改訂では，特別活動の学級活動のなかにキャリア教育に関する事項が盛り込まれ，小・中・高等学校のつながりを考慮しながら，学校の教育活動全体を通してキャリア教育の充実を図ることが目指されたのである。

Exercise

① 　戦前と戦後の特別活動の違いを400字以内でまとめてみよう。
② 　今日の日本において，特別活動とは一体どのような活動のことなのか，小・中・高等学校の特別活動の内容構成を示しながら，端的に説明してみよう。

📖次への一冊

関川悦雄『最新　特別活動の研究』啓明出版，2010年。
　　特別活動の歴史的変遷を詳細に記した本である。教育課程と特別活動の関係に注目しながら，特別活動が青年期の人間形成において，どのような意味をもつ活動なのかを考察している。
筑波大学附属中学校『生きる力を育む──修学旅行と校外学習』図書文化社，1997年。
　　中学校で実際に実施している修学旅行と校外学習を取り上げ，その具体的な内容と学習の意義が整理された本である。日本の明治期における特別活動の歴史を踏まえながら，今日まで続いている学校行事の一端を詳しく記している。

引用・参考文献

相原次男『MINERVA 教職講座⑧　個性をひらく特別活動』ミネルヴァ書房，2001年。

相原次男・新富康央・南本長穂編著『新しい時代の特別活動——個が生きる集団活動を
　　創造する』ミネルヴァ書房，2010年。

鯨井俊彦『特別活動の展開』明星大学出版部，2002年。

関川悦雄『最新　特別活動の研究』啓明出版，2010年。

髙旗正人・倉田侃司『新しい特別活動指導論 第2版』ミネルヴァ書房，2011年。

広岡義之『新しい特別活動——理論と実践』ミネルヴァ書房，2015年。

第 II 部

特別活動の基礎理論

第3章
特別活動と生徒指導

〈この章のポイント〉

　生徒指導は，特別活動を中心に教育活動全体を通じて，児童生徒個々の発達を支援する教育機能である。この機能の主柱は特別活動の中核に位置する学級活動・ホームルーム活動であり，ここでは個性を伸長し成熟した市民に必要な資質・能力を積極的に育てる。そして，その土台は学級／ホームルーム生活であり，児童生徒個々の理解を深めるなかで信頼関係を築き，良好な風土を醸成する。児童生徒に直接，継続的に関わる担任教師は，生徒指導上，これらの特別な役割を担う。本章では，特別活動と生徒指導の関係を学校の教育的営み全体のなかに位置づけ理解する。

1　学校の教育課程と生徒指導

1　学校における教育機能の枠組み

　特別活動と生徒指導の関係を理解するためには，まず，学校の教育的営み全体のなかに，特別活動と生徒指導を位置づけて捉えておく必要がある。なぜならば，それぞれを取り出して両者の関係のみを論じていては，それぞれの備える意義と役割，その教育的影響の広がりを見誤り，ひいては学校の教育的営み全体と特別活動，あるいは生徒指導との関係を偏りなく理解することを困難にさせるからである。私たちは，学校という場を中心に組織的，継続的に展開される各種教育活動の全体を通じて，児童生徒の全人的な成長と発達に貢献しようと意図しているのであり，特別活動も生徒指導もその全体のなかに位置づけられ理解されることで初めて，学校教育に有用な基本用語となる。

　学校の教育的営み全体が児童生徒に及ぼす作用を理解する主要な見方（概念的枠組み）の一つは，学習指導と生徒指導の2大教育機能を骨格とする見方である。理論的には，わが国の教育目的である「人格の完成」は，この2大教育機能の結果，あるいは，児童生徒に対するこの二つの教育的な働きかけの成果として実現されることとなる（図3-1）。

　以下，学校の2大教育機能を整理しておこう。

　二つの教育機能は，日々，それぞれの観点から児童生徒に作用している。それらは主に，教師が主導する各種教育活動を通じて少しずつ，多面的に，継続

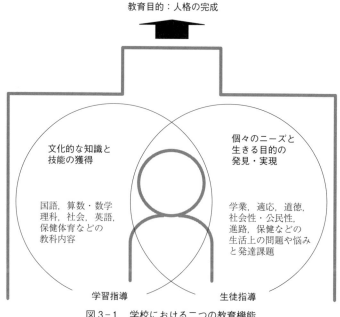

図3-1　学校における二つの教育機能

的に働いている。

　機能としての学習指導は，将来にわたって文化的生活を送り，そして文化を維持，発展させるために各教科の知識と技能を獲得するよう，児童生徒に働きかけていくことを意味する。一方の生徒指導は，生活するなかで抱えるさまざまな問題や悩み，思いや願い，そして発達課題などの個々のニーズを出発点にして，生きる目的を発見し実現する力を育むよう，個々の児童生徒に働きかけていくことを意味する。

　このように学校には，学習指導と生徒指導の二つの機能が働いていると考えられてきた。この二つの機能は，実際の教育活動において分離不可能であるだけでなく，お互いを補完するように関連して個々の児童生徒に統合的に作用することを理想とする。つまり，学習指導は，私たちの社会や自然を児童生徒が理解することを第一に求め，その内容が生徒指導と相まって自分の生活自体に関連することとして学ばれ，一人ひとりの生き方に展望を与え，役立てられるように作用する。一方，生徒指導は，個々の児童生徒が日々の生活のなかで抱える問題や悩み，思いや願いに気づくことを第一に求め，深まる自己理解が学習指導と相まって社会や自然のなかで生じる出来事に関連づけられ，自分の生きる目的を私たちの共生するこの世界のなかに発見するように作用する。

　一般に，学校の教育活動は多様で煩雑だが，毎日，毎週のように繰り返されるものも多く，マンネリ化しやすい。そのうえ，教師の一日は多忙で，多様な教育活動を計画通りに進めようとするほど，児童生徒の個（人）性の認識は薄れ，その日に予定された教育活動に沿って集団全体を動かそうと，児童生徒に

関わりやすくなる。教師は，個々の興味・関心や心理状態に配慮する余裕を失い，あらかじめ設定された達成目標へと児童生徒を急がせてしまいがちになるか，あるいは，教育活動を形式的に行うことに意識を奪われてしまいがちになる。

　生徒指導の機能は，学校の教育活動が陥りやすいこのような傾向に対抗する教育的観点を備える。生徒指導の機能は，まず，児童生徒個々のニーズを理解することからはじまる。その観点は，計画された教育活動に児童生徒を適合させるのではなく，児童生徒に教育活動を適合させることを求める。つまり，この観点は，目の前の児童生徒が何を考え，何を望み，何に悩むかなどのニーズについて関心を寄せ，理解しようと関わることを教師に促す。理解が深まり児童生徒とよりよい関係を築くなかで，児童生徒個々の自己実現に少なからず貢献しようという教師自身の想いが惹起され，個々に応じて教育活動を工夫しようと自らの指導・援助を方向づけていく。生徒指導の機能は，教師自身のこうした想いにも支えられている。このように，日々の学校において生徒指導の観点は，教育活動を個別化，人間化することを私たちに求めている（中野，1994）。

２　教育課程と生徒指導

　生徒指導が学校の教育機能であるのに対して，特別活動は学校の教育課程を構成する領域の一つである。学校の教育課程は，端的には，学校の教育目標を達成するために，教育内容・活動によって編成される教育計画をいう。生徒指導と教育課程の関係は，どのように描き出されるだろうか。

　各学校で編成される教育課程は，教科領域と教科外領域によって構成される。学習指導要領に沿うなら，国語や算数・数学などが教科領域であり，道徳科（「特別の教科　道徳▷1」）や特別活動などが教科外領域である。領域という概念は，主に，ある固有の見方・考え方から整理された特定の教育内容・活動を表現する。さらに，その教育内容・活動は，教育的価値を備えた，児童生徒の全員が等しく学ぶ必要があるものとみなされる。

　こうした前提に立って教育課程と生徒指導の関係を考える際，教科領域に学習指導機能を，教科外領域に生徒指導機能を対応させて論じられることも多い。しかし，この捉え方は，教科領域（各教科）＝学習指導，教科外領域（特別活動）＝生徒指導という意味ではない。教育機能は学校の教育目標，教育課程内外の各種教育活動，および成果を結ぶ概念であり，学校の２大教育機能は，学校の教育機能を捉える際の一般的な見方，あるいは，基本的な枠組みである。そして，教科・教科外領域は主に，教育課程内の教育活動にあたる。

　では，先の２大教育機能を教育課程に関連づけて説明すると，どのようになるだろうか。

▷1　従来，各教科とは異なる教育課程上の領域の一つであった道徳は，今回の改定で法改正をともなって，特別な教科（道徳科）としての新たな位置づけを与えられた。その意図は，答えが一つではない課題と向き合い「考える道徳」「議論する道徳」への転換を図ることである。しかし，どのように教科としての評価を行うかなど，課題も残されている。

　学習指導の機能は，主に教科領域から働き始める。学習指導の内容は，各教科固有の見方・考え方から，私たちの生活する社会や自然などのさまざまな現象を理解し扱うための知識と技能に整理される。学びとられた知識と技能は，生徒指導の機能とあいまって，徐々に，児童生徒自身の文化的生活や生涯を支えるものとなる。

　一方の生徒指導の機能は，主に教科外領域から働き始める。生徒指導の内容は，児童生徒の発達的ニーズから導かれる。従来，その内容は，学業，個人的な適応，社会性・公民性，道徳性，進路，保健（心身の健康），安全，余暇などの児童生徒の生活や発達に関するテーマとして掲げられ，教科外領域に反映されてきた。日々の生活のなかで児童生徒が抱える問題や悩み，抱く将来への不安や展望を，そうしたテーマの下に取り上げて指導・援助する。生きていくなかで遭遇するそれらテーマに関連した問題や悩みと向き合い，個性的な自分の気づきや願いについて理解を深めていくことは，学習指導の機能とあいまって，徐々に，現実の世界のなかで自分の人生を自ら方向づけ，意思決定していく力となる。

　学習指導と生徒指導は，分離不可能であり，領域の別なく，学校の教育課程すべてにおいて相互補完的に機能する。それぞれの機能が作用する主要な領域として，教科領域と教科外領域を対応させることができる。このように，教育課程と学習指導・生徒指導の関係が理解されてきた。

　加えて，学校の教育活動はきわめて多様で，すべての教育活動が教育課程に位置づけられてはいない。教育課程に含まれる各教科，道徳科，総合的な学習の時間，特別活動などの教育活動（教育課程内）においてはもちろんのこと，休み時間や放課後，登下校の場面など（教育課程外）においても，生徒指導が機能するとみなされる。つまり，生徒指導は，特別活動だけでなく，教育課程内外の，児童生徒の学校生活のあらゆる場や機会に関連する，欠くことのできない機能として学校教育に関係づけられている。

３　新学習指導要領にみる生徒指導

　各学校の教育課程は，学習指導要領に示される内容を基準にして編成される。その基準のなかで，児童生徒の発達を支える生徒指導の役割が強調されている。

　このことを確認する前にまず，文部科学省（旧文部省）の示す生徒指導の定義をみておこう（文部省，1988，1ページ）。▷2

▷2　文部省（現文部科学省）が1988年に初めて示した公式定義である。のちに編纂した『生徒指導提要』（2010年）に，より平易に述べられた定義が示されている。生徒指導を，前者は「指導・援助」と規定し，後者は「教育活動」と表現する。本章では，教育機能をより伝える表現として前者の定義を用いている。

　生徒指導とは，本来，一人一人の生徒の個性の伸長を図りながら，同時に社会的な資質や能力・態度を育成し，さらに将来において社会的に自己実現ができるよう

> な資質・態度を形成していくための指導・援助であり，個々の生徒の自己指導能力
> の育成を目指すものである。そして，それは学校がその教育目標を達成するために
> 欠くことのできない重要な機能の一つなのである。

　この定義から生徒指導が，次のような，・一・人・ひ・と・りに対する指導・援助であ
ることがわかる。すなわち，第一に，個性を伸ばすこと，第二に，社会性・公
民性を育てること，および第三に，自己実現のための基礎力を形成すること，
である。そして，生徒指導の最終目標は，教師の助力がなくとも，自らが自ら
を指導・援助できるようになることであり，さらに生徒指導が機能であること
が明示されている。◁3

　では，学習指導要領のなかで生徒指導は，どのように言及されているか。

　2017（平成29）年3月に告示された小・中学校の新学習指導要領では，「第1
章　総則」の内容構成と位置づけが，以前のものと比べ，学校の教育課程の目
指すねらいや全体像を明示するものへと大きく改められた。つまり，総則が教
育課程の要として強く意識された。ここに，各学校の教育課程を編成および実
施するための基本方針が六つの事項にまとめられ，このなかで生徒指導が言及
されている。

　生徒指導が直接に言及されている事項は，小・中学校版でともに「第4　児
童／生徒の発達の支援」にある。◁4そこでは，教育課程の編成および実施におけ
る生徒指導の役割が，例えば中学校版では次のように強調された（文部科学省,
2018，9ページ）。

> (2)　生徒が，自己の存在感を実感しながら，よりよい人間関係を形成し，有意義で
> 　充実した学校生活を送る中で，現在及び将来における自己実現を図っていくこと
> 　ができるよう，生徒理解を深め，学習指導と関連付けながら，生徒指導の充実を
> 　図ること。

　これまでの学習指導要領の総則においても同様に，教師―児童生徒間の信頼
関係や児童生徒相互の人間関係，児童生徒理解の深化，自主的判断・行動と積
極性の促進に触れ，生徒指導の充実を図ることが強調されてきた。

　今回の改訂では，教育課程における生徒指導の役割として，次のことが強調
されている。まずは前提として，生徒指導を学校の発達支援に位置づけるこ
と，そして，もとより生徒指導が学習指導と分離不可能であり，児童生徒理解
を基礎に進められること，である。さらに，このような前提に立つ生徒指導に
は，学校生活で自己存在感と充実感を児童生徒が実感すること，自己実現の基
礎力形成を図ることが期待されている。つまり，学校生活のなかで，児童生徒
の個性が認められ，生かされ，伸ばされ，そして将来的に児童生徒が個性を実

▷3　生徒指導は校則の取
締りなどの管理指導や厳し
くしつけることとして，広
く受け止められているが，
大きな誤解である。学校教
育に関わる専門家や研究者
でさえ，こうした誤解をし
たまま自論を展開する例が
散見される。生徒指導をス
ケープゴートにして自らの
主張を誇張するのではな
く，なぜ誤解されるかを解
明することが重要である。

▷4　高等学校版では「第
1章　総則　第5款」（文
部科学省，2018）に記述さ
れている。

▷5 「生徒指導の充実」と並記してあるために，概念上の上下／広狭／包含関係が理解しづらい。学習指導要領を読解する際の留意点だが，それらはどれも，概念上，生徒指導が機能する場か，機能の一部として捉えられるものである。

こうした並記による強調は，中央教育審議会をはじめとして把握された学校教育の現代的課題を反映している。一方で，それら課題に対する強調点が学校教育全体のなかに位置づけ直されることなく，各論が，並列されたまま強調されている。こうした記載は，混乱，誤解を招き，理解を困難にしかねない。

▷6 小・中学校の学習指導要領［1998年改訂］から「ガイダンス」が総則と特別活動の章で使用され，新学習指導要領においては総則等に「カウンセリング」が加わった。従来から一般に，「生徒指導」は "guidance & counseling" と英語表記されてきた（日本生徒指導学会や各大学のシラバスなど）。文部科学省は，白書などの英訳版で確認できる「生徒指導」の英語表記に "student guidance" や "students' guidance" を当てている。教職につく人々を混乱させないためにも，文部科学省は早々に「生徒指導」の概念整理に着手する必要がある。そうでなければ，学習指導要領が教育界の流行語集とみなされかねない。

▷7 教科外領域の内容的変更は，学問的に十分に検討されて進められたというよりも，その時々の，教育政策上の問題意識や教育的関心を反映している。した

現できるようにすることを，生徒指導の役割として強調していることがわかる。

こうした生徒指導の役割とともに今回の改訂では，児童生徒の発達を支援するために，学級経営の充実やガイダンス・カウンセリング，キャリア教育の充実，そして個に応じた指導の充実も強調されている。これらの強調は，生徒指導が実際の学校で機能するために重要な事項であり，学校の教育活動全体を通じて個々の健全な発達を目指して指導・援助するという生徒指導のそもそものねらいに則するものである。さらに，学習指導要領において，障害のある児童生徒や海外帰国／不登校の児童生徒，あるいは学齢期を経過した者などに対する，特別な配慮を必要とする発達支援が強調されていることも看過されてはならない。

2　特別活動と生徒指導の関係

☐1　教科外領域としての特別活動

特別活動は，教科外領域に分類される教育内容・活動である。この他の教科外領域には，道徳科（小・中学校のみ），総合的な学習の時間，外国語活動（小学校のみ）がある。教科外領域の教育内容・活動がどのような社会的文脈・背景のなかで学習指導要領に位置づけられ，その内容記述が変化してきたかを辿ることは，わが国の教育政策上の意図やその背景を読み解くことにつながる。しかし，本章の範囲を越えているために，ここでは詳述しない。

教科外領域としての特別活動は，一般に，学級活動（小・中学校）・ホームルーム活動（高等学校），児童会活動（小学校）・生徒会活動（中学校・高等学校），クラブ活動（小学校）および学校行事から構成され，各教科と同様に，学習指導要領にその目標と内容が定められている。しかし，教科外であるがゆえに各教科とは異なり，教科書を作成するほどの具体的な学習内容が定められるわけではない。つまり，話合い活動をすることは定められていても，学級・学校生活の諸問題などのテーマを示すにとどまり，具体的実際的に話し合う内容について細かく記述されてはいない。

ここには，特別活動で扱う具体的実際的な内容については，教師の適切な指導の下に，児童生徒の自発性・自主性が尊重されること，集団活動自体に教育的価値があることという特別活動の特質が反映されている。重要な点は，活動や行事ごとに違いがあるものの，具体的実際的な活動内容の設定について学校や教師が，相当の裁量を有していることである。したがって逆に，学校や教師が特別活動の意義を理解し，積極的に実現しようとしなければ，内容よりも先に活動時間が決められているがゆえに，例えば，学級活動・ホームルーム活動

の時間が自習時間になるなど，簡単に形式的な教育活動に陥ってしまう可能性を特別活動はもっている。ここに，特別活動が「特別にやらなくてもいい活動」と揶揄される現実がある。

さらに，特別活動と生徒指導の関係を考えるうえで確認しておきたいことは，次の二つのことである。

一つは，特別活動で取り上げられている学習指導要領の主な内容は，児童生徒の生活や発達に関するテーマだということである。このことからだけでも，特別活動が，生徒指導上，とくに重要な教育内容・活動であることがわかる。

戦後すぐの『学習指導要領一般編（試案）』(1947年)に，教科学習の発展的自発的な学習活動として「自由研究」が位置づけられ，特別活動の端緒が開いた。1951（昭和26）年版（小「教科以外の活動」，中・高「特別教育活動」）において，児童生徒の自主的，自治的な集団活動を中心に据える特別活動の基礎が整えられる。その後，特別活動は名称の変更や領域の細分化と統合を経て，現在に至る。その間，学習指導要領の改訂の度に，特別活動，とくに学級活動・ホームルーム活動に取り上げられるテーマや内容も変更，追加されていく。

特別活動におけるこうした内容の変化は，児童生徒の生活や発達に関するテーマが，教育政策上の問題意識と意図を反映し，その時々に強調，拡大されてきたことを伝える。現在では，道徳教育，さらにキャリア教育（進路指導）がいっそう，制度的に強化され，社会性（人間関係づくり），学業，個人的適応，健康，安全などが，学級活動・ホームルーム活動の内容に明示されている。こうして概観すると，生徒指導の指導・援助のテーマや内容が，児童生徒の全員が等しく学ぶ必要があるものとして，学習指導要領に明示的に組み込まれてきたという側面を指摘できる。しかし一方で，学習指導要領に明示されることによって，児童生徒個々のニーズを主題化することが忘れられることのないよう，留意が必要かもしれない。

もう一つは，生徒指導は特別活動においても個々の発達に注目する，ということである。従来，特別活動は，児童生徒の自主的，自治的な集団活動を通じ「なすことによって学ぶ」ことを共通項として，学級活動・ホームルーム活動，児童会活動・生徒会活動，学校行事，そしてクラブ活動や部活動（課外）などの多様な集団活動を束ねてきた。つまり，特別活動は，その固有の方法原理として，自主的，自治的な集団活動を大切にして取り組まれてきた。

しかし，生徒指導は，個々の児童生徒がその集団に適応することや集団活動に参加することにおける課題や意味に注意を払う。生徒指導の観点は，集団を対象に一斉指導する場合であっても，「個の育成」を強調する。

特別活動を構成する集団活動は，多様である。その一つひとつの集団活動のなかには，個々の児童生徒が協調性や自律性，社会性などを養う機会がある。

がって，学問的には，検討するべき論点や課題，混乱を招きかねない用語使用もある。

▷8　『生徒指導提要』（文部科学省，2010，14〜16ページ）には，集団指導を通した「個の育成」について，集団内の児童生徒一人ひとりに考慮することを重視することが述べられている。

　さらに，集団で成し得ることの実際を体験し，自分が貢献することや責任を負うことの意味に気づく機会が散りばめられている。そうした特別活動に含まれる一つひとつの活動に教育的意義があることは，疑いようがない。しかし一方で，そうした集団活動過程に散りばめられた機会は，挫折や不満を経験したり，他者とのトラブルなどによって傷ついたりする機会となる可能性もある。

　生徒指導は，特別活動が備える有意義な機会を個々の児童生徒が活かせるように，事前に集団内の人間関係づくりを促すなど，配慮，工夫するだけではない。一つひとつの集団活動中，活動後の個々の児童生徒の様子を注意深く観察し，必要であれば話を聴き，その児童生徒が発達の歩みを進められるように必要な指導・援助を行うことも求めている。生徒指導の観点は，集団活動それ自体を相対化して，個々の児童生徒の発達に適当であるのか，意味があるのかを問い，備えることを私たちに要求する。

2　学級／ホームルーム担任による生徒指導
——学級活動・ホームルーム活動

　特別活動の多様な内容を 2 系列に分けて捉える見方がある。一つは，児童生徒の自主的自治的な集団活動を特色とする系列であり，学級会や児童会・生徒会などを指す。もう一つは，教師（学校）が主導する集団活動を特色とする系列であり，学校行事や学級指導がこれに含まれた。両者を分ける基準は，児童生徒の自主性と教師の指導性という，集団活動をどちらが主導するか，という点にある。こうした見方は，1958（昭和33）年の学習指導要領改訂の際に指摘され始めた。

　ここでいう学級指導という用語は，1968（昭和43）年の小・中学校の学習指導要領改訂の際に，特別活動のなかで使用されるようになった用語である。そして，1989（平成元）年の改訂で，学級指導と学級会活動が統合されて学級活動となり，以後，学級指導という用語は指導要領で使用されなくなった。

　ここで確認したいことは，学級指導が学級担任による生徒指導を展開する場として明確に意識され，教育課程（特別活動）に位置づけられたこと，そして，学級会活動との統合を経て現在まで学級活動に引き継がれていること，である。

　当時，学級指導が新設された理由は，『改訂中学校学習指導要領の展開——特別活動編』（沢田・河野，1969）によると，概ね，次のような経緯と意図によるものであった。

　まず，当時の教育課程審議会答申のなかで，個々のより良き発達をめざす生徒指導の充実を図るために，学級を単位とする指導の場を設けることが要請された。これを受け，学級活動として取り組まれていた内容が再検討された。そ

の結果，従来の学級活動には，児童生徒の自主的自治的な活動と学級担任が指導する生徒指導を主とする活動があり，学級会活動と学級指導がそれぞれ設けられることとなった。このときに示された学級指導の内容は，個人的適応，集団生活への適応，学業生活，進路選択，および健康・安全に関することであった。

　つまり，学級指導は，学級担任による生徒指導の働きを強化し，学校の生徒指導を充実させる意図の下に設けられた。生徒指導を強化することは，個々のより良き発達をめざす指導・援助を手厚くすることであり，その主柱となる活動として学級指導を教育課程に位置づけた。そして，この活動を主導し，発達的な指導・援助を積極的に展開するという学級担任の役割が明確化されたのである。

　これに先んじて，文部省（現 文部科学省）は生徒指導の啓蒙と普及を進めるために，1964（昭和39）年に生徒指導主事100名を配置し実践研究を推進し，1965（昭和40）年に『生徒指導の手びき』を公刊している。各学校の生徒指導の全体を運営するリーダーが生徒指導主事であり，日々，児童生徒個々の発達をめざして具体的実際的に働きかける教師が学級／ホームルーム担任（以下，担任教師）である。このような学校の生徒指導体制の構図が，一方で，提示されていた。

　わが国の学校教育において，学級活動・ホームルーム活動は，担任教師が行う個々のより良き発達をめざす指導・援助を展開する時間である。学級活動・ホームルーム活動が学校の生徒指導の主柱となるためには，この活動が学年・学校段階の進行に応じて発達的に計画化される必要がある。各担任教師は，学校全体の生徒指導を計画的に進める担当者として学級活動・ホームルーム活動の時間に，学業，社会性，進路などの発達課題を主題化して，担任する児童生徒個々を指導・援助する役割を担っている。多様な集団活動を包摂する特別活動にあって，学級活動・ホームルーム活動は，担任教師が発達的な生徒指導を具体的実際的に展開する中核的な時間である。

③ 特別活動の各活動・行事と生徒指導の関係

　特別活動の内容は，今回の改訂においても小・中・高等学校で枠組みとしての連続性が保たれ，学級活動（小・中）・ホームルーム活動（高），児童会活動（小）・生徒会活動（中・高），クラブ活動（小）および学校行事によって構成される。ここには，趣の異なる多様な集団活動が含まれている。私たちは，このような多様な集団活動をどのように関連づけてまとめ，特別活動を捉えることができるだろうか。

　この点について，新学習指導要領では，「集団や社会の形成者としての見

▷9　この頃から中・高等学校を中心に，生徒指導主事を学校に配置する動きが全国で進む。行政上の制度化は，1975（昭和50）年の学校教育法施行規則の一部改正によって行われた。

方・考え方」を働かせる活動として，多様な集団活動を特別活動の下にまとめている。つまり，特別活動のいずれの活動も，児童生徒が集団や社会の形成者となるために必要な資質・能力を育成する活動であることを伝えている。

　さらに，これら多様な集団活動の中心が学級活動であることを，例えば，中学校版では以下のように述べている[10]（文部科学省，2018，151ページ）。この記述は，特別活動の中心は学級活動であり，各活動・行事を関連づけることと，学級活動の土台が教師と生徒，生徒相互の信頼関係の下に営まれる学級生活であることを端的に伝えている。

▷10　小学校版では，「生徒」を「児童」に置換してある以外，同一の文章記述となっている。同様に，高等学校版では「学級活動」を「ホームルーム活動」に，「学級経営」を「ホームルーム経営」に置換しているのみである。

> 　学級活動における生徒の自発的，自治的な活動を中心として，各活動と学校行事を相互に関連付けながら，個々の生徒についての理解を深め，教師と生徒，生徒相互の信頼関係を育み，学級経営の充実を図ること。その際，特に，いじめの未然防止等を含めた生徒指導との関連を図るようにすること。

　生徒指導の観点に立つと，特別活動に含まれる多様な集団活動を次のように関連づけて捉えることが可能となる（図3-2）。学級活動（学級指導）は，学校の生徒指導の主柱であり，学級担任が発達的な生徒指導を展開する活動である。学級活動（学級会活動）は，主に学級・学校生活上の問題や課題を共有し，解決，改善に向けて協働する活動である。そして，生徒会活動は学年も規模も学級を越えて，より公共的な教育的意義を備えて広がる自治的な活動であり，各種学校行事はそれぞれに固有な特色と意義を備えた集団的な活動である。この図が伝えることは，学級活動（学級指導）で育まれた資質・能力の活用場面が，生徒がより自主的，実践的に取り組む多様な集団活動へと，その規模も協働する対象も，あるいは活動の特色においても広がっていく様子である。

　このような捉え方に対して，学校行事や生徒会活動で養った資質・能力が学級活動に活用されるという，図示とは逆の広がりや影響を指摘する捉え方もあるだろう。図3-2は，そのような広がりや影響を否定するものではない。むしろ，この図のように捉えることが，私たちに，学級活動・ホームルーム活動で積極的に育てるという意義を明確に意識させ，結果的に，特別活動全体の教育的意義を実現することに貢献する。

　このように考える理由を考察しておこう。

　特別活動論では，その特質である児童生徒の自発性，自主性が重んじられ，従来，教師の指導性はそれを阻むかのように捉えられてきた。しかし，実際には，望ましい集団活動が自発的，自主的に展開しているようにみえる場合ほど，教師の事前，事後，そして活動中のていねいな，適時適切な指導・援助が提供されていることが少なくない。それは，このような指導・援助がなければ，自発的，自主的な集団活動が無秩序，無軌道に展開され，個々の児童生徒

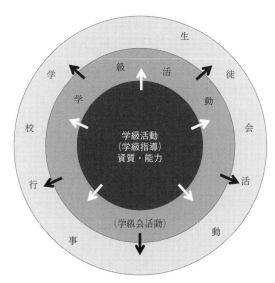

図3-2　生徒指導からみた特別活動の広がり（中学校）

が協調性や自律性，社会性などを養う機会を失うだけでなく，集団や集団活動に対する否定的な態度をつくってしまうおそれがあるからである。また，そのような集団活動が，いじめにつながる集団状況を醸成してしまうこともある。自発的，自主的な集団活動が，自然とつねに，望ましい集団活動となるわけではない。

　自発的，自主的な集団活動は，個々の児童生徒にとって肯定的にも否定的にも経験されるさまざまな機会によって成り立つ，そして，偶発的な出来事が生じる，ダイナミックな集団過程である。教師の目が，その経験や偶発的な出来事すべてに行き届くわけではない。そのために，特別活動の意義を自覚する教師ほど，活動計画づくりや活動過程などにおいて，児童生徒をていねいに観察し指導・援助するが，それでも心配は尽きない。そのうえ，自発的，自主的な活動であることを意識すれば，教師が表立って指導・援助することは手控えられる。

　このような集団活動が自発的，自主的で有意義な教育経験となるためには，集団過程で遭遇するさまざまな課題状況に個々が対処し，望ましい方向へと自発的，自主的に行動できることが期待される。つまり，そのような課題状況に対処する資質・能力を，前もって個々の児童生徒に育むことが，自発的，自主的な集団活動の教育的要件となる。

　それでは，いつ，どこで，誰が育むのか。「学校教育全体を通して」や「すべての教職員が共通理解の下に」と唱えるだけでは，育むことはできない。現状で，この課題に取り組む最適な教育活動は，特別活動の中核に位置づく学級活動・ホームルーム活動である。

　学級活動・ホームルーム活動では，集団過程を含む，現在と将来の生活で個々が遭遇する課題状況を想定し，それらに対処するうえで必要な資質・能力を発達段階に応じて具体的，実際的に育てることが意識されなければならない。このような発達的な生徒指導が学級活動・ホームルーム活動において実現されるほどに，集団活動における個々の自発性，自主性は高まり，多様な集団活動が個々にとって有意義な教育経験となる可能性が高まる。

　学級活動・ホームルーム活動は，特別活動の中核に位置し，積極的に児童生徒の発達を促す教育活動である。この時間に育まれる資質・能力は，波及するようにして，話合い活動や児童会活動・生徒会活動，あるいは各種学校行事へと，自発的，自主的に広がっていくことが望まれる。そして，児童生徒が自発的，自主的に特別活動に取り組む過程には，その広がりに応じた担任以外の教職員の助力も必要であり，偶発的な出来事に臨む児童生徒に適時適切に関わることができるよう，学年，学校全体で備えなければならない。

3　特別活動から学校の教育活動全体へ

1　特別活動に託された期待と課題

　特別活動は，戦後，教科学習だけでは足りない「教育の一般目標の完全な実現」のために，教育課程に設けられた正規の学習活動である（文部省，1951）。その期待は，教科学習とあいまって，全人的な人間形成が可能になるというものであった。そして現在，その下に包摂される学級活動・ホームルーム活動，児童会活動・生徒会活動，および学校行事は，それぞれの特色と意義を備え，どれも重要な活動であると考えられている。

　しかし，個々の児童生徒の発達を積極的に促進しようと実際的に考えるなら，包摂される各活動・行事には，取り組む際の優先順位に違いが生じる。なぜなら，集団活動のねらいと意義，集団規模，学年，想定される教育経験，および偶発的に生じる出来事などにおいて多様だからである。同時に，教師の目の届く範囲，適時適切に助力を提供できる可能性などにも違いが生じる。このような実際的な違いに基づいて，資質・能力を直接に育てる場面から，それら資質・能力を自発的，自主的に活用する教育的な場面，さらには学校を離れたさまざまな場面へと広げていく，教師・学校側の教育的な展望と，その展望に沿った特別活動の設計が必要になる。このような学級活動・ホームルーム活動を中核とする特別活動の充実した展開は，児童生徒の学校生活への適応や教科学習への意欲を高めることにもなり，その波及効果は教育課程内外の教育活動へと広がっていくだろう（八並，2012）。

それは同時に，児童生徒の問題行動にも連関する。問題行動は概して，学業と友人関係などの人間関係における深刻な躓きに起因している。つまり，授業場面，特別活動場面，あるいは学級・学校生活のなかで，彼らは充実感を味わえないだけでなく，種々の困難を頻繁に，あるいは持続して抱えやすいことを意味している。

児童生徒の問題行動に対して，従来から積極的な生徒指導の充実が叫ばれてきたが，指示するところが理念的で具体的に捉え難く，問題行動の対応に追われる消極的な生徒指導の現状は改善されないままである。これまでの規範意識の醸成を強調する基本的な対応方針も，そうした児童生徒の躓きに対して的外れである。躓く以前に，学校内外の生活で躓きやすい課題状況を把握し，それらに対処する資質・能力や支え合う児童生徒相互の関係を育む取り組みを充実させることが肝要である。これこそが，積極的な生徒指導の具体的な手立ての一つである。

このように，児童生徒の問題行動を予防，改善できるかは，学級活動・ホームルーム活動を中核とする特別活動の取り組み如何にもかかっている。学級活動・ホームルーム活動を中核に据える特別活動の設計は，学校教育の最重要課題の一つである。

2　望ましい学級／ホームルーム生活から望ましい集団活動へ

私たちは，組織的，継続的に展開される教育活動全体を通じて，児童生徒の全人的な成長と発達に貢献しようと意図する。したがって，学校の全教職員の共通理解を図り，協力と分担の下，それぞれが責任を果たすことが強調される。

こうした全体的な取り組みのあり方が重要であることを十分に認識しながらも，学級／ホームルームという場とその担任教師の特別な役割の重要性を考えないわけにはいかない。なぜならば，児童生徒が集団で学習し生活する，そしてそのなかで成長と発達の糧となる教育経験を得る主要な場であり，児童生徒にとって，実際の学校生活のほとんどを占める場だからである。そして，担任教師は，この学級／ホームルームという場で直接，継続的に個々の児童生徒の成長と発達に貢献しようと関わっているからである。

このような学級／ホームルームとその担任教師の占める位置と大きさは，わが国の学校教育における際立った特徴である。そのため，特別活動と生徒指導の関係を考える際にも，担任教師が，学級／ホームルームの場をどのような教育環境にしていくのか，そこに集まる児童生徒をどのように指導・援助するかが，つねに問われてきた（安藤，2013）。ここには，学級／ホームルームにおける社会生活が学校の教育活動の土台であり，担任教師がその望ましい社会生活

を築くことの重要な役割を担っているという認識が共有されている。

　学級／ホームルーム集団は，未熟な個性の集まりである。年度当初には，担任教師と児童生徒，児童生徒相互の結びつきも希薄で，単なる集合体に近い。ここから，担任教師のリーダーシップによって，この集合体は共同体へと徐々に変化していく。この過程を含む社会生活を土台にして，個々の児童生徒は，教育課程内外の教育活動を通じて個性を伸ばし，成熟した市民となるための基礎を養い，自らの人生を方向づけて自立へと向かう。

　担任教師は，それぞれが思い描く学級／ホームルームを実現するために，児童生徒個々の理解を深めて信頼関係を築き，共同生活のための理解と協力を引き出し，児童生徒が相互に肯定的な関心を交わすように働きかけていく。この基底的な働きかけのうえに，学級／ホームルームの場で見られるさまざまな児童生徒の言動や彼らが引き起こす出来事に対して，日々，担任教師がタイムリーに応対することによって，集合体に秩序とメンバー間の結びつきが形成され，学級／ホームルームそれぞれの風土が醸成されていく。結果的に，担任教師の思い描いた通りの学級／ホームルームにはならないかもしれない。しかし，こうした学級／ホームルームのありように影響する主要な要因が，担任教師のリーダーシップであることに間違いはない。

　個々の児童生徒の発達を積極的に促進するための主要な教育活動は，特別活動であり，その中核には学級活動・ホームルーム活動がある。そして，種々の教育活動の土台は，学級／ホームルーム生活である。担任教師のリーダーシップは，日々の積極的な生徒指導であり，土台の形成において基底的な働きかけとなる。望ましい学級／ホームルーム生活が，望ましい集団活動を支えていく。

4　特別活動の充実に向けて

　生徒指導は，特別活動を中心に教育活動全体を通じて，児童生徒個々の発達を支援する教育機能である。なかでも，学級活動・ホームルーム活動が主柱をなし，学級／ホームルーム生活が土台となって支えている。

　特別活動の意義を実現するためには，その主柱と土台を増強しなければならず，担任教師の積極的な生徒指導機能を強化することが欠かせない。ここでは，そのための主な課題を簡潔に述べていく。

　まず，一つには，担任教師が個々の児童生徒を理解し，信頼関係を築くための時間と機会を増やすこと，である。このことは，個々の児童生徒に直接，ていねいに関わるということだけではない。そこでの出来事や交わした話などを振り返る時間や，さらには多様な場面で児童生徒を観察する機会などを増や

し，個々の児童生徒の躓きや悩み，取り組むべき課題などを検討する。さらには，児童生徒のニーズに対応するための教育活動の計画や指導方法を探求する。こうした時間が必要である。現状，担任教師には児童生徒を個々に理解する時間的，心理的余裕はほとんどない。近年，広く知られる教育・心理検査「楽しい学校生活を送るためのアンケート（Q-U）」などの集団診断ツールや心理テストは効率的で，学級／ホームルーム集団や個々の理解を助けてくれる。しかし，それらでは届かない児童生徒の姿や表情に触れることは，具体的実際的に理解し個々と関係を築くうえで，何ものにも代えがたい。

　次に，学級活動・ホームルーム活動を中核に，児童生徒の資質・能力を積極的に育てる特別活動へと全体計画を再検討すること，である。まず，児童生徒の資質・能力を特定しなければならない。それらを計画的に育む教育活動を，カリキュラムとして組み立てる必要がある。それは，小，中，高のつながりを備えることが望まれる。一方で，各活動・行事が，従来，指摘されてきた資質・能力を実際に育む教育経験となっているか，分析，検証することも重要である。やはり広く取り組まれるようになったソーシャル・スキル・トレーニングやエンカウンター・グループなどのグループ・アクティビティは，資質・能力の形成や他者との関係づくりに一定の効果を期待できる。しかし，ここで特定される資質・能力は，個々の生活／発達上のニーズから切り離されてはならず，実際の生活場面で役立つものとして育まれなければ意味はない。

　最後に，担任教師を支える学校組織へと整え直すこと，である。近年，さまざまな社会変化に対応するため，学校と教師に対する期待は膨らみ続け，その要求水準も高度化している。そして，国や文部科学省は恒久的な人的，予算的資源を投入することなく，さまざまな施策／事業や教育改革を進めてきたために，教師の業務量は増加し続けてきた。業務量が増えることで最も深刻なダメージを被ってきたのは，現場の意に反して，担任教師として児童生徒に関わり，理解し，育てる時間である。これは，学校教育の土台を蔑ろにしていることに等しい。この問題状況を改善するためには，学級／ホームルーム規模の縮小，担任教師の授業時間と管理事務的業務の負担軽減，サポート職員の配置，中・高等学校では部活動顧問の免除などが必要となる。学校内だけで可能な改善策ではないことは明らかである。国や文部科学省は，必要な人的，予算的措置を講じる責任を負っている。

　どのような教育活動にも，ねらいや指導目標がある。多様な集団活動からなる特別活動においても例外ではない。教科外領域として学習指導要領に位置づけられることで，かえってそのねらいや指導目標に託された必要性や意義が不問とされやすい。生徒指導という機能は，多様な集団活動一つひとつが備える必要性や意義を個々の児童生徒の発達という視点から自覚的に捉え直し，具体

的，実際的に児童生徒を助力することによって，特別活動を活性化していく。

　特別活動は，生徒指導の観点を反映させるほどに，個々の児童生徒にとって有意義な活動になっていく。そして，そのような特別活動が日々展開されるほどに，学校の生徒指導機能は強められていく。"学習指導要領で決まっているから"では，教育効果を望むべくもない。むしろ，それは特別活動に対する教師と児童生徒の意欲を削ぎ，消極的な態度を招き，逆効果となる。教師には，児童生徒の発達的ニーズに応じて特別活動を工夫し，適切に個々を指導・援助することが望まれる。

Exercise

① 戦後から現在に至るまでの，学級活動・ホームルーム活動の目標と内容を調べ，強調点を明確にしてみよう。そして，各期の強調点の背景に，どのような社会問題・関心があったかを検討してみよう。

② 特別活動は多様な集団活動から構成され，各活動・行事間の有機的な関連づけが大きな課題として指摘されてきた。個々の児童生徒の発達を図るために，種々の活動をどのように関連づけることが可能か，考察してみよう。

③ 学級活動／ホームルーム活動（学級指導）を充実するためには，どのような担任教師の資質・能力が必要か，可能な限りリストアップしてみよう。そして，最も重要な資質・能力を三つ選び，それらを養うための学習計画を立ててみよう。

📖次への一冊

宮坂哲文『宮坂哲文著作集（第Ⅰ〜Ⅲ巻）』明治図書出版，1968年。
　　特別活動のみならず，生徒指導（生活指導），道徳教育など，学校教育で取り組む人間形成の理論と実践について広く論究した古典である。
文部省『生徒指導の手びき』1965年。
　　戦後の新教育のなかで，米国ガイダンスに学びながらも，日本の生徒指導のあり方を問い続けまとめられた，生徒指導の礎となっている最重要文献の一つである。
八並光俊・國分康孝編著『新生徒指導ガイド——開発・予防・解決的な教育モデルによる発達援助』図書文化，2008年。
　　積極的に児童生徒の成長と発達を促進する生徒指導の進め方について，一つの実践モデルを提案する。
高見茂・田中耕治・矢野智司監修，西岡加名恵編著『特別活動と生活指導』協同出版，2017年。
　　学校現場を中心に，戦前の綴り方教育実践から育まれた「仲間づくり」「集団づく

り」などの生活指導論に特別活動を位置づけて考察する際に役立つ。

米国スクール・カウンセラー協会，中野良顯訳『スクール・カウンセリングの国家モデ
　　ル——米国の能力開発型プログラムの枠組み』学文社，2004年。
　　　米国の総合的なスクール・カウンセリング（生徒指導）の全容を理解するための好
　　著。

引用・参考文献

安藤知子「『学級経営論』の展開から何を学ぶか」蓮尾直美・安藤知子編『学級の社会
　　学——これからの組織経営のために』ナカニシヤ出版，2013年。
沢田慶輔・河野重男編『改訂中学校学習指導要領の展開——特別活動編』明治図書出
　　版，1969年。
中野良顯「生徒指導」高野清純・國分康孝・西君子編『学校教育相談カウンセリング事
　　典』教育出版，1994年。
日本生徒指導学会編著『現代生徒指導論』学事出版，2015年。
文部科学省『生徒指導提要』教育図書，2010年。
文部科学省『小学校学習指導要領』東洋館出版社，2018年。
文部科学省『中学校学習指導要領』東山書房，2018年。
文部科学省『高等学校学習指導要領』東山書房，2019年。
文部省『学習指導要領一般編（試案）』，1947年。
文部省『学習指導要領一般編（試案）改訂版』，1951年。
文部省『生活体験や人間関係を豊かなものにする生徒指導——中学校・高等学校編』，
　　1988年。
八並光俊「成長促進型生徒指導と学級経営・ホームルーム経営——ガイダンスカリキュ
　　ラムの特色と教育効果」日本生徒指導学会『生徒指導学研究』第11号，2012年，19〜
　　24ページ。
山口満「特別活動の歴史的変遷」山口満・安井一郎編著『改訂新版　特別活動と人間形
　　成』学文社，2010年，26〜48ページ。

第4章
特別活動と教科教育

〈この章のポイント〉

　教育課程は，主として教科と教科以外の活動で構成されており，特別活動は後者に位置づく。この教科と教科外活動は，それぞれを完全に独立させるのではなく，相互に関連させて指導することが重要となる。本章では，教科教育と教科外活動の一つである特別活動との関連を，学習指導要領や同解説，中央教育審議会答申等を手がかりとして解説する。

1　学習指導要領にみる特別活動と各教科との関連の必要性

1　学習指導要領における記述

　教育課程は，教科と教科外活動，すなわち教科課程と教科外課程で構成されている。小学校の新学習指導要領を例にとると，「第2章　各教科」が教科課程となり，「第6章　特別活動」は，「第3章　特別の教科　道徳」「第4章　外国語活動」，および「第5章　総合的な学習の時間」とともに，教科外課程の一領域をなす。

　これらの相互の関連について，「第6章　特別活動」をみると，「第1　目標」「第2　各活動・学校行事の目標及び内容」に続く「第3　指導計画の作成と内容の取扱い」のなかに，以下の記述がある（下線は引用者による。以下同）。

　1　指導計画の作成に当たっては，次の事項に配慮するものとする。

(2)　各学校においては特別活動の全体計画や各活動及び学校行事の年間指導計画を作成すること。その際，学校の創意工夫を生かし，学級や学校，地域の実態，児童の発達の段階などを考慮するとともに，第2に示す内容相互及び<u>各教科，道徳科，外国語活動，総合的な学習の時間などの指導との関連を図り，児童による自主的，実践的な活動が助長される</u>ようにすること。また，家庭や地域の人々との連携，社会教育施設等の活用などを工夫すること。

　このように，特別活動の指導においては，道徳科，外国語活動，総合的な学習の時間等の教科外課程と並んで，「自主的，実践的な活動」を促すために各教科との間で指導の関連を図ることが重要となる。この点について，中学校の

新学習指導要領においても，同様の記述がある（文部科学省，2018k）。

2 各教科の構成

特別活動と各教科との関連の検討に入る前に，各教科の中身を学校段階別に
おさえておきたい。各教科を学校種ごとに示すと表4-1のようになる。

表4-1　学校教育法施行規則にみる各教科の構成

●小学校：第50条
　小学校の教育課程は，国語，社会，算数，理科，生活，音楽，図画工作，家庭，体育及び外国
語の各教科（中略），特別の教科である道徳，外国語活動，総合的な学習の時間並びに特別活動
によつて編成するものとする。
●中学校：第72条
　中学校の教育課程は，国語，社会，数学，理科，音楽，美術，保健体育，技術・家庭及び外国
語の各教科（中略），特別の教科である道徳，総合的な学習の時間並びに特別活動によつて編成
するものとする。
●高等学校：第83条
　高等学校の教育課程は，別表第三に定める各教科に属する科目，総合的な探究の時間及び特別
活動によつて編成するものとする。

高等学校については，言及のある「別表第三」において，「各教科」と「各
教科に属する科目」とが細かく規定されている。いずれの学校段階において
も，これらの各教科，あるいは各教科に属する科目と特別活動とを関連させて
指導することが求められる。

3 特別活動と各教科とを関連させることの意義

それでは，特別活動と各教科とを関連させて指導することの意義は，どのよ
うな点にあるのか。

この点の検討にあたって手がかりとするのは，「小学校学習指導要領解説
特別活動編」において，特別活動の目標について述べる第2章第2節4(1)「各
教科及び外国語活動との関連」にある以下の記述である（中学校についても同様
の記述がある）。

児童一人一人の資質・能力の育成という視点だけでなく，学びに向かう主体的で協
働的な集団づくりという視点からも，各教科等の学習と，特別活動は，互いに支え
合い，高め合う関係にある

ここでは，下線を付した「児童一人一人の資質・能力の育成という視点」
（視点①）と「学びに向かう主体的で協働的な集団づくりという視点」（視点②）
という二つの視点から，特別活動と各教科との関連が言及されている。そし
て，「各教科等の学習と，特別活動は，互いに支え合い，高め合う」という点

が両者を関連させて指導することの意義として示されているといえる。

　以下では，小学校と中学校の「学習指導要領解説」等を手がかりとし，上記の視点①②に着目し，特別活動と各教科とを関連させて指導することの意義を具体的に検討していく。そこでは，「各教科から特別活動へ」「特別活動から各教科へ」という二つの方向性から，それぞれ整理することとする。

2　視点①——子ども一人ひとりの資質・能力の育成

　特別活動は集団を通して行われる活動であるが，その意義は集団に対するもののみにとどまるものではない。特別活動と各教科との関連を図った指導は，子ども一人ひとりに対して，具体的にどのような意義をもつのか。

［１］　各教科から特別活動へ

　子ども一人ひとりに着目した際，各教科から特別活動に活かされるものとして第一義的にあるのは，各教科の学習で得た「知識・技能」の，特別活動におけるさまざまな活動での利活用である。個々人による各教科の学習において得たさまざまな知識や技能は，各教科のなかで完結するものではない。とくに，特別活動が，実践的な活動として社会で生活していくうえで遭遇する課題の解決に取り組むものであるということを踏まえれば，その解決に取り組む集団活動は，教科における学習をともなった確かな知識や情報に裏打ちされている必要がある。各自が各教科で得た知識を，個別に，あるいは総体として動員し，特別活動という集団活動の場で総合的に活かし，発揮することは，特別活動の充実化に寄与する。このように，特別活動は，各教科で習得した知識や技能，考え方等を活用する絶好の場であるといえる。

［２］　特別活動から各教科へ

　このように特別活動のなかで活かされる各教科で育成された「知識・技能」はまた，その特別活動における動員や利活用というプロセスのなかで，より確かな知となって個々人のなかに位置づいていく。そして，このように各教科での学びを実際に活用していくことで，「思考力・判断力・表現力」が育まれていくことにもつながっていく。知識や技能はただ習得したままになるのではなく，特別活動において実生活上の課題解決に活用されることで，より確かなかたちで，まさに「生きて働くもの」として身についていくのである。

　子ども一人ひとりに着目した場合の特別活動から各教科への望ましい影響は，これだけにとどまらない。一般的に，各教科においては，実世界の生活場面からいわば抽象化された知識が示される側面が少なくないのが現状である。

そのため，各教科の学習場面において，「これを学ぶことに何の意味があるのか」「何のために学ぶのか」という問いが，多くの子どもたちのなかで一度ならず発せられることになる。さらに，学校段階が上がり学習内容が高度化するにつれ，その頻度は増加するものと考えられる。指導の過程で，教師には学習内容の文脈化を図ることが求められてはいるものの，時間的制約，教材等の資源的制約などがあるなかで，それを毎時間の授業で実施するのは容易なことではない。

　この点に寄与すると考えられるのが特別活動である。各教科で習得した知識を特別活動において利活用することにより，多かれ少なかれ抽象化されたかたちで得た各教科での学びが，それぞれの生活場面へとつながっていく。特別活動を通して各教科での学びを活かす経験をし，それらが「ただの知識」から「生きた知識」となる実感を子ども一人ひとりがもつことで，従来「何のために学ぶのか」と問われがちであった各教科での学びの意義を見出す契機となり，それが各教科での学習への動機づけとしてはたらくことが期待できるのである。

3　視点②——主体的で協働的な集団づくり

　続いて，視点②についてである。特別活動と各教科とを関連させた指導による集団やその形成への意義は，どのような点に見出すことができるだろうか。

1　各教科から特別活動へ

　教師が提示し，それを子どもたちがノートに書きとることで知識を身につけさせる，という一方向的な授業方法の効果が疑問視されて久しい。各教科における学習のなかで，知識をただ習得させるのではなく，「主体的・対話的」な方法で学習を展開し，そのなかで習得させることが教師には求められている。指導においては，知識・技能を習得させるプロセスが重要視され，主体的に，そして対話的に学ぶことが求められているのである。

　このような主体的かつ対話的な方法による各教科の学習は，子ども一人ひとりに根づいていくだけではなく，子どもたちの間の信頼関係の構築やその深化を促す。例えば，対話的な活動によって授業を構成することで，どのような発言も建設的に受け止めるような信頼関係が子どもたちの間で構築される。この信頼関係は子どもたちの主体的な意見の発信を促すことにもなる。このように，各教科における主体的かつ対話的な学習によって構築された子ども同士の信頼関係が，集団活動を主とする特別活動をより充実化させる素地となることは疑いないだろう。

2 　特別活動から各教科へ

　学級経営には，学級の風土や雰囲気が非常に重要なファクターの一つとなる。そのため教師には，学級のよりよい雰囲気づくりが求められる。

　この点に大きな役割を果たすのが，特別活動である。学級活動をはじめ，さまざまな集団活動を通して行われる自発的かつ自治的な活動は，学級の雰囲気や風土を豊かなものとし，それらが学級経営の充実化を促す。このように，特別活動における有意義な集団活動を通して育まれる学級の雰囲気や風土がまた有意義な集団活動を生むわけであるが，特別活動を通した学級のよりよい雰囲気は，学級経営を充実化させると同時に，主として学級を単位として行われる各教科の学習にも積極的な影響を与えることとなる。特別活動の充実による円滑な学級経営が，各教科における「主体的・対話的で深い学び」を促す素地となり，それらを支えることになるのである。

4 　特別活動と各教科を関連させた実践のポイント

　以上，第2・3節で，特別活動と各教科との関連の意義を検討してきた。これらを踏まえたうえで，その具体的な実践にはどのようなものがあるだろうか。特別活動と各教科の関連は多岐にわたるため，本節ではそのうちのいくつかを実践のポイントとして提示する。

1 　「話すこと・聞くこと」——国語科，外国語科

　特別活動において，話合い活動はその重要な一部をなすが，それに対して，より直接的な影響を与えると考えられるのが，国語科と外国語科という言語教育に関する教科である。

　小学校の新学習指導要領国語科をみてみると，低学年（第1学年〜第2学年），中学年（第3学年〜第4学年），および高学年（第5学年〜第6学年）に分けて示される「目標」に続く「内容」のなかで，「思考力，判断力，表現力等」の一つとして，「Ａ　話すこと・聞くこと」という項目がある。例えば，高学年（第5学年〜第6学年）では，「話すこと・聞くこと」が以下のように示されている。

---

(1)　話すこと・聞くことに関する次の事項を身に付けることができるよう指導する。

ア　目的や意図に応じて，日常生活の中から話題を決め，集めた材料を分類したり関係付けたりして，伝え合う内容を検討すること。

イ　話の内容が明確になるように，事実と感想，意見とを区別するなど，話の構成

を考えること。
ウ　資料を活用するなどして，自分の考えが伝わるように表現を工夫すること。
エ　話し手の目的や自分が聞こうとする意図に応じて，話の内容を捉え，話し手の
　　考えと比較しながら，自分の考えをまとめること。
オ　互いの立場や意図を明確にしながら計画的に話し合い，考えを広げたりまとめ
　　たりすること。
(2)　(1)に示す事項については，例えば，次のような言語活動を通して指導するもの
　　とする。
ア　意見や提案など自分の考えを話したり，それらを聞いたりする活動。
イ　インタビューなどをして必要な情報を集めたり，それらを発表したりする活
　　動。
ウ　それぞれの立場から考えを伝えるなどして話し合う活動。

　このように，国語科で育まれる「話すこと・聞くこと」を見ると，これら
が，そのまま特別活動の話合いに実践的に活かされうる資質・能力であること
がわかる。同時に，特別活動における集団活動，話合い等を通して培われる資
質・能力もまた，国語科における「話すこと・聞くこと」という資質・能力に
活かされることとなる。
　一方，小学校の新学習指導要領外国語科をみると，その目標が以下のように
掲げられている。

第1　目　標
　外国語によるコミュニケーションにおける見方・考え方を働かせ，外国語による
聞くこと，読むこと，話すこと，書くことの言語活動を通して，コミュニケーショ
ンを図る基礎となる資質・能力を次のとおり育成することを目指す。
　(3)　外国語の背景にある文化に対する理解を深め，他者に配慮しながら，主体的
に外国語を用いてコミュニケーションを図ろうとする態度を養う。

　とくに，(3)で示される，文化に対する理解や他者への配慮は，コミュニケー
ションを図る際に重要な資質・能力の一つであると言える。外国語科での学習
を通して培われるそのような資質・能力は，ある特定の言語使用においてのみ
発揮される閉ざされたものではない。それは，どのような言語を使用する際に
も発揮されうる開かれた資質・能力であり，国語科と同様，特別活動における
集団活動や話合いを有意義なものとするのに貢献する重要な資質・能力である
と言える。

2　言語活動

　言語活動は，各教科において通常行われている学習活動の一つである。上記
に示した国語科の「話すこと・聞くこと」をみると，(1)で身につける内容が示

▷1　詳しくは，中央教育
審議会「幼稚園，小学校，
中学校，高等学校及び特別
支援学校の学習指導要領等
の改善について（答申）」
（2008年1月17日）の「参
考資料　3言語活動の充実
について」等を参照。

されたのち，(2)で，(1)の内容をいかに身につけるかという学習方法の一つとし
て言語活動が例示されている。学習指導要領［2008年改訂］では，この言語活
動の充実化が規定されることとなった。[1]

　言語活動というと上記の言語教育，すなわち国語科や外国語科，外国語活動
がその中心となるイメージをもつ。現に国語科は言語活動の「要」とされてい
る（文部科学省，2018a，2018b）。国語科においては，「目標」のなかで言語活動
が規定されている（文部科学省，2018a）。

> 言葉による見方・考え方を働かせ，<u>言語活動を通して</u>，国語で正確に理解し適切に
> 表現する資質・能力を次のとおり育成することを目指す。

このように目標のなかで言語活動が規定されているのは，上記で引用した外国
語科のほかに，外国語活動でも同様である。

　しかしながら，上記の教科や活動だけではなく，実際にはさまざまな教科等
のなかで言語活動の充実化が求められている。言語活動は学習指導要領におい
て，「学習の基盤をつくる活動」として位置づけられており（文部科学省，
2018a，2018k），以下のさまざまな教科や領域で規定されている。

表4-2　言語活動に関する各教科等での規定

●小学校 国語，社会，理科，音楽，図画工作，体育，外国語，道徳，外国語活動 ●中学校 国語，社会，理科，美術，保健体育，外国語，道徳

　表4-2からわかるように，特別活動においては言語活動について具体的に
は言及されていない。しかしながら，このことは特別活動において言語活動が
活かされないということを意味しない。例えば，小学校の新学習指導要領の外
国語科には，「3　指導計画の作成と内容の取扱い」において，以下のような
記述がある（文部科学省，2018a）。

> (1)オ　言語活動で扱う題材は，児童の興味・関心に合ったものとし，国語科や音楽
> 科，図画工作科など，他の教科等で児童が学習したことを活用したり，<u>学校行事で
> 扱う内容と関連付けたりするなどの工夫をすること</u>。

　ここでは，言語活動を行う際に，他教科だけではなく，学校行事で扱う内容
との関連を模索するなどの指導上の工夫が教師に求められている。言語活動を
通して育成されたとくに言語的な資質や能力は特別活動に活かされるが，各教
科での言語活動と特別活動の関連はそのような直接的な関連のみではない。引
用箇所では，教科における言語活動で扱う題材の選定において，特別活動が他

教科とともに延長線上に置かれている。より間接的ではあるが，このような各教科での言語活動の題材の選定での特別活動の参照も，特別活動と各教科の関連の一つの形態であるといえよう。

③　調査・統計の利用——算数科／数学科，理科，社会科

特別活動を通して育成することを目指す資質・能力の一つは，以下のように示されている（文部科学省，2018a，2018k）。

> 　集団や自己の生活，人間関係の課題を見いだし，解決するために話し合い，合意形成を図ったり，意思決定したりすることができるようにする。

特別活動において，実生活のなかでの課題解決に取り組む際，とくにその現状の把握等を目的として，調査を行ったり統計を用いたりすることがある。そこでは，調査や統計の結果をわかりやすいかたちで効果的にまとめ，それらを説明することが求められるが，この点に役立つのが，学習のなかで調査や統計を扱う算数科／数学科，理科，社会科である。

例えば社会科では，「様々な資料や調査活動を通して情報を適切に調べまとめる技能を身に付ける」などの記述が数多く見られる。調査活動においては，ただ調査を実施するだけではなく，調査に関して適切な情報を得，それをまとめる技能を身につけることが求められる。

また算数科においては，新学習指導要領の算数科改訂の「趣旨及び要点」の一つが，以下のように示されている（文部科学省，2018e）。

> 　社会生活など様々な場面において，必要なデータを収集して分析し，その傾向を踏まえて課題を解決したり意思決定をしたりすることが求められており，そのような能力の育成を目指すため，統計的な内容等の改善・充実を図った。

以上のように，社会科や算数科，理科の学習のなかで培われる調査活動や統計の利用等は，特別活動においてそれらを適切に収集・整理し，まとめ，説明する際の基礎的な技能となる。

④　国旗・国歌——音楽科，社会科

小学校，中学校の新学習指導要領の特別活動においては，「第3　指導計画の作成と内容の取扱い」において，「3　入学式や卒業式などにおいては，その意義を踏まえ，国旗を掲揚するとともに，国歌を斉唱するよう指導するものとする」ことがそれぞれ規定されている（文部科学省，2018a，2018k）。

音楽科における国歌「君が代」の歌唱指導はもちろんであるが（文部科学省，

2018a），それとともに社会科のなかで，「我が国や諸外国」における国旗や国歌について学ぶことになる。とくに中学校においては，国旗や国歌の存在，儀式的行事のなかでの国旗掲揚や国歌斉唱の意義，それらの理解や尊重の必要性が，社会科における学習を通して意識化される（文部科学省，2018o）。１年のなかで数回ある国旗掲揚や国歌斉唱の機会は，子どもたちにとっては行事の一場面としてしかみなされないかもしれないが，社会科の学習を通して，それらが「国の象徴」であることを学ぶ。特別活動の一環である儀式的行事として，学校生活に自然なかたちで織り込まれた身近な国旗や国歌について，それを理解し尊重することの重要性が，「国家間の相互の主権の尊重と協力」や「国際理解と国際協力」という，より高度な次元での学びとのつながりのなかで提示されることとなる。

⑤　スタートカリキュラム──生活科

　次に着目するのは，小学校の新学習指導要領「第６章　特別活動」における以下の記述である（文部科学省，2018a）。

> (4)　低学年においては，第１章総則の第２の４の(1)を踏まえ，他教科等との関連を積極的に図り，指導の効果を高めるようにするとともに，幼稚園教育要領等に示す幼児期の終わりまでに育ってほしい姿との関連を考慮すること。特に，小学校入学当初においては，生活科を中心とした関連的な指導や，弾力的な時間割の設定を行うなどの工夫をすること。

　言及のある「第１章総則の第２の４の(1)」が規定するのは，学校段階等間の接続を意識した教育課程の編成にかかる配慮事項であり，そこで焦点化されているのは，幼児期の教育と小学校教育の接続の必要性である。
　この点について，「中心」として位置づけられる「小学校学習指導要領解説 生活科編」には，以下のように規定されている。

> 　なお，これまでは国語科，音楽科，図画工作科の各教科において，幼児期の教育との接続及び入学当初における生活科を中心としたスタートカリキュラムについて規定していたが，今回の改訂では，低学年の各教科等（国語科，算数科，音楽科，図画工作科，体育科，特別活動）にも同旨を明記したところである。

　スタートカリキュラムとは，「小学校へ入学した子供が，幼稚園・保育所・認定こども園などの遊びや生活を通した学びと育ちを基礎として，主体的に自己を発揮し，新しい学校生活を創り出していくためのカリキュラム」（文部科学省／国立教育政策研究所 教育課程研究センター，2014，２ページ）である。生活科を中心としながらいくつかの教科で取り組まれることとなるスタートカリキュラ

ムであるが，教科外課程のなかで言及があるのは，特別活動のみである。いわゆる「小一プロブレム[2]」などとして表される課題の解決，あるいはその予防を目的とし，「関連的な指導を行ったり，児童の生活の流れを大切にして弾力的に時間割を工夫した指導を行ったりして，幼児期の終わりまでに育った姿が発揮できるような教育課程上の工夫」（文部科学省，2018j）を行うとして，生活科を中心としたスタートカリキュラムの一環として特別活動が位置づけられているのである。

6　体験活動

　体験活動とは，「体験を通じて何らかの学習が行われることを目的として，体験する者に対して意図的・計画的に提供される体験」（中央教育審議会，2007，91ページ）を指す[3]。体験が不足しがちな状況に置かれる現代の子どもに対する懸念から，「体験活動は人づくりの“原点”であるとの認識の下，未来の社会を担う全ての青少年に，人間的な成長に不可欠な体験を経験させるためには，教育活動の一環として，体験活動の機会を意図的・計画的に創出することが求められている」（中央教育審議会，2013，3ページ）。

　「知識や技能を教授するのではなく，各教科等において学習したことも含めて，特別活動の実践活動や体験活動を通して体得させていくようにする」（文部科学省，2018j）という点は，第2節での記述とも関連する。「特別活動の体験活動と各教科，道徳科，外国語活動及び総合的な学習の時間の学習活動との関わりがある場合には，相互に関連させて展開する」（文部科学省，2018j）など，各教科と特別活動における体験活動との有機的な関連が求められている。

7　○○教育と特別活動

　特別活動は，「○○教育」のようなかたちで示される多岐にわたる教育に有意義な活動として位置づけることができる。○○教育には，例えば，以下のものがあげられる[4]。

```
防災教育（社会科，理科等）
健康教育（体育科，保健体育科等）
安全教育（社会科，理科，生活科，家庭科，体育科等）
食育（家庭科，技術・家庭科等）
キャリア教育（社会科等）
主権者教育[5]（社会科，公民科等）
```

　中学校におけるキャリア教育を例にとろう。キャリア教育については，狭義の意味での「進路指導」との混同や，「働くこと」の現実や必要な資質・能力

▷2　小一プロブレム

　小学校第1学年が，とくに入学したばかりの時期に見られる。主として，集団行動ができない，授業中座っていることができず，教室内外を動き回る，黙っていることができない，話を聞かないといった状態が継続して見られる場合をさす。

▷3　体験活動には，以下の3種類がある（中央教育審議会，2013，5ページ）。①生活・文化体験活動：放課後に行われる遊びやお手伝い，野遊び，スポーツ，部活動，地域や学校における年中行事等。②自然体験活動：登山やキャンプ，ハイキング等といった野外活動，または星空観察や動植物観察といった自然・環境に係る学習活動等。③社会体験活動：ボランティア活動や職場体験活動，インターンシップ等。

▷4　その他にも，人権教育，福祉教育，環境教育，法教育，薬物乱用防止教育等があげられる。

▷5　主権者教育とは，「国家・社会の形成者としての意識を醸成するとともに，自身が課題を多面的・多角的に考え，自分なりの考えを作っていく力を育む」教育である。その目的は，「単に政治の仕組みについて必要な知識を習得させるにとどまらず，主権者として社会の中で自立し，他者と連携・協働しながら，社会を生き抜く力や地域の課題解決を社会の構成員の一人として主体的に担うことができる力を身に付けさせること」である。文部科学省「主権者教育の推進」（http://www.mext.go.

jp/a_menu/sports/ikus
ei/1369157.htm, 2020 年 7
月 1 日最終アクセス）。

の育成につなげていく指導の軽視等が懸念された。その改善を目的とし，特別
活動を要としつつ各教科等の特質に応じてその充実を図ることが，以下のよう
に新たに示された（文部科学省，2018q）。

> キャリア教育を効果的に展開していくためには，特別活動の学級活動を要としな
> がら，総合的な学習の時間や学校行事，道徳科や各教科における学習，個別指導と
> しての教育相談等の機会を生かしつつ，学校の教育活動全体を通じて必要な資質・
> 能力の育成を図っていく取組が重要になる。

　他領域とともに，各教科における学習を踏まえたうえでの学級活動における
キャリア教育の充実化が図られたのである。
　以上のような○○教育は，より現代的な教育課題としての側面をもつものが
多く，その多くは学級活動等の特別活動における集団活動においても取り組ま
れている。それぞれの○○教育に対して，（　）内に示した教科等で得た学び
が特別活動を通して具体的に活かされていくこととなる。各教科で学んだ知識
や技能等を利活用しながら，実生活に根ざした教育が特別活動を通して行わ
れ，「各教科等の特質に応じて育まれた資質・能力を，実践的な集団活動を通
して，統合的で汎用的な力に変え，実生活で活用できるようにする」（文部科学
省，2018j）ことが求められる。

5　往還的な関連とカリキュラム・マネジメント

1　特別活動と各教科，および子どもと集団の往還的な関連

　以上，第2・3節では，子ども一人ひとりと集団づくりに関して，それぞれ
各教科から特別活動へ，特別活動から各教科へ，という二つの方向性に分けて
検討し，続く第4節では特別活動と各教科との関連の具体的な実践のポイント
をいくつか提示した。
　ここで注意が必要なのは，特別活動と各教科との関連性，そして学習の主体
としての子ども一人ひとりと集団との関連性は，つねに動的なものであるとい
うことである。したがって，本章第2・3節での記述は，それぞれ有機的な連
関の一部を切り取ったもの，ということになる。特別活動と各教科，個々人と
集団とは，つねに「往還的」（文部科学省，2018a）な関連をもつものであり，し
たがって，一方の「良さ」がもう一方に望ましい影響を与えることもあれば，一
方の停滞が，もう一方に少なからず望ましくない影響を及ぼすこともある。特別
活動は，良くも悪くも，各教科との間の，そして個々人と集団との間のそれぞれ
の往還的な関連のなかで，有機的に紡がれていると言える。この点を踏まえる

と，この有機的な連関が相乗的な効果を生むような指導を行うことが肝要である。

２　有機的連関を促すカリキュラム・マネジメントの重要性

本章の主題であるさまざまな教科と特別活動との関連について，それをより有機的に，かつ円滑に進めるために必要となるものとして，新学習指導要領の重要項目の一つでもある「カリキュラム・マネジメント」がある。カリキュラム・マネジメントは，以下のように定義される（文部科学省，2018a）。

> 　児童や学校，地域の実態を適切に把握し，教育の目的や目標の実現に必要な教育の内容等を教科等横断的な視点で組み立てていくこと，教育課程の実施状況を評価してその改善を図っていくこと，教育課程の実施に必要な人的又は物的な体制を確保するとともにその改善を図っていくことなどを通して，教育課程に基づき組織的かつ計画的に各学校の教育活動の質の向上を図っていくこと

在籍する子どもの状況や地域の実態等を踏まえた学校目標の達成を目的とし，各教科や教科外活動について，横断的な視点をもちながらその学校独自の教育課程を組み立て取り組むなかで，評価等による改善や人的・物的資源を動員しながら教育活動の質を高めていくことが必要となる。

特別活動にひきつけて考えてみよう。2016（平成28）年12月21日の中央教育審議会答申は，カリキュラム・マネジメントを特別活動等とのかかわりのなかで，以下のように示している（中央教育審議会，2016，25ページ）。

> 特に，特別活動や総合的な学習の時間においては，各学校の教育課程の特色に応じた学習内容等を検討していく必要があることから，「カリキュラム・マネジメント」を通じて，子供たちにどのような資質・能力を育むかを明確にし，それを育む上で効果的な学習内容や活動を組み立て，各教科等における学びと関連付けていくことが不可欠である。

ここでは，各学校の教育課程の特色に応じた学習を行う領域として特別活動と総合的な学習の時間があげられ，活動を通してその学習をより効果的に実施するために各教科等における学びを活かすことが求められている。つまり，教科等横断的な視点の下，「『各教科ならでは』の教科の本質に迫る学習を生み出す一方，一教科に限定されない汎用的な資質・能力を様々な教科・領域で総合的に育成する視点でカリキュラムを編成すること」（田村ほか編，2017，77ページ）が求められており，特別活動は，それを実現する絶好の場であるといえる。

教科等横断的な教育課程の編成や指導の実施においては，普段授業や学級を担当していない子どもや他学年の異集団等，その学習者の構成が多様となる場合もある。また指導の担い手として，担当の教師のみではなく校長や教頭，場

合によっては保護者や地域の人々などもアクターとして入り込んでくる。この点からも，各学校の特色に応じて教科や領域を横断した教育課程や指導計画の作成を行うのは，容易なことではない。

　また，例えば各教科での知識を取り上げただけ，集団活動を入れただけ，というのでは，真に教科等横断的な視点を取り入れたことにはならない。本章で示してきたように，互いがよい影響を与え合うような学習を導くことが重要となる。各教科に閉じられた学びではなく開かれた学びを，そして特定の教科，あるいは複数の教科を踏まえた学びを特別活動に活かし，また特別活動において育まれる資質・能力を各教科に活かす。その実現にはカリキュラム・マネジメントの視点が欠かせないのである。

Exercise

① 　小学校と中学校の学校間接続をより円滑にするために，特別活動は各教科との関連のなかでどのような点に寄与することができるだろうか。中学校からの教科担任制への移行も念頭に置きつつ，生活科を中心としたスタートカリキュラムを参考にして考えてみよう。

② 　カリキュラム・マネジメントの視点から，特別活動と各教科との関連について具体的に考えてみよう。学級担任，あるいは教科担任としてだけではなく，管理職や教育委員会の目線も取り入れてみよう。

📖次への一冊

文部科学省／国立教育政策研究所 教育課程研究センター編『特別活動指導資料 楽しく豊かな学級・学校生活をつくる特別活動（小学校編）』文溪堂，2014年。

文部科学省／国立教育政策研究所 教育課程研究センター編『特別活動指導資料　学級・学校文化を創る特別活動（中学校編）』東京書籍，2016年。

　　上記 2 冊は，小学校と中学校の特別活動に関する指導資料である。それぞれ，特別活動の役割や意義を確認したのち，特別活動に位置づく(1)学級活動，(2)児童会・クラブ活動（小学校）／生徒会活動（中学校），(3)学校行事の三つに関する指導のポイントや留意点がQ&A形式で示されたうえで，実践事例が豊富に紹介されている。特別活動を行ううえでの基本的事項を具体とともに網羅的に学習できる。ここにあげられている豊富な活動を充実させる背景や土台となりうる各教科内での「学び」には，どのようなものがあるのか。さらに具体的に，それらはどの教科のどの単元で培いうるのか。学習指導要領や各教科の解説，教科書等とこの本とを見比べながら，各自で考えを巡らせてみよう。

田村学編著『カリキュラム・マネジメント入門』東洋館出版社，2017年。

　　上記 2 冊で特別活動の基本的事項を学び，それらを充実化する各教科での多様な

「学び」について考えを巡らせる際に，それをより円滑にするために参考となるのが本書である。本文で述べた通り，特別活動と教科教育との有機的な連関を発揮するのに，「カリキュラム・マネジメント」は欠かせない。新学習指導要領の目玉の一つとして示された「カリキュラム・マネジメント」とは，一体どのような営みであり，なぜそれが必要なのか。その具体が，「つなぐ」という動詞をキーワードにわかりやすく提示されている。特別活動と教科教育を「つなぐ」とは？　誰と誰，何と何，誰と何を，「つなぐ」のか？　この1冊をもとに具体的に考えを巡らせてみよう。

引用・参考文献

田村学編著『カリキュラム・マネジメント入門』東洋館出版社，2017年。

中央教育審議会「今後の青少年の体験活動の推進について（答申）」，2013（平成25）年1月21日。

中央教育審議会「次代を担う自立した青少年の育成に向けて――青少年の意欲を高め，心と体の相伴った成長を促す方策について（答申）」，2007（平成19）年1月30日。

中央教育審議会「幼稚園，小学校，中学校，高等学校及び特別支援学校の学習指導要領等の改善及び必要な方策等について（答申）」，2016（平成28）年12月21日。

文部科学省『小学校学習指導要領』東洋館出版社，2018年a。

文部科学省『小学校学習指導要領（平成29年告示）解説　音楽編』東洋館出版社，2018年b。

文部科学省『小学校学習指導要領（平成29年告示）解説　外国語活動・外国語編』開隆館出版販売，2018年c。

文部科学省『小学校学習指導要領（平成29年告示）解説　国語編』東洋館出版社，2018年d。

文部科学省『小学校学習指導要領（平成29年告示）解説　算数編』日本文教出版，2018年e。

文部科学省『小学校学習指導要領（平成29年告示）解説　社会編』日本文教出版，2018年f。

文部科学省『小学校学習指導要領（平成29年告示）解説　生活編』東洋館出版社，2018年g。

文部科学省『小学校学習指導要領（平成29年告示）解説　総則編』東洋館出版社，2018年h。

文部科学省『小学校学習指導要領（平成29年告示）解説　体育編』東洋館出版社，2018年i。

文部科学省『小学校学習指導要領（平成29年告示）解説　特別活動編』東洋館出版社，2018年j。

文部科学省『中学校学習指導要領』東山書房，2018年k。

文部科学省『中学校学習指導要領（平成29年告示）解説　音楽編』教育芸術社，2018年l。

文部科学省『中学校学習指導要領（平成29年告示）解説　外国語編』開隆堂出版，2018年m。

文部科学省『中学校学習指導要領（平成29年告示）解説　国語編』東洋館出版社，2018年n。

文部科学省『中学校学習指導要領（平成29年告示）解説　社会編』東洋館出版社，2018年o。

文部科学省『中学校学習指導要領（平成29年告示）解説　数学編』日本文教出版，2018年p。

文部科学省『中学校学習指導要領（平成29年告示）解説　総則編』東山書房，2018年q。

文部科学省『中学校学習指導要領（平成29年告示）解説　特別活動編』東山書房，2018年r。

文部科学省『中学校学習指導要領（平成29年告示）解説　保健体育編』東山書房，2018年s。

文部科学省／国立教育政策研究所 教育課程研究センター『スタートカリキュラムの編成の仕方・進め方が分かるスタートカリキュラムスタートブック』，2014年。

第5章
特別活動と道徳教育

〈この章のポイント〉

　学校における道徳教育は，「特別の教科　道徳」を要として学校の教育活動全体を通じて行われる。この基本方針に従い，特別活動では，その特質に応じて，児童生徒の発達の段階を考慮したうえで，適切な指導が行われる。特別活動は，道徳的な実践の指導を行う重要な機会と場であり，学校の道徳教育推進にあたり，必要不可欠な活動である。本章では，学校における道徳教育の概要を示したうえで，特別活動における目標，内容と道徳教育との関連を解説する。さらに，特別活動と道徳教育の有機的な関連を図るための実践上の工夫について学ぶ。

1　学校における道徳教育

1　学校の教育活動全体で行う道徳教育

▷1　高等学校における道徳教育の基本方針は，「学校における道徳教育は，人間としての在り方生き方に関する教育を学校の教育活動全体を通じて行うことによりその充実を図るものとし，各教科に属する科目（以下「各教科・科目」という。），総合的な探究の時間及び特別活動（以下「各教科・科目等」という。）のそれぞれの特質に応じて，適切な指導を行うこと」である。高等学校に「特別の教科　道徳」は存在しない。

　学校における道徳教育は，大きな転換期を迎えている。1958（昭和33）年に創設された「道徳の時間」は，2015（平成27）年3月の一部改正学習指導要領において「特別の教科　道徳」という教科となり，その位置づけが改められた。このように道徳教育は大きな転換期を迎えているが，ここでは学校の教育活動全体で行う道徳教育について，その概要と特質を学んでいこう。

　まず，学習指導要領に示されている学校における道徳教育の基本方針を確認しておこう。道徳教育の基本方針は，小・中学校の新学習指導要領の総則のなかで明示されている。次に示すものは，中学校総則の該当箇所である。

> 第1章　総則　第1　中学校教育の基本と教育課程の役割　2(2)
> 　学校における道徳教育は，特別の教科である道徳（以下「道徳科」という。）を要として学校の教育活動全体を通じて行うものであり，道徳科はもとより，各教科，総合的な学習の時間及び特別活動のそれぞれの特質に応じて，生徒の発達の段階を考慮して，適切な指導を行うこと。

▷2　外国語活動
2011年度より，小学校の第5学年〜第6学年で必修となった。また，新学習指導要領において，外国語活動の対象学年が第3学年〜第4学年となった。

　小学校の総則をみてみると，中学校の記述に「外国語活動」が加わっていること，「生徒」の箇所が「児童」となっていることの違いは見られるものの，道徳教育の基本方針は同様である。この総則の記述から，小・中学校における

道徳教育は，「特別の教科　道徳」の授業のみならず，「学校の教育活動全体を通じて行う」ことが基本方針であることがわかる。道徳教育は，各教科，外国語活動，総合的な学習の時間，特別活動，それぞれ固有の目標や特質に留意しながら，そのすべての教育活動において実践されなければならないのである。

　学校教育における多種多様な教育活動のなかでも，道徳教育と特別活動とは密接な関連がある。なぜならば，特別活動における学級や学校生活における集団活動や体験的な活動は，日常生活における道徳的実践の指導を行う重要な機会と場であると考えられるからである。具体的には，例えば，友達の意見を尊重しようとする態度，自己の役割や責任を果たして生活しようとする態度，よりよい人間関係を形成しようとする態度，みんなのために進んで働こうとする態度，自分たちできまりや約束をつくってそれを守ろうとする態度，目標をもって諸問題を解決しようとする態度，自己のよさや可能性を大切にして集団活動を行おうとする態度などは，特別活動を通して，児童生徒に身につけさせたい道徳性である。

　ここで，学校教育全体における道徳教育と特別活動の全体目標を比較してみよう。それぞれの目標は下に示す図5-1の通りである。特別活動の目標には，「様々な集団活動に自主的，実践的に取り組み」「互いのよさや可能性を発揮」「集団や自己の生活上の課題を解決」など，道徳教育のねらいと関連する内容が含まれている。また，特別活動で育成を目指す資質・能力の項目には，「多様な他者と協働」「集団や自己の生活，人間関係の課題」「人間としての生き方」「自己実現を図ろうとする態度」などが含まれており，これらについても道徳教育のねらいと深く関連している項目であるといえる。

▷3　道徳性
人間としてよりよく生きようとする人格的特性のこと。『小・中学校学習指導要領解説　特別の教科道徳編』では，道徳性を構成する諸様相として，道徳的判断力，道徳的心情，道徳的実践意欲と態度があげられている。

特別活動の目標	道徳教育の目標
集団や社会の形成者としての見方・考え方を働かせ，様々な集団活動に自主的，実践的に取り組み，互いのよさや可能性を発揮しながら集団や自己の生活上の課題を解決することを通して，次のとおり資質・能力を育成することを目指す。 (1) 多様な他者と協働する様々な集団活動の意義や活動を行う上で必要となることについて理解し，行動の仕方を身に付けるようにする。 (2) 集団や自己の生活，人間関係の課題を見いだし，解決するために話し合い，合意形成を図ったり，意思決定したりすることができるようにする。 (3) 自主的，実践的な集団活動を通して身に付けたことを生かして，集団や社会における生活及び人間関係をよりよく形成するとともに，人間としての生き方についての考えを深め，自己実現を図ろうとする態度を養う。	道徳教育は，教育基本法及び学校教育法に定められた教育の根本精神に基づき，人間としての生き方を考え，主体的な判断の下に行動し，自立した人間として他者と共によりよく生きるための基盤となる道徳性を養うことを目標とすること。

図5-1　特別活動の目標と道徳教育の目標

出所：文部科学省（2018d）を参考に筆者作成。

2　「特別の教科　道徳」の趣旨とその特質

　2014（平成26）年2月，文部科学大臣によって，道徳教育の充実を図る観点

から，教育課程における道徳教育の位置づけや道徳教育の目標，内容，指導方法，評価について検討するよう，中央教育審議会に対して諮問がなされた。これをうけて同年3月から道徳教育専門部会が設置され，10回に及ぶ審議が行われ，加えて教育課程部会，総会での審議がなされた。そして同年10月に「道徳に係る教育課程の改善等について」と題した答申が発表された。この答申を踏まえ，2015（平成27）年3月27日に学校教育法施行規則が改正され，これまでの「道徳の時間」を「特別の教科　道徳」という教科とするとともに，小学校学習指導要領，中学校学習指導要領および特別支援学校小学部・中学部学習指導要領の一部改正の告示が公示された。

　このような過程を経て誕生した「特別の教科　道徳」について，まずこの目標を取り上げ，特別活動との関わりを検討していこう。「特別の教科　道徳」と特別活動の目標，それぞれを示したものが次の図5−2である。

　両者を比較してみると，いくつかの共通点を見出すことができる。例えば，「特別の教科　道徳」の目標における「自己を見つめ」る学習は，特別活動における「集団や自己の生活，人間関係の課題」を見出す活動に大いに関連がある。また「特別の教科　道徳」の目標の「人間としての生き方についての考えを深める学習」は，特別活動の目標の「人間としての生き方についての考えを深め，自己実現を図ろうとする態度を養う」ことと共通している。

　次に，「特別の教科　道徳」の内容を検討していこう。「特別の教科　道徳」の授業は，学習指導要領に示されている内容項目を踏まえ，そのねらいが設定される。内容項目[4]は，学年による系統性が図られているものの，それぞれの発達の段階を考慮して設定されているため，学年によってその内容・数が異なっている。また，それぞれの内容項目は，文章による説明とともにキーワードが付されている。中学校の「特別の教科　道徳」の内容項目を一覧表にしたものが次に示す表5−1である。

▷4　内容項目
それぞれにおける内容項目の数は次の通りである。すなわち，小学校第1学年〜第2学年19項目，第3学年〜第4学年20項目，第5学年〜第6学年22項目，中学校22項目である。

特別活動の目標		「特別の教科　道徳」の目標
集団や社会の形成者としての見方・考え方を働かせ，様々な集団活動に自主的，実践的に取り組み，互いのよさや可能性を発揮しながら集団や自己の生活上の課題を解決することを通して，次のとおり資質・能力を育成することを目指す。 (1) 多様な他者と協働する様々な集団活動の意義や活動を行う上で必要となることについて理解し，行動の仕方を身に付けるようにする。 (2) 集団や自己の生活，人間関係の課題を見いだし，解決するために話し合い，合意形成を図ったり，意思決定したりすることができるようにする。 (3) 自主的，実践的な集団活動を通して身に付けたことを生かして，集団や社会における生活及び人間関係をよりよく形成するとともに，人間としての生き方についての考えを深め，自己実現を図ろうとする態度を養う。		第1章総則の第1の2の(2)に示す道徳教育の目標に基づき，よりよく生きるための基盤となる道徳性を養うため，道徳的諸価値についての理解を基に，自己を見つめ，物事を広い視野から多面的・多角的に考え，人間としての生き方についての考えを深める学習を通して，道徳的な判断力，心情，実践意欲と態度を育てる。

図5−2　特別活動の目標と「特別の教科　道徳」の目標

出所：文部科学省（2018d）を参考に筆者作成。

表5-1　中学校「特別の教科　道徳」の内容項目一覧表

A　主として自分自身に関すること	C　主として集団や社会との 　　　関わりに関すること
自主，自律，自由と責任 節度，節制 向上心，個性の伸長 希望と勇気，克己と強い意志 真理の探究，創造	遵法精神，公徳心 公正，公平，社会正義 社会参画，公共の精神 勤労 家族愛，家庭生活の充実 よりよい学校生活，集団生活の充実 郷土の伝統と文化の尊重，郷土を愛する態度 我が国の伝統と文化の尊重，国を愛する態度 国際理解，国際貢献
B　主として人との関わりに関すること	D　主として生命や自然，崇高なものとの 　　　関わりに関すること
思いやり，感謝 礼儀 友情，信頼 相互理解，寛容	生命の尊さ 自然愛護 感動，畏敬の念 よりよく生きる喜び

出所：文部科学省（2018d）を参考に筆者作成。

　「特別の教科　道徳」の目標と内容を確認することで，この教科の概要を理解することができたであろう。このような「特別の教科　道徳」と関連をもたせ，特別活動の各活動・学校行事は実践される。「特別の教科　道徳」と特別活動の関連について，中学校の新学習指導要領では，次のように示されている。

第3章　特別の教科　道徳　第3　指導計画の作成と内容の取扱い　2(5)
　生徒の発達の段階や特性等を考慮し，指導のねらいに即して，問題解決的な学習，道徳的行為に関する体験的な学習等を適切に取り入れるなど，指導方法を工夫すること。その際，それらの活動を通じて学んだ内容の意義などについて考えることができるようにすること。また，特別活動等における多様な実践活動や体験活動も道徳科の授業に生かすようにすること。

　この記述から，両者を関連づけた指導が求められていることがわかる。特別活動においても，道徳性の育成を目指して，「特別の教科　道徳」の内容との関連を考慮しながら実践を展開することが大切なのである。具体的には，「特別の教科　道徳」の授業で学んだ道徳的諸価値の理解やそれに基づいた自己の生き方についての考えを活かして，よりよい学級や学校の生活を築こうとする特別活動の実践を展開することが考えられる。また，特別活動は，キャリア形成と自己実現に向けた活動を通して，集団の一員としてのよりよい生き方についての考えを深めたり，身につけたりする場や機会でもある。さらに，特別活動における多種多様な活動を通して経験した道徳的実践について，「特別の教

科　道徳」の授業でそれらについて取り上げ，学級全体でその道徳的な行為の意義について考えられるようにし，道徳的諸価値として理解できるようにしていく実践も有効である。つまり，「特別の教科　道徳」の授業での指導が特別活動における具体的な活動場面のなかに生かされたり，特別活動における具体的な実践や体験が「特別の教科　道徳」の授業で深められたりと，効果的に両者の関連を図る指導が大切なのである。

　このように，特別活動では，各活動・学校行事における実践的な活動や体験的な活動のなかで，活動そのものを充実させることによって道徳性の育成を図ることが目指されている。特別活動は，他の教科と比べ，実践的な活動や体験的な活動を豊富に取り入れることができるため，道徳的諸価値の自覚や，自己の生き方についての考えを深めることにつなげやすい。この視点から活動を計画することで，「特別の教科　道徳」の授業と連動しながら，道徳性を育むことができるのである。この点に関しては，中学校の新学習指導要領においても「配慮事項」の一つとして次のように示されている。

第1章　総則　第6　道徳教育に関する配慮事項　3
　学校や学級内の人間関係や環境を整えるとともに，職場体験活動やボランティア活動，自然体験活動，地域の行事への参加などの豊かな体験を充実すること。また，道徳教育の指導内容が，生徒の日常生活に生かされるようにすること。その際，いじめの防止や安全の確保等にも資することとなるよう留意すること。

　このように特別活動と「特別の教科　道徳」の授業は，両方の特質を生かしたうえで関連づけることで，学習効果を高めることができる。しかし，両者の安易な関連づけは，双方の学習効果を低下させることになりかねない。両者の特質をしっかり理解したうえで，学習計画を立て，それぞれの特質を生かして関連づけることが重要である。

2　特別活動の目標と道徳教育

1　人間関係形成

　「人間関係形成」に必要な資質・能力は，特別活動における一連の学習過程のなかで育成されるものである。これらの学習において，子どもたちは，個人・集団といった学習形態の違い，年齢や性別の違い，各自の考え方や関心の違いなどを経験することになる。このような違いを理解したうえで，これらを認め合い，互いのよさを生かすような関係をつくることが求められる。例えば，学級活動における話合い活動では，学級における人間関係に関連するよう

な現実的な問題の解決方法が取り上げられ，集団として取り組むべき解決策の合意形成が図られたり，解決のための行動の意思決定がなされたりする。このような活動を通して，「人間関係形成」のための資質・能力の育成が図られていく。

　「人間関係形成」に関して，「特別の教科　道徳」では，自分自身を人との関わりにおいて捉え，望ましい人間関係の構築を図ることに関する「Ｂ　主として人との関わりに関すること」の内容項目との関連が指摘できる。中学校におけるＢの視点の内容項目である「思いやり，感謝」「礼儀」「友情，信頼」「相互理解，寛容」は，そのすべてが「人間関係形成」の資質・能力の育成に密接に関わるものである。具体的には，これらの内容項目との関わりにおいて，「特別の教科　道徳」の授業のなかで，「よりよい人間関係とはどのようなものか」について話し合う活動が考えられる。例えば，「なぜ，友達と仲良くすることが大切なのか」「友達と仲良くすることが大事だとわかっていてもできないのはなぜなのか」といったことなどを子どもたちに問い，道徳的諸価値の理解や自分自身の生き方についての考えを他者との関わりのなかで深めていく活動が考えられる。また，人と人が仲間をつくり，よりよい人間関係を形成するうえでは，自分の思いのままに行動するのではなく，集団や社会のために自分が何をすればよいのかを考え，きまりを守って行動する態度を養うこともまた重要である。そのため，「Ｃ　主として集団や社会との関わりに関すること」の「遵法精神，公徳心」の内容項目との関連も考えられる。

2　社会参画

　「社会参画」のために必要な資質・能力は，集団のなかにおいて，自発的，自治的な活動を通して，個人が集団へ関与する過程のなかで育まれるものである。これらの資質・能力の育成にあたっては，具体的には，次のような活動が考えられる。例えば，特別活動における学級活動や児童会活動・生徒会活動に積極的に参画するなどの体験を生かして社会参画や社会連帯についての考えを深めさせる活動，現実の学校生活に生かすことができるよう公共の精神についての考えを深めさせる活動，よりよい学級・学校生活づくりなど，集団や社会に参画してさまざまな問題を主体的に解決しようとする活動などである。これらの活動を通して，子どもたち一人ひとりに，自分も社会の一員であるという自覚を深めるようにして，互いに積極的に協力し合おうとする意欲を育てるように工夫することが大切である。また，このような集団での活動を，単に学校内の活動にとどめるのではなく，学校外における地域や社会に対する参画にもつなげていけるような手立ても重要である。

　「社会参画」に関する資質・能力の育成は，中学校における「特別の教科

道徳」のCの視点「主として集団や社会との関わりに関すること」の「社会参画，公共の精神」の内容項目における指導と関連する。子どもたちが，よりよく生活するためには，社会の形成に主体的に参画し，社会的な役割と責任を果たすことが大切である。ここでの「特別の教科　道徳」の授業では，社会に関わることの意義について理解させるとともに，社会に主体的に関わっていこうとする態度を育てていくことが目指されている。

３　自己実現

「自己実現」は，特別活動においては，集団のなかで，現在および将来の自己の生活の課題を発見し，よりよく改善しようとする活動のなかで育まれる資質・能力に関連する。「自己実現」のために必要な資質・能力として，自己の理解を深め，自己のよさや可能性を生かす力，自己の在り方生き方を考えて設計する力などが考えられる。これらは，子どもたちが現在および将来に直面する課題について考え，これの解決を目指す過程において育まれるものとして期待されている。具体的には，学級活動の内容(3)「一人一人のキャリア形成と自己実現」の項目において重点的に取り扱うものである。

「自己実現」に関しては，「特別の教科　道徳」のAの視点「主として自分自身に関すること」の内容項目との関連が指摘できる。「特別の教科　道徳」における授業では，ねらいにせまる教材を活用して，道徳的諸価値の理解およびそれに基づいた自己の生き方についての考えを深める学習活動が行われる。そのため，実際に子どもたちが実践的な活動や体験的な活動を行う特別活動とはその性質を異にしている。指導にあたっては，両者の実践のねらいや指導方法の違いを十分に理解したうえで，日常生活における道徳的な実践の指導の充実を図る必要がある。両者の有機的な関連を図り，最終的には，自己の生き方についての考えを深めて自己実現を図ろうとする態度を養うことが大切である。

3　特別活動の内容と道徳教育

１　学級活動と道徳教育

小・中学校における学級活動は，その目標と内容の特質からして，道徳教育と深い関連を有する活動である。以下，学級活動における三つの内容について，それぞれの活動と道徳教育との関連について学んでいこう。なお，ここでは，小学校の内容を取り上げることとする。

学級活動の内容(1)の「学級や学校における生活づくりへの参画」は，学級や学校の生活上の諸課題を見出し，これを自主的に取り上げ，協力して解決して

▷5　中学校・高等学校も，小学校の学級活動(1)と同様の趣旨の三つの内容で構成されている。なお，高等学校における集団は，学級ではなくホームルームである。

いく自発的，自治的な活動である。このような子どもたちによる自発的，自治的な活動によって，望ましい人間関係の形成やよりよい生活づくりに参画する態度などにかかわる道徳性を身につけることができる。具体的には，「特別の教科　道徳」のBの視点「主として人との関わりに関すること」の「親切，思いやり」，Cの視点「主として集団や社会との関わりに関すること」の「よりよい学校生活，集団生活の充実」との関連が指摘できる。また，学級活動の内容(1)では，学級内の組織づくりがなされ，多くの学級において係活動や当番活動などの仕事を通して，役割の自覚や友達と協力することの大切さを学んでいく。この点においては，「特別の教科　道徳」のCの視点「主として集団や社会との関わりに関すること」の「勤労，公共の精神」と関連づけた指導が考えられる。

　学級活動の内容(2)の「日常の生活や学習への適応と自己の成長及び健康安全」では，基本的な生活習慣の形成やよりよい人間関係の形成，心身ともに健康で安全な生活態度の形成，食育の観点を踏まえた学校給食と望ましい食習慣の形成などの学習が取り上げられる。これらの活動を通して，自己の生活上の課題の解決に取り組んだり，他者を尊重してよりよい人間関係を形成しようとしたりする態度を養う。「特別の教科　道徳」のあらゆる内容項目との関連を有しており，そのどれもが道徳性の育成に資するものである。

　学級活動(3)の「一人一人のキャリア形成と自己実現」では，現在や将来に希望や目標をもって生きる意欲や態度の形成，社会参画意識の醸成や働くことの意義の理解，主体的な学習態度の形成などが示されている。自己への理解を深め，自己の目標を定めて，努力していく活動は，道徳性の育成に直結するものである。具体的には，「特別の教科　道徳」のAの視点「主として自分自身に関すること」の「希望と勇気，努力と強い意志」との強い結びつきが指摘できる。「特別の教科　道徳」の授業の読み物資料を通して，目標に向かって希望をもって努力した登場人物のすばらしさに触れたあと，学級活動で「将来の夢」をテーマとする活動を行うなど，有機的な関連を図ることができる。

２ 児童会活動・生徒会活動と道徳教育

　児童会活動・生徒会活動では，計画や運営，異年齢集団による交流，学校行事への協力を通して，学校生活の充実と向上を図る活動が行われる。これらの活動においては，異年齢の児童生徒が学校におけるよりよい生活を築くために，諸問題を見出し，これを自主的に取り上げ，協力して解決していく。このような自発的，自治的な児童会活動・生徒会活動は，異年齢によるよりよい人間関係の形成やよりよい学校生活づくりに参画する態度などに関わる道徳性を養うことができる。また，児童会活動・生徒会活動の特徴の一つとして，学年

▷6　小学校と同様の趣旨の内容に加え，中学校の学級活動(2)では，「男女相互の理解と協力」「思春期の不安や悩みの解決，性的な発達への対応」が内容として位置づいている。また，高等学校のホームルーム活動(2)では，「国際理解と国際交流の推進」が内容に位置づいており，これは小・中学校には存在しない項目となっている。これらの項目においても，道徳教育との関連が指摘できる。

▷7　小学校と同様の趣旨の内容に加え，中学校の学級活動(3)では，「主体的な進路の選択と将来設計」が，高等学校のホームルーム活動(3)では，「主体的な進路の選択決定と将来設計」が，それぞれ内容の一つに位置づいている。自分の将来の生き方や生活について考えるこれらの内容は，道徳教育のねらいと密接に関連していると言える。

縦割りで実施される活動が多い点があげられる。上級生や下級生が一緒になって活動を行うことは，道徳教育の観点からみると，重要な教育的意義がある。

また，児童会活動・生徒会活動に積極的に参画するなどの体験を生かして，社会参画や公共の精神についての考えを深めさせることができる[48]。子どもたち一人ひとりが，自分も社会の一員であるという自覚を深められるようにし，互いに積極的に協力し合おうとする意欲を育てるように工夫することが必要である。この点において，「特別の教科　道徳」のCの視点「主として集団や社会との関わりに関すること」の内容項目との関連を見出すことできる。

▷8　小学校における児童会活動の内容には位置づけられていないが，中学校・高等学校の生徒会活動では「ボランティア活動などの社会参画」が内容の一つとして位置づいている。

③　クラブ活動と道徳教育

クラブ活動は，小学校のみの活動であり，中学校と高等学校には存在しない。クラブ活動は，学年縦割り活動であること，原則として第4学年以上の児童による活動であること，共通の興味・関心をもった児童による運営であることなどの特徴がある活動である。クラブ活動においては，異年齢によるよりよい人間関係の形成や個性の伸長，よりよいクラブ活動づくりに参画する態度などに関わる道徳性を養うことができる。自分の興味・関心のある活動を行うことによって，その子らしい個性が発揮されることが期待できる。

「特別の教科　道徳」の内容項目との関わりでいえば，小学校第5学年〜第6学年のCの視点「主として集団や社会との関わりに関すること」の「よりよい学校生活，集団生活の充実」との関連が重要である。ここでは，「様々な集団の中での自分の役割を自覚して集団生活の充実に努めること」がその内容として示されている。「様々な集団」という点において，異年齢集団によって活動が行われるクラブ活動の果たす役割が大きい。なぜならば，普段の学級での生活を離れ，第4学年から第6学年までの異年齢集団による活動は，「特別の教科　道徳」の内容項目のねらいを達成するうえで，密接な関連を有すると考えられるからである。

④　学校行事と道徳教育

学校行事では，学校生活に秩序と変化を与え，学校生活の充実と発展に資する体験的な活動を通して，よりよい人間関係を形成し，集団への所属感・連帯感を高め，公共の精神を養い，多様な他者と協力し合ってよりよい学校生活を築こうとする自主的，実践的な態度を育てることが目指される。学校行事には，自然のなかでの集団宿泊活動やボランティア精神を養う活動，幼児，高齢者や障害のある人々などとの交流などが含まれている。これらの活動は，よりよい人間関係，協力，責任，公徳心，勤労，社会奉仕などに関わる道徳性を養うことのできる有意義な活動であるといえる。学校行事は，その特質に応じて

五つの分類がなされている。以下，中学校を事例としてそれぞれの行事における道徳教育との関連について考えていこう。

　儀式的行事は，内容項目のAの視点「主として自分自身に関すること」やCの視点「主として集団や社会との関わりに関すること」に関連がある。愛校心や集団の役割の自覚，公共心，公徳心といった道徳性を養うことができる。文化的行事は，行事への参加を通して，上級生へのあこがれや下級生への思いやり，さらに互いに学び合うことの大切さを学ぶことができる点において，内容項目におけるBの視点「主として人との関わりに関すること」のすべての項目との関連が指摘できる。健康安全・体育的行事は，集団行動の体得や責任感・連帯感の涵養という点において，内容項目のAとCの視点との関連が指摘できる。また，旅行・集団宿泊的行事は，自然や文化などに親しむ活動を通した道徳性の育成が期待できる。とくに，自然のなかでの活動との関わりでいえば，内容項目のDの視点「主として生命や自然，崇高なものとの関わりに関すること」と深い関わりをもった指導が可能である。さらに，勤労生産・奉仕的行事は，道徳的実践そのものであり，勤労の尊さや生産の喜びの体得を通して，社会奉仕の精神の涵養が期待できる点において，内容項目のCの視点と関連づけた指導が考えられる。

　このような多種多様な学校行事のなかから，集団宿泊活動を例にあげて学校行事と道徳教育の関連を考えてみよう。集団宿泊活動では，実際に寝食をともにする体験や活動に関する話合い活動を繰り返し行うなかで，自己の役割や責任を果たすことについて考えを深めることができる。この一連の活動のなかで，子どもたちは自分と意見・考えの異なる人と協力することを通して，集団としての合意形成を行うためには，多面的・多角的な視点に立って自分と異なる意見や立場を大切にする必要があることなどを学んでいく。これらは，「特別の教科　道徳」における内容項目Bの視点の「相互理解，寛容」の授業とともに，相互補完的に実践を展開することで，道徳性を育むことができる。

4　特別活動と道徳教育の有機的な関連

1　指導計画作成上の工夫

　特別活動と道徳教育の有機的な関連を図るうえで，それぞれの実践を展開するにあたり，すべての教師による共通理解のもとに，詳細な指導計画を作成することが必要不可欠である。ここでは，中学校の新学習指導要領の内容を以下に示すが，小学校においてもほぼ同様になっている。指導計画作成に関連し，中学校の新学習指導要領では，次の項目が示されている。

▷9　小・中学校および高等学校の学校行事は，同様の趣旨の五つの内容で構成されている。ただし，小学校の「遠足・集団宿泊的行事」は，中学校・高等学校では「旅行・集団宿泊的行事」という名称である。

> 第5章　特別活動　第3　指導計画の作成と内容の取扱い　1(2)
> 　各学校においては特別活動の全体計画や各活動及び学校行事の年間指導計画を作成すること。その際，学校の創意工夫を生かし，学級や学校，地域の実態，生徒の発達の段階などを考慮するとともに，第2に示す内容相互及び各教科，道徳科，総合的な学習の時間などの指導との関連を図り，生徒による自主的，実践的な活動が助長されるようにすること。また，家庭や地域の人々との連携，社会教育施設等の活用などを工夫すること。

　特別活動の全体計画や各活動・学校行事の年間指導計画を作成する際には，各教科，「特別の教科　道徳」，総合的な学習の時間などの指導との関連に留意することが示されている。この基本方針に従い，各教科等で育成された資質・能力が特別活動で十分に活用され，また，一方で，特別活動で培われた資質・能力が各教科等の学習に生かされるように関連を図ることが重要である。

　さらに，道徳教育との関わりに限定してみるならば，次の項目において，両者を関連づけた指導のあり方について示されている。

> 第5章　特別活動　第3　指導計画の作成と内容の取扱い　1(5)
> 　第1章総則の第1の2の(2)に示す道徳教育の目標に基づき，道徳科などとの関連を考慮しながら，第3章特別の教科道徳の第2に示す内容について，特別活動の特質に応じて適切な指導をすること。

　特別活動における道徳教育について指導計画を作成するうえでは，「特別の教科　道徳」の内容との関連を考慮し，「特質に応じて適切な指導」をすることが示されている。ここでいう特別活動の「特質」とは，特別活動の目標に示されている「様々な集団活動に自主的，実践的に取り組み，互いのよさや可能性を発揮しながら集団や自己の生活上の課題を解決する」にほかならない。この点において，特別活動の各活動・学校行事は，道徳的実践の指導の場と機会として，学校教育全体のなかでも重要な位置を占めるのである。具体的には，各活動・学校行事の指導計画の作成にあたっては，それぞれの活動の準備から振り返りまでのすべての過程で，子どもたちが主体的に行動できる場と機会を提供できているかどうか，「特別の教科　道徳」の授業を通して，それぞれの活動に関連のある内容項目をねらいとしながら，自己の生き方を考える時間を設定できているかどうか，といった点がポイントとなるであろう。

　このように，各学校が学校や地域の実態を生かして特別活動と道徳教育の関連に十分配慮して指導計画を作成する必要がある。そのことによって，それぞれのねらいがいっそう生かされ，特色ある教育活動づくりが推進されることにもつながる。これを実現するためには，学校・地域の実態に加えて，子どもの実態を十分に考慮したうえで，特別活動における重点目標を定めておかなけれ

ばならないことは言うまでもない。なぜならば，重点化が図られていないならば，各活動・学校行事におけるそれぞれの活動のねらいが不明瞭となり，漫然と実践をこなすことになりかねないからである。

［2］　実践における教師の役割

　特別活動は，学級とそれ以外の集団を単位として活動する多種多様な内容をもつゆえに，これらの指導にあたる教師の役割がきわめて重要である。この点に関して，小・中学校の「学習指導要領解説特別活動編」では，「特別活動の指導を担当する教師」という項目において解説がなされている。ここでは，特別活動における教師の役割について，とくに道徳教育との関わりに着目しながら，そのポイントについて学んでいこう。

　特別活動におけるすべての活動にあてはまる共通の重要事項として，教師間の役割分担を明確にして連携を図ること，全教師の共通理解のもとに指導計画の作成にあたることなどがあげられる。換言すれば，教師の協力体制の確立に関わることである。しかし，特別活動の各活動・学校行事の特質に応じて，教師の役割を考えていかなければならない事項もある。とくに，学級活動とそれ以外の活動とでは，活動の母体が学級か，それ以外の集団か，という点において異なっていることから，この点については留意する必要がある。以下では，両者を分けて，道徳教育との関わりについて考えていくこととしたい。

　まず，学級活動における教師の役割について学んでいこう。ここでは，小学校の「学習指導要領解説特別活動編」の内容を以下に示すが，中学校においてもほぼ同様の項目があげられている。全部で6項目が示されているので，みていくこととしよう。

　ア　教師と児童及び児童相互の人間的な触れ合いを基盤とする指導であること
　イ　生活や児童の問題を児童と共に考え，共に歩もうとする教師の態度が大切であること
　ウ　児童に接する際には，常に温かな態度を保持し，公平かつ受容的で，児童に信頼される教師であること
　エ　教師の教育的な識見と適正な判断力を生かすとともに，問題によっては毅然とした態度で指導に当たる必要があること
　オ　児童の自発的，自治的な活動を助長し，常に児童自身による創意工夫を引き出すように指導すること
　カ　集団内の人間関係を的確に把握するとともに，人間尊重の精神に基づいて児童がよりよい人間関係を築くように指導に努めること

　これら6点を踏まえ，学級活動における指導上のポイントとして，三つ指摘しておきたい。第一に，一人の教師の力のみで指導の成果が期待できない場合

は，同学年の教師や他の教師などの協力を得ることである。学級担任のみならず，管理職，生徒指導主事，進路指導主事，養護教諭，栄養教諭などと連携を図り，子どもたちの指導にあたることが大切である。第二に，道徳教育を意識した実践づくりに努め，子どもたちの言動をしっかりと観察することである。具体的には，友達の嫌がることを言ったりやったりしていないか，特定の児童生徒が仕切って一方的に方向づけようとしていないか，少数意見を切り捨てて安易な多数決で押し切ろうとしていないか，といった点には留意したい。第三に，望ましい人間関係の構築を図ることである。望ましい人間関係づくりは特別活動のすべての活動のなかで目指されるものであるが，その原点は学級経営である。安心して自分の考えや思いが表現できる学級の雰囲気，いわゆる支持的風土のある学級づくりに努めたい。また，年間における子どもたちの変化を感じ取ること，学級内の人間関係を考慮したグループ編成による活動を取り入れることなど，学級活動においては，教師の力量が大いに問われるところである。

　次に，学級活動以外の場合，すなわち児童会活動・生徒会活動，学校行事，クラブ活動（小学校のみ）における教師の役割について考えていきたい。これらの活動は，学級活動とは異なり，学級や学年の所属を離れた集団による活動となることが多く，この点において留意しなければならない事柄も多い。さらに，年間を通して固定した集団もあれば，臨時に編成する集団もあるという点も，指導の複雑さを招く。これらの点に留意して指導するうえで，最も重要なことは，子ども一人ひとりの実態の把握に努めるために情報を共有していくことである。学級の児童生徒以外の指導にあたるうえで，これらを把握しなければ道徳教育上の効果をあげることができず，それどころかかえってマイナスの影響を与えかねない。教師が集団で指導にあたる場合には，教師間の連携・協力が大切であり，すべての教師の共通理解に基づいた指導が求められている。とくに，「道徳教育の指導計画の作成に関すること」「全教育活動における道徳教育の推進，充実に関すること」を担当する道徳教育推進教師[10]との連携が必要不可欠であると言えよう。

▷10　道徳教育推進教師
各学校において，道徳教育に関する指導力を発揮して，道徳教育の推進を主に担当する教師のこと。道徳教育推進教師は，小・中学校の学習指導要領［2008年改訂］において，学校の教育活動のなかに初めて位置づけられた。

Exercise

①　教育雑誌やホームページに掲載されている小・中学校の特別活動の全体計画を比較し，それぞれの学校の道徳教育に関する特徴を見つけよう。

②　道徳教育との関連に留意し，各活動・学校行事のなかから一つ選び，指導計画を作成してみよう。

③　学級担任による特別活動の指導と，学級担任以外の教師による指導とを比

較し，それぞれの利点と問題点を考えてみよう。

📖次への一冊

杉田洋『心を育て，つなぐ特別活動』文溪堂，2009年。
　　著者は，元文部科学省教科調査官である。特別活動と道徳教育との効果的な関連を
　　模索し，多種多様な実践を紹介したアイデア集である。
日本特別活動学会『三訂　キーワードで拓く新しい特別活動──平成29年版・30年版学
　　習指導要領対応』東洋館出版社，2019年。
　　日本特別活動学会会員約100名によって執筆された本。特別活動の基礎・基本から
　　実践的指導力の育成につながる各種項目が幅広く網羅されている。
田沼茂紀『心の教育と特別活動』北樹出版，2013年。
　　特別活動の各活動・学校行事において，どのような道徳性が育まれるかを追究。こ
　　れを「心の耕し」と呼び，実践事例に即した解説がなされている。

引用・参考文献

相原次男・新富康央・南本長穂編著『新しい時代の特別活動──個が生きる集団活動を
　　創造する』ミネルヴァ書房，2010年。
永田繁雄・島恒生『道徳教育推進教師の役割と実際』教育出版，2010年。
文部科学省『小学校学習指導要領』東洋館出版社，2018年ａ。
文部科学省『小学校学習指導要領（平成29年告示）解説　特別活動編』東洋館出版社，
　　2018年ｂ。
文部科学省『小学校学習指導要領（平成29年告示）解説　特別の教科　道徳編』廣済堂
　　あかつき，2018年ｃ。
文部科学省『中学校学習指導要領』東山書房，2018年ｄ。
文部科学省『中学校学習指導要領（平成29年告示）解説　特別活動編』東山書房，2018
　　年ｅ。
文部科学省『中学校学習指導要領（平成29年告示）解説　特別の教科　道徳編』教育出
　　版，2018年ｆ。
文部科学省『高等学校学習指導要領』東山書房，2019年ａ。
文部科学省『高等学校学習指導要領（平成30年告示）解説　特別活動編』東京書籍，
　　2019年ｂ。
山口満・安井一郎『改訂新版　特別活動と人間形成』学文社，2010年。

第6章
特別活動と総合的な学習の時間

〈この章のポイント〉

　本章では，まず，総合的な学習の時間の成立やその過程とともに，総合的な学習の時間に固有な特質について解説する。次に，特別活動と総合的な学習の時間における共通点および相違点について目標，内容の諸側面から整理し，特別活動と総合的な学習の時間の本質的な特徴について学ぶ。さらに，特別活動と総合的な学習の時間とを関連させる教育的意義について学ぶ。その際に，基本的にここでは，新学習指導要領と「小学校学習指導要領解説特別活動編」を中心に取り上げる。

1　総合的な学習の成立とその特質

1　総合的な学習の成立と展開

　総合的な学習の時間（以下，「総合的な学習」と略す）は，古くは大正時代からの前史をもつものであるが，正式には小学校と中学校の学習指導要領［1998年改訂］の「第1章　総則」において，出現することとなった。この改訂では，小学校と中学校の教育課程に新たに総合的な学習を創設することによって，各学校が地域や学校，児童生徒の実態等に応じて横断的・総合的な学習などの創意工夫を生かした教育活動を行うようになった（高等学校については，学習指導要領［1999年版］）。

　その後，2008年1月の中央教育審議会答申に基づいて学習指導要領の改訂が議論されたが，そこでは総合的な学習は大きな成果を上げている学校がある一方で，当初の趣旨・理念が必ずしも十分に達成されていない状況も見られることなどが課題とされた。そこで，総合的な学習のねらいを明確化すること，特別活動との関係を整理したりすることが求められた。その結果，総合的な学習の教育課程における位置づけを明確にするとともに，各学校における指導の充実を図るために，総合的な学習の記述を学習指導要領の総則から取り出して，新たに学習指導要領に章を立てることが示された。さらに，総合的な学習のねらいについては，小・中・高等学校で共通なものとし，日常生活における課題を発見し解決しようとするなどの実社会や実生活とのかかわりを重視する総合的な学習では，教科等の枠を越えた横断的・総合的な学習を行うことのほか

▷1　わが国における教育の歴史を俯瞰・概観すると各時代での盛衰はあるものの，とくに1917（大正6）年の沢柳政太郎の成城小学校設立や1921（大正10）年の及川平治・木下竹次などによる八大教育主張講演会が開催された大正時代の新教育運動の時期には，本章で学ぶ総合的な学習に類した教育実践が行われた時代もあったと言える。

に，探究的な活動を行うことが明確に提示された。

　それを受けて，学習指導要領［2008年版］においては，総合的な学習に関して，これまで使用されてきた「ねらい」という用語が新たに「目標」に改められた。また，その改訂のときに初めて，「小学校学習指導要領解説総合的な学習の時間編」が発行され，総合的な学習は教育課程においてより大きな位置を占めるようになった。

　その後，2016年12月に「幼稚園，小学校，中学校，高等学校及び特別支援学校の学習指導要領等の改善及び必要な方策等について（答申）」が示され，それを踏まえて，2017年3月に，新学習指導要領が告示された。そこには，育成すべき資質・能力は，周知のように，「知識及び技能」の習得，「思考力，判断力，表現力等」の育成，「学びに向かう力，人間性等」の涵養という三つの柱に整理され，各教科等の目標や内容についても，この三つの柱に基づく再整理が図られた。

　総合的な学習においては，各学校が地域や学校，児童生徒の実態等に応じて，教育課程では教科等の枠を越えた横断的・総合的な学習とすることと同時に，学習過程として探究的な学習や協働的な学習とすることが重要であるとされた。とくに，探究的な学習を実現するための「1課題の設定→2情報の収集→3整理・分析→4まとめ・表現」の探究のプロセス◁2を明示し，この学習過程を発展的に繰り返していくことが強調された。

▷2　探究のプロセスについては，本書80ページの図6-1を参照。

[2]　総合的な学習の特質

　総合的な学習は，変化の激しい社会に対応して自ら課題を見つけ，自ら学び，自ら考え主体的に判断し，よりよく問題を解決する資質や能力を育てることなどをねらいとし，思考力，判断力，表現力等が求められる「知識基盤社会」の時代において，ますます重要な役割を果たすものとして教育課程に位置づけられてきた。そのために，総合的な学習は，教育課程では教科等の枠を越えた横断的・総合的な学習としての特質を当初から有していた。これに加えて，学習指導要領の改訂ごとに，学習過程としての探究的な活動の充実を図ることも重要な特質として明確にされてきた。

　その結果，現時点においては，新学習指導要領［2017年版］における総合的な学習の目標の文言に，その特質のポイントが明確に示されることとなった。小学校の目標は中学校のそれとまったく同じであり，次のように示されている。

　探究的な見方・考え方を働かせ，横断的・総合的な学習を行うことを通して，よりよく課題を解決し，自己の生き方を考えていくための資質・能力を次のとおり育成することを目指す。

(1)　探究的な学習の過程において，課題の解決に必要な知識及び技能を身に付け，課題に関わる概念を形成し，探究的な学習のよさを理解するようにする。

(2)　実社会や実生活の中から問いを見いだし，自分で課題を立て，情報を集め，整理・分析してまとめ・表現することができるようにする。

(3)　探究的な学習に主体的・協働的に取り組むとともに，互いのよさを生かしながら，積極的に社会に参画しようとする態度を養う。

(下線部筆者)

　　ここでは，下線部で示した三つの文言が総合的な学習の特質のポイントとなっており，総合的な学習において育成すべき三つの資質・能力は，それに対応するように，⑴⑵⑶となっている。すなわち，⑴で「知識及び技能」の習得，⑵「思考力，判断力，表現力等」の育成，⑶「学びに向かう力，人間性等」の涵養が示されている。

　　先に言及した「小学校学習指導要領解説総合的な学習の時間編」をみれば，その目標のあとで，「総合的な学習の時間の特質に応じた学習の在り方」として，その三つの特質ごとに，詳細な説明がなされている。

　　まず，「探究的な見方・考え方を働かせる」ということが，探究的な学習の過程を総合的な学習の本質と捉え，総合的な学習の中心に据えられている。そこでは問題解決的な活動が発展的に繰り返されていくことになる。その学習の姿については，理解しやすいように図6-1のような図が示されている。

　　次に，「横断的・総合的な学習を行う」というのは，総合的な学習の対象や領域が特定の教科等にとどまらず，横断的・総合的でなければならないことを表している。この特質は，総合的な学習の創設から強調されているものであり，前述した「探究的な見方・考え方を働かせる」と同様に，重要でかつ不可

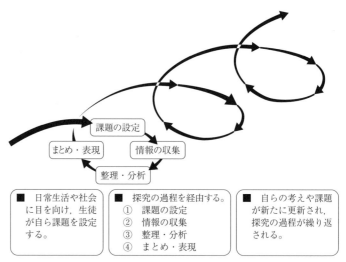

図6-1　探究的な学習における児童の学習の姿
出所：文部科学省（2018a，9ページ）。

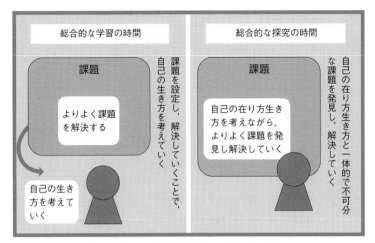

図6-2　課題と生徒との関係（イメージ）
出所：文部科学省（2019c, 9ページ）。

欠なものであると言える。

　また，「よりよく課題を解決し，自己の生き方を考えていく」というのは，探究課題を解決するためのものであり，またそれを通して，自己の生き方を考えることを示している。この特質は，以前の学習指導要領［2007年版］においても示されているが，新学習指導要領で強調されている資質・能力の(3)により合致するように洗練されたものとなっている。

　なお，総合的な学習は，小・中・高等学校まで一貫して同じ特質を維持しながら行われていたが，高等学校の場合には，新学習指導要領［2018年版］では，「自己の在り方生き方に照らし，自己のキャリア形成の方向性と関連付けながら『見方・考え方』を組み合わせて統合させ，働かせながら，自ら問いを見いだし探究する力を育成する」ことをより強調するために，正式名称を「総合的な探究の時間」と改められている。「高等学校学習指導要領解説総合的な探究の時間編」では，その違いを明示するために，図6-2のような図が載せられている。

2　特別活動と総合的な学習の共通点と相違点

［1］　特別活動と総合的な学習の目標

　現在のわが国における教育課程において，各教科とは別に共通して教科外として位置づけられているものが，体験活動重視の特別活動と総合的な学習である。その違いにこだわると，特別活動は非認知的領域をより強く対象としているのにくらべて，総合的な学習は，探究学習を重視していることから考えて，認知的領域をより強く対象としているところに相違点を見出すことができる。

これを明確に示すものが，特別活動と総合的な学習の目標の文言に表れている。

特別活動の目標は，新学習指導要領では，小学校の場合，次のように記されている。

▷3　本書の79ページ下部
〜80ページ上部を参照。

> 集団や社会の形成者としての見方・考え方を働かせ，様々な集団活動に自主的・実践的に取り組み，互いによさや可能性を発揮しながら集団や自己の生活上の課題を解決することを通して，次のとおり資質・能力を育成することを目指す。
> (1) 多様な他者と協働する様々な集団活動の意義や活動を行う上で必要となることについて理解し，行動の仕方を身に付けるようにする。
> (2) 集団や自己の生活，人間関係の課題を見いだし，解決するために話し合い，合意形成を図ったり，意思決定したりすることができるようにする。
> (3) 自主的，実践的な集団活動を通して身に付けたことを生かして，集団や社会における生活及び人間関係をよりよく形成するとともに，自己の生き方についての考えを深め，自己実現を図ろうとする態度を養う。

▷4　学習指導要領［2008年版改訂］の時から，総合的な学習の目標は，「横断的・総合的な学習や探究的な学習を通して，自ら課題を見付け，自ら学び，自ら考え，主体的に判断し，よりよく問題を解決する資質や能力を育成するとともに，学び方やものの考え方を身に付け，問題の解決や探究活動に主体的，創造的，協同的に取り組む態度を育て，……」と記されているように（「小学校学習指導要領解説総合的な学習の時間編」），探究的な学習は，他の教科等の領域よりも先駆けて注目されていた。

▷5　他に違いをあげるとすれば，次のようなものも考えられる。
①特別活動は児童の生活の問題を中心に取り上げるのに対して，総合的な学習は社会的な課題に取り組む。②特別活動は教科のなかに含められなかったものを取り上げるのに対して，総合的な学習は一つの教科の枠に収まらなかった横断的なものに取り組む。③特別活動は集団づくりが主要な目的であるのに対して，総合的な学習は，あくまでも副次的な目的としてみなしている。

一方，総合的な学習の目標は，前述した通りである。▷3

前者の特別活動も後者の総合的な学習も，それぞれ各教科と同様に，(1)では「知識及び技能」，(2)では「思考力，判断力，表現力等」，(3)では「学びに向かう力，人間性等」によって示されている点で，共通している。この点については，前者の特別活動の目標は，第8章で詳しく説明されるように，「人間関係形成」「社会参画」「自己実現」という三つの視点を手がかりに特別活動としての資質・能力を育むことを主眼としている。

それに対して，後者の総合的な学習は，創設時から，探究的な学習において「探究的な見方・考え方を働かせ」ながら，問題解決的な活動を発展的に繰り返していくものである。すなわち，探究的な学習とは，物事の本質を探って見極めようとする一連の知的営みであり，まさしく認知的領域に関わる学習と言えるものである。また，この学習は，特定の教科の枠を越えて，「横断的・総合的な学習を行う」ものである点で，総合的な知を探究する知的営みである。その意味で，総合的な学習の目標は，特定の教科の枠組みのなかで解決できない探究課題を解決できる知的な資質・能力を身につけることに置かれている。▷4 したがって，特別活動の目標は，あまり知的な資質・能力を強調しないが，総合的な学習のそれは，知的・認知的な学習を中心に据えていると言える。その点が，両者の根本的な違いである。▷5

2　特別活動と総合的な学習の内容

小学校を例にとって説明すると，特別活動の内容は，学級活動，児童会活動，クラブ活動，学校行事という三つの活動と一つの行事からなる。そして，

そのなかでも，中心的な役割を担う学級活動の内容としては，(1)学級や学校における生活づくりへの参画，(2)日常の生活や学習への適応と自己の成長及び健康安全，(3)一人一人のキャリア形成と自己実現，という三つが新学習指導要領のなかに示される。さらに詳しくみると，(1)は，ア　学級や学校における生活上の諸課題の解決，イ　学級内の組織づくりや役割の自覚，ウ　学校における多様な集団の生活の向上，である。(2)は，ア　基本的な生活習慣の形成，イ　よりよい人間関係の形成，ウ　心身ともに，健康で安全な生活態度の形成，エ　食育の観点を踏まえた学校給食と望ましい食習慣の形成，である。(3)は，ア　現在や将来に希望や目標をもって生きる意欲や態度の形成，イ　社会参画意識の醸成や働くことの意義の理解，ウ　主体的な学習態度の形成と学校図書館等の活用，である。このことから，学級活動の内容については，(1)は集団としての合意形成を行うものであり，(2)(3)は一人一人の意思決定を行うものであると言える。したがって，それらの内容は，認知的領域を直接的に対象とするものではない，つまり非認知的領域を対象の中心とするものであると言えよう。

　一方，総合的な学習では，各教科等のように，どの学年で，何を指導するのかという内容は，新学習指導要領でも示されていない。この意図は，新学習指導要領の「第1　目標」のところに示された趣旨を踏まえて，地域や学校，児童の実態に応じて，創意工夫を生かした内容を定めることが期待されているためである。

　実際に各学校における総合的な学習の内容の設定に際しては，小学校の新学習指導要領における第5章の「第2　各学校において定める目標と内容」のところで，「目標を実現するにふさわしい探究課題，探究課題の解決を通して育成を目指す具体的な資質・能力を示すこと」と記されており，今回の改訂では新たに，「目標を実現するにふさわしい探究課題」と「探究課題の解決を通して育成を目指す具体的な資質・能力」の二つを定めることが示されている。前者の「目標を実現するにふさわしい探究課題」とは，「小学校学習指導要領解説総合的な学習の時間編」によれば，「目標の実現に向けて，学校として設定した児童が探究的な学習に取り組む課題」のことであり，後者の「探究課題の解決を通して育成を目指す具体的な資質・能力」とは，「各学校において定める目標に記された資質・能力を各探究課題に即して具体的に示したものであり，児童が各探究課題の解決に取り組む中で，教師の適切な指導により，実現を目指す資質・能力」であるとされている。

　そのうえで，新学習指導要領には，前者については，「例えば，国際理解，情報，福祉，健康などの現代的な諸課題に対応する横断的・総合的な課題」などの教育的に価値のある課題を設定することが，後者については，「知識及び技能」「思考力，判断力，表現力等」「学ぶに向かう力，人間性等」という三つ

の柱に則して設定することが求められ，どちらの場合にあっても，「教科等を越えた全ての学習の基盤となる資質・能力が育まれ，活用されるものとなるよう配慮すること」が重要視されている。

　つまり，総合的な学習の内容は，「探究課題」という言葉に顕著に示されているように，あくまでも認知的領域を主眼としたものである。

3　特別活動と総合的な学習の関連

1　特別活動と総合的な学習の指導計画

　各教科と領域とにかかわらず，指導計画の作成は，年間や単元など内容のまとまりを見通し，そのなかで育む資質・能力を定位し，児童生徒が主体的・対話的で深い学びの実現が図れるように作成することが重要である。この指導計画には，全体計画[6]，年間指導計画[7]，単元計画，一単位時間の指導計画（指導案）などがある。人間形成的な目標を実現するためには，各教科，道徳科，外国語活動および特別活動，総合的な学習などの全教育活動での位置づけを明確にしたうえで，それぞれが適切に実施され，相互に関連し合うように計画することで，教育課程が機能を十全に果たせるようになる。

　それに関連して，小学校の新学習指導要領における「第5章　総合的な学習の時間」の「第3　指導計画の作成と内容の取扱い」のところで，指導計画の作成に当たっての配慮事項が七つあげられているが，その一つとして，「全体計画及び年間指導計画の作成に当たっては，学校における全教育活動との関連の下に，目標及び内容，学習活動，指導方法や指導体制，学習の評価の計画などを示すこと」が記されている。つまり，「小学校学習指導要領解説総合的な学習の時間編」に説明されているように，指導計画の際には，総合的な学習と他の教科等のかかわりを意識しながら，「学校の教育活動全体で資質・能力を育成するカリキュラム・マネジメントを行うこと」が重要である。

　とりわけ，他の教科等のかかわりについては，本章で言及している特別活動との関係は，総合的な学習の創設時期から，学びの活動のなかで共通点もあれば相違点もあり，相互に適切に関連することで大きな教育効果をもたらすことができるために，さらには両者の存在意義を強調する意味でも，つねに意識されてきたことである。事実，以下でも言及するように，その関連は，新学習指導要領にも記述されている。

2　特別活動と関連させる教育的意義

　特別活動と総合的な学習は，それぞれ固有の目標と内容をもっていることか

ら，それぞれがその役割を十分に果たして，その目標をよりよく実現すること
で教育課程は全体として適切に機能する。そのためには，両者の関係性を十分
に考慮し，個々の学習活動が効果的なものになるように配慮しなければならな
い。

したがって，特別活動と総合的な学習との関連については，新学習指導要領
の「第1章　総則」における「第2　教育課程の編成」の3(2)のエに，「総合
的な学習の時間における学習活動により，特別活動の学校行事に掲げる各行事
の実施と同様の成果が期待できる場合においては，総合的な学習の時間におけ
る学習活動をもって相当する特別活動の学校行事に掲げる各行事の実施に替え
ることができる」とされたのである。この文言は，総合的な学習について記さ
れていることであり，前提となっている横断的・総合的な学習が展開される過
程で，児童生徒の活動が他の領域である特別活動の学校行事と重複することを
想定しているものである。

例えば，総合的な学習において体験活動を実施した結果，特別活動の学校行
事としても同様の成果が期待できる場合においてのみ，学校行事を実施したと
判断してもよいことを示しているのである。もちろん，これまで同様，安易な
総合的な学習と特別活動の学校行事との混同は許容してはならないが，具体的
には，総合的な学習において，例えば自然体験活動やボランティア活動を行う
場合，集団活動の形態を採り，望ましい人間関係の形成や公共の精神の育成な
どの特別活動の趣旨も踏まえた活動とすることなどが考えられる。

このような点から言えば，特別活動において体験活動を行ったことをもって
総合的な学習の代替とするようなことも懸念されるが，これは認められてはな
らないことであろう。何よりも重要なのは，職場体験や研修旅行，修学旅行と
いった活動では，総合的な学習と特別活動との関連性に十分考慮したカリキュ
ラムの構成，つまりカリキュラム・マネジメントが求められるということであ
る。

これは，新学習指導要領においても，同様に引き継がれたのである。すなわ
ち，総合的な学習の目標は，既述したように[8]，「探究的な見方・考え方を働か
せ，横断的・総合的な学習を行うことを通して，よりよく課題を解決し，自己
の生き方を考えていくための資質・能力を次のように育成するようにする」と
記され，「資質・能力の三つの柱」で整理された。そして，内容は各学校が探
究課題と資質・能力の二つによって定めることとなった。

このようなことを前提として，総合的な学習と特別活動との関連について
は，前述したように[9]，「総合的な学習の時間における学習活動により，特別活
動の学校行事に掲げる各行事の実施と同様の成果が期待できる場合において
は，総合的な学習の時間における学習活動をもって相当する特別活動の学校行

▷8　総合的な学習の目標
については，本書の79ページ
下部～80ページ上部を参
照。

▷9　総合的な学習と特別
活動との関連については，
本書の84ページを参照。

事に掲げる各行事の実施に替えることができる」と学習指導要領に明記されたのである。

　実際的な事例として，先ほども触れた総合的な学習に行われる自然体験活動を取り上げると，その活動は，環境や自然を課題とした探究的な学習として行われると同時に，「自然の中での集団宿泊活動などの平素と異なる生活環境にあって，見聞を広め，自然や文化などに親しむとともに，よりよい人間関係を築くなどの集団生活の在り方や公衆道徳などについての体験を積むことができるよう」な遠足・集団宿泊的行事と，また，総合的な学習に行われるボランティア活動は，社会とのかかわりを考える探究的な学習として行われると同時に「勤労の尊さや生産の喜びを体得し，…（中略）…，ボランティア活動などの社会奉仕の精神を養う体験が得られるよう」な勤労生産・奉仕的行事と，それぞれ同様の成果も期待できると考えられる場合などである。このような場合には，総合的な学習とは別に特別活動として改めてこれらの体験活動を行わないとすることができるというのである。

　このような関連が，総合的な学習と特別活動との間に存在しており，そこに大きな教育的意義が認められているのである。

③　総合的な学習と関連させる実践例

　特別活動と総合的な学習とを関連させる実践例をみてみよう。先ほどから事例としてたびたび取り上げている総合的な学習における自然体験活動の単元計画を提示しよう。

〈実践例の単元計画〉
1．単元名　　第5学年「自然学校の感動体験を伝えよう」（30時間）
2．単元目標
　　・自然学校の感動体験を伝える活動を通して，課題や目的に応じた情報手段を適切に活用し，発信・伝達することができる。
　　・仲間と協同して調べたり考えたりしたことをまとめ，わかりやすく伝えることができる。
3．単元計画

学習過程	学習活動・児童の意識（時数）	教師の主な支援（○）と評価（◎）
課題設定	自然学校での課題を決めよう 1次：自然学校の目的や活動について話し合おう（4） ・昨年の活動内容について，Web ページや先輩の発表資料をもとに話し合う。 ・施設の人に取材したり，友達と様々な視点から	○昨年度の写真や Web ページを準備し，自然学校の活動をイメージでき，主体的に取り組めるようにする。

	話し合ったりして，自然学校の目標や活動について考え，自らの課題を設定する。	◎児童が確実に自己の課題を設定したかを，ワークシートから評価する。
情報の収集	自然学校に関する必要な情報を集めよう 2次：情報を活用し，活動計画を作成しよう（6） ・活動内容について，具体的な情報を収集する。 ・自分が活動するプログラムの順番を自己選択，計画立案する。 例）浜遊び，みりん干し，焼き杉，カヤック，カヌー，野外炊飯 ・活動する内容ごとにグループを編成する。 特別活動：自然学校を成功させよう ・自然の家や海辺の民宿で体験活動である，浜遊び，みりん干し，焼き杉，カヤック，カヌー，野外炊飯等の活動を立案した計画に基づいて，みんなで協力し合って主体的に活動する。 ・自然学校での感動をデジタルカメラやビデオカメラ等で撮影したり，絵や詩にしたりして，記録する。	○自然の家のWebページや，海辺の民宿のパンフレット等，情報の入手先をいくつか紹介する。 ○ネームプレートを準備し，効率的な活動内容の選択ができるように配慮する。 ◎自己評価カードと相互評価カードから，より多くの情報の収集と多様な情報を収集，それらを多角的に比較・検討することで，自分たちのグループの最適な活動計画を作成しているのかを評価する。 ○児童が，よりよい人間関係を築きながら主体的に活動できるよう支援する。 ○デジタルカメラやビデオカメラがいつでも使える状態に整備し，活動内容がよく伝わるような記録作成を支援する。 ◎児童が立案計画に基づいて協力し，主体的に活動することを児童の行動観察により評価する。
整理・分析	自然学校の感動体験を整理しよう 3次：感動体験について整理する（10） ・撮影してきたデジタルカメラやビデオカメラ等，絵や詩等の記録を，日程順に時系列に並べたり活動場所ごとに分類したりして，わかりやすく情報を整理する。	◎児童が感動体験で学んだことを多様な視点からわかりやすくまとめ，情報を整理するワークシートによって評価する。
まとめ・表現	自然学校での体験を伝えよう 4次：グループで協同し，自然学校の感動をまとめて伝えよう（10） 例）浜遊び（ビデオ），みりん干し（紙芝居），カ	○一人一人の異なる視点やアイディアを生かしながら情報をまとめるように，伝えたい内容を付箋紙に書き出してまとめるシートを準備する ○様々な感動がより伝わるように，

ヌー（クイズ），カヤック（プレゼンテーション）	多様な表現を生かした発表資料づくりを支援する。
・伝える相手を意識し，感動がより伝わる工夫をする。	○プレゼンテーションや紙芝居など，伝える相手に適した表現方法を考えさせる。
・一人一人の得意な表現方法を生かしたり，組み合わせたりして，協同してまとめる。	◎中間発表での相互評価の規準を示し，よりわかりやすい発表を考えることができるようにする。
・中間発表を行い，友達同士の相互評価を通じて，発表内容を修正・改善する。	◎自分のポートフォリオによって自然学校の感動体験を伝える活動全体を振り返ることにより，自らの成長に気付かせる。
・保護者や地域，全校生に自然学校の感動体験を伝える。	
・自然学校の感動体験について，発表と活動全体から振り返る。	

出所：筆者作成。

　本章において繰り返し述べてきたように，総合的な学習では，探究的なプロセスを充実させることが重要である。そこでの探究的な学習とは，次のような一連の学習過程を経ることになる。すなわち，「①課題の設定；体験的な活動などを通して，自らの課題を設定し，課題意識をもつ」「②情報の収集；必要な情報を取り出したり，収集したりする」「③整理・分析；収集した情報を，整理したり，分析したりして，思考する」「④まとめ・表現；気付きや発見，自分の考えなどをまとめ，表現する」である。[10]

▷10　探究的なプロセスについては，本書の80ページ図6-1を参照。

　①では，児童が多くの情報を活用し，課題設定することになる（4時間）。その際には，児童が課題を設定するときに，教師の意図的で適切な働きかけによって課題がもてるように工夫することが重要である。

　②では，目的を明確にした自覚的な情報収集から，児童は多様な情報を協同で活用し計画を立案することになる（6時間）。その際には，自然学校での活動は，いくつかのプログラムを自己選択して順番を決め，時間内に効率的に活動する必要がある。それとともに，そのなかでより効果的なプログラムの時間配分を工夫することが大切である。

　③では，児童はお互いの思いや考えの相違を生かし，異なる視点から協同で，整理・分析することになる（10時間）。まず児童は，自然学校でグループごとに同じ活動内容を行ったが，そこで思ったことや考えたことはそれぞれに異なっていたことに気づく。そのうえで，児童は，グループごとに協同し日程順や活動場所ごとにわかりやすく分類するために，感動したり学んだりしたこと，活動内容，伝えたい相手，伝える方法などについて，情報整理ワークシートを使って整理した。この情報整理ワークシートによって，教師は個々の児童の整理する観点や分析の視点を評価し，指導に活かすことができる。

　④では，目的意識を明確にしたまとめで，児童は協同で情報を再構成しわか

りやすく表現することになる（10時間）。自然学校での感動体験を伝えるという明確な問題意識は，何よりも児童の普段の都会生活では体験できない貴重な自然体験とそこで出会った人々によって支えられていたことを実感させるものである。また，中間発表での協同による情報の再構成は，児童一人ひとりの考えをまとめ，効果的な表現のあり方をより確実なものにする。そして保護者や地域の人々，さらには全校生に対して自然学校の活動体験を伝える活動を経て，自然学校の感動体験を伝える活動全体について自分のポートフォリオによる評価で振り返る児童は，自らの成長を自覚することになる。

◁11

　このような実践においては，「②情報の収集」（6時間）の過程で，総合的な学習と特別活動との関連が図られている。とりわけ，そのなかでも，実際に現地で活動することになる「自然の家や海辺の民宿での体験」活動や「自然学校での感動の記録」活動が特別活動と関連することになるだけでなく，総合的な学習のその時間帯の活動は，特別活動における学校行事の遠足・集団宿泊的行事と同様の成果も期待できると考えられる。

　ただし，「小学校学習指導要領解説総合的な学習の時間編」に「特別活動の学校行事を総合的な学習の時間として安易に流用して実施することを許容しているものではない」と，いわば注意書きが記されているように，総合的な学習と特別活動とを混同するのではなく，両者の特徴を生かして関連させることが重要である。

▷11　ポートフォリオによる評価
児童が計画的に集積した学習活動の過程や成果などの記録や作品による評価。

Exercise

① 「目標を実現するにふさわしい探究課題」と「探究課題の解決を通して育成を目指す具体的な資質・能力」とは，具体的にどのようなことをいうのかを考えてみよう。
② 「考えるための技法」のうちのいくつかを取り上げて，説明してみよう。
③ 総合的な学習での評価は，数値的な評価を行わない代わりに，どのような評価の方法を実施すればよいのか考えてみよう。

📖次への一冊

高浦勝義『総合学習の理論』黎明書房，1997年。
　　総合的な学習の意義や考え方について諸外国の事例を取り上げながら歴史的に検討し，わが国での実践への方途を示している。
稲垣忠彦『総合学習を創る』岩波書店，2000年。
　　わが国における総合的な学習の歩みと外国での成果をもとに，教師が総合的な学習

を創造するための重要なポイントを具体的に示している。

児島邦宏編集代表，浅沼茂・佐藤真・高瀬雄二編『定本・総合的な学習ハンドブック』
　　ぎょうせい，2003年。

　　わが国の小学校から高等学校までの総合的な学習の理念と実践を一旦総括し整理し
　　た著作であるため，総合的な学習の課題をほとんど網羅してくれている。

引用・参考文献

田中耕治編『小学校　評価のあり方・指導要録改訂のポイント』日本標準，2010年。

文部科学省『小学校学習指導要領（平成29年告示）解説　総合的な学習の時間編』東洋
　　館出版社，2018年 a 。

文部科学省『中学校学習指導要領（平成29年告示）解説　総合的な学習の時間編』東山
　　書房，2018年 b 。

文部科学省『高等学校学習指導要領（平成30年告示）解説　総合的な探究の時間編』学
　　校図書，2019年 c 。

文部科学省『小学校学習指導要領（平成29年告示）解説　特別活動編』東洋館出版社，
　　2018年 d 。

文部科学省『中学校学習指導要領（平成29年告示）解説　特別活動編』東山書房，2018
　　年 e 。

文部科学省『高等学校学習指導要領（平成30年告示）解説　特別活動編』東京書籍，
　　2019年 f 。

第7章
特別活動とキャリア教育

〈この章のポイント〉

　新学習指導要領では，特別活動を要としつつキャリア教育の充実を図ることが提起された。本章では，特別活動をどのように展開することで基礎的・汎用的能力や職業観・勤労観を育むことができるかを理解する。また，学級活動・ホームルーム活動に着目して，自己の学習や生活を振り返り，将来を見通し，主体的な学びに向かう力を育てるための学習過程のあり方や，「キャリア・パスポート」の活用方法について学習する。

1　特別活動とキャリア教育の関連

1　キャリア教育の定義

　キャリア教育は，「一人一人の社会的・職業的自立に向け，必要な基盤となる能力や態度を育成することを通して，キャリア発達を促す教育」と定義される（中央教育審議会，2011）。キャリア発達とは，「社会の中で自分の役割を果たしながら，自分らしい生き方を実現していく過程」のことであり，それを促進するために，基礎的・汎用的能力を育成することが掲げられている（図7-1）。基礎的・汎用的能力は，分野や職種にかかわらず社会的・職業的自立に必要な力であり，その具体的内容は，「人間関係形成・社会形成能力」◁1「自己理解・自己管理能力」◁2「課題対応能力」◁3「キャリアプランニング能力」◁4の四つに区分される。各学校においては，この四つの能力を参考にしつつ，それぞれの課題を踏まえて具体的な能力を設定し，その達成に向けて活動を展開していかなければならない。

　一方で，能力・態度を身につけさせることと併せて，これらの育成を通じて価値観，とりわけ勤労観・職業観を醸成することも重視される。人生を自動車の運転にたとえるならば，基礎的・汎用的能力は前に進むためのアクセル，勤労観・職業観は道を選択するためのハンドルに相当するであろう。そして，これらは特定の活動のみではなく，教育課程全体を通じて育成されるものであり，特別活動を通したキャリア発達の促進も期待される。

▷1　人間関係形成・社会形成能力
多様な他者の考えや立場を理解し，相手の意見を聴いて自分の考えを正確に伝えることができるとともに，自分の置かれている状況を受け止め，役割を果たしつつ他者と協力・協働して社会に参画し，今後の社会を積極的に形成することができる力。

▷2　自己理解・自己管理能力
自分が「できること」「意義を感じること」「したいこと」について，社会との相互関係を保ちつつ，今後の自分自身の可能性を含めた肯定的な理解に基づき主体的に行動すると同時に，自らの思考や感情を律し，かつ，今後の成長のために進んで学ぼうとする力。

▷3　課題対応能力
仕事をするうえでのさまざまな課題を発見・分析し，適切な計画を立ててその課題を処理し，解決することができる力。

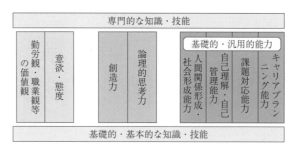

図7-1　社会的・職業的自立，社会・職業への円滑な移行に必要な力の要素
出所：中央教育審議会（2011）。

［2］新学習指導要領における特別活動とキャリア教育の位置

　2017（平成29）年の学習指導要領改訂では，児童生徒が「学ぶことと自己の将来とのつながりを見通しながら，社会的・職業的自立に向けて必要な基盤となる資質・能力を身に付けていくことができるよう，特別活動を要としつつ各教科等の特質に応じて，キャリア教育の充実を図ること」と総則に明記され，初めて小・中学校の学習指導要領に「キャリア教育」の文言が登場した。また2018（平成30）年に改訂された高等学校の学習指導要領にも同様の記述がある。「各教科等の特質に応じて」とあるように，各教科の「見方・考え方」を働かせて教育活動全体でキャリア教育に取り組むことが再確認されている。特別活動も例外ではなく，学級活動・ホームルーム活動，児童会活動・生徒会活動，学校行事，クラブ活動（小学校のみ）を通して社会的・職業的自立に必要な資質・能力の育成を図っていかなければならない。一方で，特別活動にはキャリア教育の「要」として特別な地位が与えられているが，ここで言う要としての特別活動とは，学級活動・ホームルーム活動(3)「一人一人のキャリア形成と自己実現」を指している。その役割や実践に関しては，第3節において詳しく言及したい。

2　特別活動を通したキャリア発達の促進

［1］学習過程を通して育まれる基礎的・汎用的能力

　まず，特別活動で育成を目指す資質・能力とキャリア教育で育成を目指す資質・能力の関係を整理してみたい。表7-1に示されるように，基礎的・汎用的能力は特別活動の資質・能力，とりわけその三つの視点である「人間関係形成」「社会参画」「自己実現」ときわめて親和性が高い。また表7-2からわかるように，特別活動の各領域の学習内容も基礎的・汎用的能力と強く結びつい

ている。したがって，教師が子どもたちのキャリア発達を意識して特別活動の
指導にあたることで，キャリア教育に寄与することができるのである。

　その際に重要なのが，各領域の活動において資質・能力の育成に向けた学習

表7-1　特別活動における資質・能力と基礎的・汎用的能力の関係

（1）多様な他者と協働する様々な集団活動の意義や活動を行う上で必要となることについて理解
　　し，行動の仕方を身に付けるようにする。
（2）集団や自己の生活，人間関係の課題を見いだし，解決するために話し合い，合意形成を図っ
　　たり，意思決定したりすることができるようにする。
（3）自主的，実践的な集団活動を通して身に付けたことを生かして，集団や社会における生活及
　　び人間関係をよりよく形成するとともに，自己の生き方についての考えを深め，自己実現を図
　　ろうとする態度を養う。

　　下線は「人間関係形成・社会形成能力」，波線は「自己理解・自己管理能力」，破線は「課
　題対応能力」，二重線は「キャリアプランニング能力」との関連が強いことを示す

出所：文部科学省（2018a）をもとに筆者作成。

表7-2　「基礎的・汎用的能力」育成に関連する中学校の特別活動の指導内容

能力＼活動	人間関係形成・社会形成能力	自己理解・自己管理能力	課題対応能力	キャリアプランニング能力
学級活動	・よりよい人間関係の形成 ・男女相互の理解と協力 ・食育の観点を踏まえた学校給食と望ましい食習慣の形成 ・学級の組織づくりや役割の自覚	・自他の個性の理解と尊重 ・思春期の不安や悩みの解決，性的な発達への対応 ・心身ともに健康で安全な生活態度や習慣の形成	・学級や学校における生活上の諸問題の解決 ・学校における多様な集団の生活の向上	・社会生活，卒業生活との接続を踏まえた主体的な学習態度の形成と学校図書館等の利用 ・社会参画意識の醸成や勤労観・職業観の形成 ・主体的な進路の選択と将来設計
生徒会活動	・よりよい人間関係を形成するための活動 ・学校生活における規律とよき文化・校風の発展に関わる活動	・生徒の教養や情操の向上のための活動 ・学校行事への協力	・身近な課題等の解決を図るための活動 ・生徒会の組織づくり	・環境の保全や美化のための活動 ・ボランティア活動などの社会参加 ・生徒会活動の計画や運営
学校行事	・共に助け合って生きることの喜びの体得 ・校外における集団活動にて教師と生徒，生徒相互の人間的な触れ合いを深める	・安全な行動や規律ある集団行動の体得 ・責任感や連帯感の涵養 ・生涯にわたり，文化や芸術に親しむための豊かな情操の育成	・集団のきまりや社会生活上のルール，公衆道徳などの体験 ・前年度の計画の見直しと課題解決のための立案	・勤労の尊さや創造することの喜びの体得 ・職場体験などの職業や進路にかかわる啓発的な体験 ・ボランティア活動などの社会奉仕の精神を養う体験

出所：文部科学省（2011，2018b）をもとに筆者作成。

▷7　Research-Plan-Do
-Check-Act

評価・改善サイクルとして
はPDCAサイクルが一般
的であるが，特別活動にお
いてはR-PDCAサイクル
がより適している。なぜな
らば，生活に関わる問題
（テーマ）はサイクルごと
に変化するため，話合い活
動（P）に入る前に，児童
生徒自身がC・Aを踏まえ
たうえで，主体的に問題を
設定あるいは認識する行程
（R）が不可欠だからであ
る。

▷8　キャリア

careerの語源は後期ラテ
ン語のcarrariaであり，
「轍」を意味する。そこか
ら転じて，個人が歩んでき
た人生や生き方などを示す
ようになった。

▷9　キャリア発達段階

一人ひとりのキャリアは多
様な側面をもちながら，段
階的に発達していく。キャ
リア教育では，子どもたち
はそれぞれの段階における
発達課題を解決できるよう
に取り組みを進めていく必
要がある。文部科学省
（2011）では，小学生段階
は「進路の探索・選択にか
かる基盤形成の時期」，中
学生段階は「現実的探索と
暫定的選択の時期」，高校
生段階は「現実的探索・試
行と社会的移行準備の時
期」と区分されている。

▷10　つきたい職業

株式会社クラレが行った
2019（平成31）年の調査に
よると，新小学1年生がつ
きたい職業は，男子の1位
がスポーツ選手（20.1％），
女子の1位がケーキ屋・パ
ン屋（26.7％）である（htt
ps://www.kuraray.co.jp/
enquete）。参考までに，

過程，すなわちResearch-Plan-Do-Check-Actのサイクルを意識化すること
である。(1)問題の発見・確認（R），(2)解決方法等の話合い・解決方法の決定
（P），(3)決めたことの実践（D），(4)振り返り（C），(5)次の課題解決へ（A）と
いう，自治的活動としてのR-PDCAサイクルを循環させることで，基礎的・
汎用的能力がスパイラル状に高まっていくと考えられる。

2　役割活動を通した勤労観・職業観の育成

　個人のキャリア発達を目的とするキャリア教育と集団活動としての特別活動
を結びつけるキーワードが「役割」である。なぜならば，キャリアとは「人
が，生涯のなかでさまざまな役割を果たす過程で，自らの役割の価値や自分と
役割との関係を見出していく連なりや積み重ね」（中央教育審議会，2016）であ
り，役割に対する価値観は集団生活で実際に役割を果たすことによって構築さ
れるからである。

　例えば，「職業」は社会における役割分担の一つであるが，Holland（2013）
によると，人間の職業に対する興味（パーソナリティ）および実際の職業環境は
RIASEC（リアセック）の六つに区分することができる（表7-3）。しかしなが
ら，それは小さな社会である学級・学校生活のさまざまな場面にも存在してい
る。以下は，文化祭における役割分担の例である。

　　R：入場門やステージを組み立て，文化祭の用具を準備する

　　I：他校の文化祭を知るためにプログラムを集め，Webで調査する

　　A：文化祭会場の装飾を行い，当日に流す音楽の演奏曲目を考える

　　S：外部からの来客の受け付けや，会場案内を行う

　　E：実行委員として新しい企画を考え，実施に移す

　　C：物品を管理して貸し出しを行い，会計処理を担当する

　学校行事に限らず，生徒会活動である委員会活動や学級の係活動において
も，RIASECとのつながりを確認することができる。このように，職業に関
する価値観である職業観は，日常生活のなかでの役割に対する価値観である勤
労観を基盤としており（三村，2008），キャリア発達段階に応じて育成を図って
いくことが特別活動に期待されている。

　2012年の調査では，小学校6年生の19.8％，中学校3年生の33.2％，高校3
年生の16.3％が「将来つきたい職業が決まっていない」と回答している（国立
教育政策研究所生徒指導・進路指導研究センター，2013a）。進路選択・決定のため
には，最終的に職業興味は収斂されるべきであるが，その前段階では職業興味
を拡げることが求められる。とくに小・中学校段階では，つきたい仕事があっ
ても現実的ではないケースが多く，むしろ好奇心をもち，自分の興味をもてそ
うな職業がたくさんあることに気づくことが望ましい。その点，自己の将来と

表7-3　職業興味と職業環境の六つのタイプ（RIASEC）

現実的 （Realistic）	もの，機械，動物などを対象とする具体的で実際的な役割 ex. 動植物管理，工学関連，機械の管理・運営，手工業
研究的 （Investigative）	研究や調査などにより未知のことを明らかにする役割 ex. 自然科学，情報処理，社会調査，研究，医学
芸術的 （Artistic）	独創的で美的感覚が求められる芸術的な役割 ex. 音楽，デザイン，演劇，美術工芸，舞踏，文芸
社会的 （Social）	人に接したり奉仕したり対人関係を通して行う役割 ex. 社会福祉，教育，医療保険，販売，サービス
企業的 （Enterprising）	企画，組織運営，経営などリーダーシップが求められる役割 ex. 営業，報道，宣伝，経営管理
慣習的 （Conventional）	決められている方法を着実にこなしていく役割 ex. 経理，事務，警備，法務，編集，校正

出所：Holland（2013），労働政策研究・研修機構（2006）より筆者作成。

リクルート進学総研が行った2019（令和元）年の調査によると，高校生のつきたい職業は男子の1位が公務員（15.6％），女子の1位が看護師（14.6％）であった（http://souken.shingakunet.com/research/2010/07/post-7a54.html）。

のつながりを意識した係活動や委員会活動は「自分はどんな仕事なら前向きに取り組めるのか」を考える貴重な機会であり，さまざまな係を経験し，やりがいや楽しさを実感することで，職業に対する視野を拡大することができる。

3　学校行事としての生き方に関わる啓発的体験活動

特別活動におけるキャリア教育実践の典型としてあげられるのが，公立中学校の98.6％（2017年調査）で実施されている職場体験であろう。1998（平成10）年に兵庫県で始まった5日間の「トライやる・ウィーク」を皮切りとして，2005（平成17）年から文部科学省が推進した「キャリア・スタート・ウィーク」[11]事業を契機に全国に急速に広がった。

教育課程における位置づけとしては，総合的な学習の時間で実施する学校が多いものの，特別活動も16.0％（うち8.1％は総合学習を学校行事として読み替え）を占めている（国立教育政策研究所生徒指導・進路指導研究センター，2019）。その歴史は，1969（昭和44）年の中学校学習指導要領が「勤労・生産的行事」で勤労の意義の体得や職業を扱った啓発的経験に言及したことに遡る。さらに1979（昭和54）年〜1980（昭和55）年に文科省の指定事業として46校の高等学校で行われた勤労体験学習も，校種は異なれども，特別活動において生き方に関わる啓発的体験を発展させる重要な役割を果たした（三村，2012）。2017（平成29）年に改訂された学習指導要領においては，「勤労生産・奉仕的行事」において，「勤労の尊さや生産の喜びを体得し，職場体験活動などの勤労観・職業観に関わる啓発的な体験が得られるようにする」ことが定められている。

ここでは，啓発的体験活動を効果的に展開するためのポイントとして，三つのことを指摘したい。第一に，「体験の焼き直し」を避け，校種を越えた系統的なキャリア発達を実現するために，生徒のキャリア発達段階を意識し，それ

▷11　キャリア・スタート・ウィーク
2005（平成17）年に文部科学省が，厚生労働省，経済産業省等の協力を得て行ったキャリア教育実践プロジェクトで，全国138の地域において週5日間以上の職場体験活動が展開された。

表7-4　発達段階に応じた啓発的体験活動の目標例

小学校の 地域体験・職場見学	中学校の 職場体験	高等学校の インターンシップ
○勤労観の形成	○勤労観・職業観の形成	○職業観の形成
・働く大人や身近な仕事に興味・関心をもつ	・仕事における自分の興味・関心,得意・不得意を知る	・自分の職業興味や職業適性を把握する
・働くことの大切さ,楽しさ,苦労を知る	・労働の社会的意義を理解する	・仕事に必要な知識や技術を身に付ける
・働く人(両親を含む)に感謝の気持ちを抱く	・役割を果たすことの達成感を実感する	・自分の就きたい職業を明確にし,目標を決める
・仕事に対する憧れや夢を獲得する	・現実に照らし仕事に対する夢を吟味する	・学習と職業とのつながりを理解し,将来を展望する
・自分が様々な場所や人に支えられていることに気付く	・働く人の実生活に触れ社会の現実に迫る	・職業生活や労働環境の実態を認識する
・あいさつ等日常生活のマナーを習得する	・社会生活におけるルールやマナーを理解する	・職業生活のルールやマナーを習得する

出所：文部科学省（2005，2011）を参考に筆者作成。

に合致した具体的な目標を立てることである（表7-4）。例えば，高等学校のインターンシップ（就業体験）が多少なりとも希望進路にかかわりのある仕事の体験を重視するのに対して，中学校の職場体験では職場の雰囲気を感じ取り，大人と会話することで「働くとはどういうことか」を理解することに主眼が置かれる。ゆえに体験先を生徒に選ばせる必然性はなく，むしろ希望しない体験先に行くことで視野の拡大が期待できる（藤田，2014）。第二に，体験のねらいを事業所に伝え，学校とビジョンを共有することである。職場体験を例にとれば「事業所が学校，事業所の人が先生，仕事が授業」であるからこそ，学校側が積極的にイニシアチブを発揮して連携を強化し，体験の質を高めていく必要がある。第三に，非日常的な体験活動を打ち上げ花火のような単発のイベントにしないためにも，事前・事後指導を徹底することである。そのためには，職場体験等を「学校教育全体として行うキャリア教育の一環として位置付け」（文部科学省，2018b）ることが不可欠であろう。事前指導によってレディネスが形成されてこそ，児童生徒は体験からより多くのものを獲得できる。また，事後指導による省察によって，体験による成長を自己のキャリア形成の一部として認識することができる。高等学校のインターンシップについて，事前・事後指導を十分に行った担任とそうでない担任とでは，前者の方がキャリア教育の成果を実感しているというデータもある（国立教育政策研究所生徒指導・進路指導研究センター，2013b）。

3　キャリア教育の要としての学級・ホームルーム活動

1　学級・ホームルーム活動を通したキャリア形成

　キャリア教育と学級活動（高等学校はホームルーム活動）とのつながりは決して新しいものではない。1958（昭和33）年に改訂された中学校学習指導要領では，キャリア教育の前身ともいえる「進路指導」を学級活動で行うことが義務づけられた。1969（昭和44）年版では進路指導の語句は特別活動から姿を消し，学校の教育活動全体を通して行うものとして総則に明記されたが，2017（平成29）年告示の学習指導要領では，学級活動がキャリア教育の「要」として位置づけられた。

　キャリア教育としての学級活動・ホームルーム活動の中核となるのが「(3)一人一人のキャリア形成と自己実現」であり，小学校においては新設，中・高等学校では「(3)学業と進路」が改変された。これにより，小・中・高等学校のつながりが明確になり，系統的なキャリア教育を展開できるようになった。ここでいう「キャリア形成」とは，「社会の中で自分の役割を果たしながら，自分らしい生き方を実現していくための働きかけ，その連なりや積み重ね」（文部科学省，2018a）を意味する。教師はキャリア形成のために各教科等と往還しながら，児童生徒にこれまでの学校内外での経験を振り返らせ，自己の成長と課題を明らかにさせ，これからの生き方を展望させることで，自己実現に向けた資質・能力を育てる。

2　集団活動を通したキャリアの意思決定

　表7-5は，「(3)一人一人のキャリア形成と自己実現」の学習内容を示したものである。校種（キャリア発達段階）によってまとまりはやや異なるものの，扱う内容そのものには共通性が見られる。学習過程としては，現在および将来を見通した生活や学習に関する課題を，教師が年間指導計画に即して「題材」として設定する。児童生徒は課題について，話合いを通して他者との共通点や課題の原因を探り，多様な視点から解決方法を考えて，具体的な実践行動を意思決定する。

　図7-2は，小学校第6学年における学級活動(3)ア「現在や将来に希望や目標をもって生きる意欲や態度の形成」の展開事例（題材「中学校生活に向けて」）である。話合いは，「つかむ」「さぐる」「見つける」「決める」の4ステップを意識すると進めやすい。決めた後に，それを実行して振り返るというR-PDCAサイクルを展開することで，「なりたい自分」に徐々に近づくことを目

▷12　進路指導
1974（昭和49）年に刊行された文部省『中学校・高等学校進路指導の手引　中学校学級担任編』では，進路指導は「生徒の個人的資料，進路情報，啓発的経験および相談を通して，生徒がみずから，将来の進路の選択，計画をし，就職または進学して，さらにその後の生活によりよく適応し，進歩する能力を伸長するように，教師が組織的，継続的に指導・援助する過程」と定義される。中・高等学校に限定された教育活動であるという点で，就学前段階から体系的に取り組むキャリア教育と異なるが，その概念に関しては大差ない。新学習指導要領でも，中・高等学校では「キャリア教育」と並んで「進路指導」の用語が残されている。

表 7 - 5　小・中・高等学校における学級活動・ホームルーム活動(3)の学習内容

	小学校		中学校		高等学校
ア	現在や将来に希望や目標を もって生きる意欲や態度の 形成	ア	社会生活，職業生活との 接続を踏まえた主体的な学 習態度の形成と学校図書館 等の活用	ア	学校生活と社会的・職業自 立の意義の理解
				イ	主体的な学習態度の確立と 学校図書館等の活用
イ	社会参画意識の醸成や働く ことの意義の理解	イ	社会参画意識の醸成や勤労 観・職業観の形成	ウ	社会参画意識の醸成や勤労 観・職業観の形成
ウ	主体的な学習態度の形成と 学校図書館等の活用	ウ	主体的な進路の選択と将来 設計	エ	主体的な進路の選択決定と 将来設計

出所：小学校・中学校・高等学校の新学習指導要領より筆者作成。

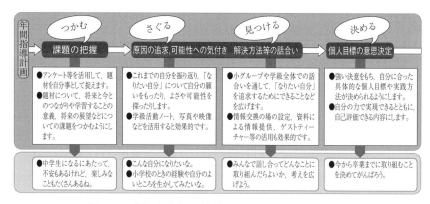

図 7 - 2　学級活動(3)／題材「中学校生活に向けて」の展開
出所：文部科学省／国立教育政策研究所教育課程研究センター（2019）。

▷13　ポートフォリオ
語義的には，画家や新聞記者などが雇い主に自らを売り込むときに用いる「紙ばさみ式のファイリングケース」である。教育分野においては，子どもの作品，自己評価の記録，教師の指導と評価の記録などを，系統的に蓄積したもの意味する。キャリア教育において用いられる場合には，キャリア発達を促すことにつながるさまざまな学習経験や活動の記録，特技・資格・免許などの一覧をファイリングしてまとめたものを指す。ポートフォリオづくりを通して，子どもの学習に対する自己評価を促すとともに，教職員も子どもの学習活動と自らの教育活動を評価するのが，ポートフォリオ評価法である。

指す。

4　「キャリア・パスポート」を活用した主体的な学びの実現

1　キャリア・ポートフォリオ[▷13]の意義

小・中・高等学校の新学習指導要領では，学級活動・ホームルーム活動(3)の指導にあたって，「学校，家庭及び地域における学習や生活の見通しを立て，学んだことを振り返りながら，新たな学習や生活への意欲につなげたり，将来の（在り方）生き方を考えたりする活動を行う」（括弧内は高校における追記）こと，およびその際に児童生徒が「活動を記録し蓄積する教材等を活用する」ことが定められている。この教材について，中央教育審議会（2016）では，次のように述べられている。

　　小学校から高等学校までの特別活動をはじめとしたキャリア教育に関わる活動について，学びのプロセスを記述し振り返ることができるポート

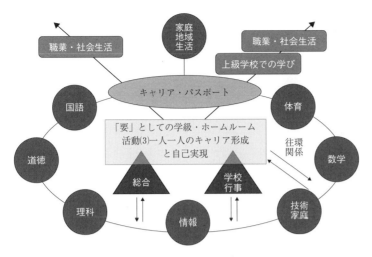

図7-3　「キャリア・パスポート」のイメージ
出所：筆者作成。

フォリオ的な教材（「キャリア・パスポート（仮称）」）を作成することが求められる。特別活動を中心としつつ各教科等と往還しながら，主体的な学び[14]に向かう力を育て，自己のキャリア形成に生かすために活用できるものとなることが期待される。将来的には個人情報保護に留意しつつ電子化[15]して活用することも含め検討することが必要である。

　したがって，一人ひとりの児童・生徒が自己のキャリアを振り返り，見通すために，キャリア・ポートフォリオである「キャリア・パスポート」（以下「パスポート」）を作成・活用しなければならない。図7-3は「パスポート」の機能をイメージ化したものであるが，「各教科等における学習や特別活動において学んだこと，体験したことを振り返り，気付いたことや考えたことなどを適時蓄積し，それらを学級活動においてまとめたり，つなぎ合わせたりする活動」を行うことで，「各教科等の学びと特別活動における学びが往還し，教科等の枠を越えて，それぞれの学習が自己のキャリア形成につながっていく」ことが期待される（文部科学省，2018b）。もちろん，「パスポート」には教育課程内のみならず，「学校や家庭における日々の生活や，地域における様々な活動」も記録される。さらに小・中・高等学校ともち上がることで，児童生徒は長期的なスパンでキャリアを可視化し，自己理解を深めることができる。一方で，教師は児童生徒のキャリア発達を定性的に評価・把握し，個に応じた指導・支援に役立てることができる。

2　「キャリア・パスポート」の特徴

　2019（平成31）年3月29日には，文部科学省初等中等教育局児童生徒課より「『キャリア・パスポート』例示資料等について」が発出され，「パスポート」

▷14　**主体的な学び**
新学習指導要領では，資質・能力の育成に向けた授業改善として，「主体的・対話的で深い学び」の実現を求めた。「主体的な学び」とは，学ぶことに興味や関心をもち，自己のキャリア形成の方向性と関連づけながら，見通しをもってねばり強く取り組み，自己の学習活動を振り返って次につなげる学びである。

▷15　**ポートフォリオの電子化**
eポートフォリオには，内容の再配列・編集や統合がしやすい，テキストだけでなく音声や動画を扱うことができる，PDFなど必要に応じたファイル形式に変換できる，大量のデータを保存でき劣化しない，学内だけでなく遠隔地の人々と相互評価できる，といった利点がある。日本では学修成果の質保証を目的に一部の大学等で導入されているが，海外では初等・中等教育での活用も進んでいる。

の目的，定義，内容と指導の特徴などが例示資料とともに示されている。内容に関しては，様式例を参考に，都道府県教育委員会等，各地域・各学校で柔軟にカスタマイズされることになっており，小学校入学から高等学校卒業までの記録を蓄積するため，各シートはＡ４判（両面使用可）に統一し，各学年での蓄積は数ページ（5枚以内）とされた。

　また，指導にあたっては，「パスポート」やその基礎資料となる記録や蓄積が，学級活動・ホームルーム活動に偏らないようにしなければならず，教科・科目や学校行事，帰りの会等での記録も可能であるとされている。さらに，記録する活動のみにとどまることなく，記録を用いて話し合い，意思決定を行うなどの学習過程を重視することや，記録を活用してカウンセリングを行うことも示された。

３　キャリアノートの課題と「キャリア・パスポート」の可能性

　「パスポート」はゼロから新たにスタートするわけではなく，すでに一部の自治体ではキャリアノートの作成が試みられてきた。広島県，兵庫県，秋田県，愛知県などがよく知られており，実践事例が公表されているケースもある。しかし，胡田ら（2018）が明らかにしているように，実際にノートを活用している学校は全国的にはまだ多くないと推察される。とくに学年や校種を越えた継続的活用は一部であり，児童生徒が自己の価値観形成をともなった深い内省によって，さらなる課題を見つけ新たな活動が展開されるという発展的取り組みになっていない。

　要因はいくつか考えられるが，第一に日常的に資料をためていく「ワーキング・ポートフォリオ」と，それを編集し直して長期的に保存する「パーマネント・ポートフォリオ」（西岡，2003）が区別されていない。12年間の成長を記録する「パスポート」は後者であるが，既存のキャリアノートは特別活動「の」ワーキング・ポートフォリオに近く，教科学習がほとんど含められていない（京免，2017）。こうした状況を改善し，教育活動全体を通して行われるキャリア教育のワーキング・ポートフォリオ（キャリアノート）を学級活動・ホームルーム活動(3)「で」精査し，パーマネント・ポートフォリオ（「パスポート」）を作成する過程で深い省察がなされることが望ましい。

　第二に，気づいたことや考えたことを書き留めるだけでなく，他者からの客観的な視点からのフィードバックによって，過去・現在・未来をつなぐ深い省察を実現する必要がある。西岡（2003）はポートフォリオ評価法の実践にあたって検討会の実施を提案しているが，集団活動である学級活動・ホームルーム活動(3)においても，「書いたり蓄積したりする活動に偏重」（文部科学省，2018a）することなく，児童生徒同士が「パスポート」の記入前や記入後に話

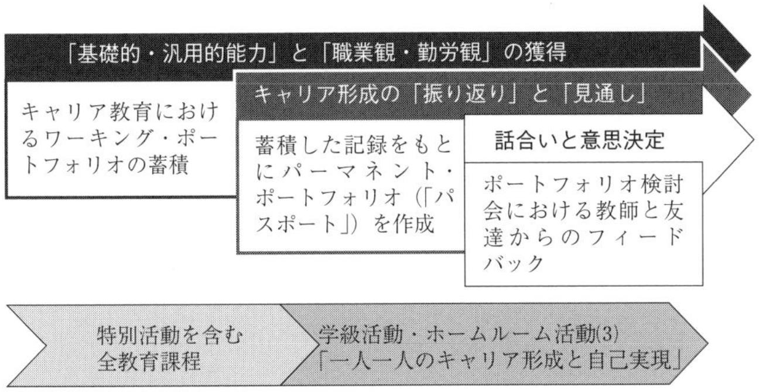

図7-4　「キャリア・パスポート」活用のフローチャート
出所：筆者作成。

合いを行い，集団思考による多面的・多角的な自己理解とそれに基づく意思決定につなげていくべきであろう。もちろん，児童生徒のプライバシーや個人情報保護には，最大限の配慮を払わなければならない。

　第三に，「パスポート」を活用したキャリア・カウンセリング[16]の実施，すなわち「教員が対話的に関わることで，自己評価に関する学習活動を深めていく」（中央教育審議会，2016）ことが求められる。個々に話をすることが時間的に現実的でなかったとしても，コメント欄に児童生徒の成長を肯定するメッセージを残すことはできるし，ポイントである箇所に線を引くという方法もあろう。とくに過去を思い出すのがつらい児童生徒，行動や思いを具体的に振り返ることができず，単語や短文でしか記述できない児童生徒などに対しては積極的に声をかけ，本人の努力を認めつつ，自己変容に気づかせることが望ましい。

　以上，三つの提案をまとめると図7-4の通りになる。ただし，これはおおまかな学習過程にすぎず，最終的には各学校が児童生徒の実態やキャリア教育目標を踏まえたうえで，「パスポート」の内容や活用方法を判断すべきであろう。

▷16　キャリア・カウンセリング
集団の場面で必要な指導や援助を行うガイダンスと，個々の生徒の多様な実態を踏まえ，一人ひとりが抱える課題に個別に対応した指導を行うカウンセリング（教育相談を含む）は，学級活動・ホームルーム活動における教師の働きかけの両輪である。とくにキャリア・カウンセリングでは，自らの意思と責任でキャリア形成できるように，子どもたちに気づきを促し主体的に考えさせることで，行動や意識の変容につなげていくことが求められる。

Exercise

① 基礎的・汎用的能力を育成し，キャリア発達を促進する特別活動の活動例を，R-PDCAサイクルの流れに沿って考案してみよう。
② 係活動や委員会活動など，特別活動における役割活動をRIASEC（ホランドコード）で分類し，職業との結びつきを確認してみよう。
③ 各地の教育委員会が作成したキャリアノートについてインターネットで調べて，その長所と短所を比較してみよう。
④ 「キャリア・パスポート」の例示資料にインターネットでアクセスし，実際に記入した上で，周囲の人と対話してみよう。

📖次への一冊

吉田武男監修，藤田晃之『MINERVA はじめて学ぶ教職　キャリア教育』ミネルヴァ書房，2018年。
　　新学習指導要領を踏まえたキャリア教育や小・中・高等学校における実践について解説しており，特別活動との関連についても考察している。

小泉冷三・古川雅文・西山久子『キーワード キャリア教育』北大路書房，2016年。
　　生涯発達の視点から，キャリア教育の推進に必要な事項を解説しており，第3章で特別活動を含む教育課程との関連について明らかにしている。

引用・参考文献

胡田裕教・清水克博・高綱睦美・鈴木稔子・角田寛明・柴田好章「初等中等教育におけるポートフォリオを活用したキャリア教育の現状と課題——実践の継続性・発展性の可視化を目指して」『生涯学習・キャリア教育研究』第14号，2018年，27～39ページ。

京免徹雄「『キャリア・パスポート』の可能性と学級・ホームルーム活動への影響」『日本特別活動学会第26回東海大会研究発表要旨収録』，2017年，64ページ。

国立教育政策研究所　生徒指導・進路指導研究センター編『キャリア教育・進路指導に関する総合的実態調査　第一次報告書』，2013年 a 。

国立教育政策研究所　生徒指導・進路指導研究センター編『キャリア教育・進路指導に関する総合的実態調査　第二次報告書』，2013年 b 。

国立教育政策研究所　生徒指導・進路指導研究センター編「平成29年度　職場体験活動・インターンシップ実施状況等調査」，2019年。

文部科学省／国立教育政策研究所　教育課程研究センター編『特別活動指導資料　みんなで，よりよい学級・学校生活をつくる特別活動（小学校編）』文渓堂，2019年。

中央教育審議会「今後の学校教育におけるキャリア教育・職業教育に在り方について（答申）」，2011（平成23）年1月31日。

中央教育審議会「幼稚園，小学校，中学校，高等学校及び特別支援学校の学習指導要領等の改善及び必要な方策等について（答申）」，2016（平成28）年12月21日。

西岡加名恵『教科と総合に活かすポートフォリオ評価法』図書文化，2003年。

藤田晃之『キャリア教育基礎論』実業之日本社，2014年。

Holland, J.L., 渡辺三枝子・松本純平・道谷里英訳『ホランドの職業選択理論』雇用問題研究会，2013年。

三村隆男『新訂 キャリア教育入門』実業之日本社，2008年。

三村隆男「社会的・職業的の自立を促進する特別活動——特別活動とキャリア教育との関連から」『日本特別活動学会紀要』第20号，2012年，13～17ページ。

文部科学省『職場体験ガイド』，2005年。

文部科学省『中学校キャリア教育の手引き』教育出版，2011年。

文部科学省『小学校学習指導要領（平成29年告示）解説　特別活動編』東洋館出版社，2018年 a 。

文部科学省『中学校学習指導要領（平成29年告示）解説　特別活動編』東山書房，2018年 b 。

労働政策研究・研修機構『職業レディネス・テスト［第3版］手引き』，2006年。

第8章
特別活動の目標と内容

〈この章のポイント〉

　本章では，特別活動の目標と内容に着目しながら，従来から引き継がれてきたその特質を概観したうえで，新学習指導要領に則った特別活動の特質について解説する。その際に，新学習指導要領によって目標と内容がどのように変更されたかについて明確に理解するために，旧学習指導要領の記述と対比しながら詳細に説明する。

1　引き継がれてきた特別活動の特質

1　特別活動の教育課程上の位置づけ

　学校教育の機能を「学習指導」と「生徒指導」の二つの機能面で考える際に，特別活動は主に「生徒指導」の機能と深く関連する領域であると同時に，小学校，中学校，高等学校，特別支援学校の教育課程に設けられた領域の一つでもある。例えば，小学校の教育課程を規定している学校教育法施行規則第50条（平成29年3月31日文部科学省令第10号）に次のように定められている。

> 第50条　小学校の教育課程は，国語，社会，算数，理科，生活，音楽，図画工作，家庭，体育及び外国語の各教科（以下この節において「各教科」という。），特別の教科である道徳，外国語活動，総合的な学習の時間並びに特別活動によつて編成するものとする。

　小学校の特別活動は，教科，特別の教科である道徳，外国語活動[◁1]，総合的な学習の時間と並んで教育課程を編成する領域の一つであり，他の領域とともに小学校の教育目標を達成するための重要な教育活動である。その活動内容は「学級活動」「児童会活動」「クラブ活動」「学校行事」で構成され，長い間教科外活動の典型になってきた。例えば，生徒指導や学習指導，読書活動，給食指導，基本的習慣の育成・清掃指導等に加えて，最近ではキャリア教育，食育や健康・安全指導等も入ってきている。また「入学式や卒業式などにおいては，その意義を踏まえ，国旗を掲揚するとともに，国歌を斉唱するよう指導するものとする」の規定も活動内容のなかに含まれている[◁2]。つまり，教育活動が増え

▷1　外国語活動
2017年の小学校学習指導要領から教科として「外国語」が導入され，第5学年，第6学年で週2コマ行われることになる。

▷2　「国旗及び国歌に関する法律」（1999年）等との関連でその指導が課題となっている。

ていることからも明らかなように，特別活動は学校教育のなかにおいて相対的
に重要な役割を担うようになってきている。

　ところが特別活動には教科書がないため，子どもの生活や活動そのものの指
導を主とすることになる。この実情は，そのカリキュラムを教師自ら作成しな
ければならないだけではなく，教師の創意工夫がかなり要求される性質のもの
であるということを意味している。

［2］　特別活動の特質から導き出される教育的効果

　2008年1月の中央教育審議会の答申では，特別活動の改善の基本方針のなか
で，「自分に自信がもてず，人間関係に不安を感じていたり，好ましい人間関
係を築けず社会性の育成が不十分であったりする状況が見受けられたりするこ
とから，それらにかかわる力を実践を通して高めるための体験活動や生活を改
善する話合い活動，多様な異年齢の子どもたちからなる集団による活動を一層
重視する」との提言がなされている。

　文部科学省国立教育政策研究所教育課程センター編『楽しく豊かな学級・学
校生活をつくる特別活動』（2014年）では，特別活動の特質として「集団活動」
であること，「自主的な活動」であること，「実践的な活動」であることが取り
上げられている。項目ごとの説明をみると，まず，「集団活動」とは，よりよ
い生活や人間関係を築くために，活動の目標をみんなでつくり，目標設定の方
法を話し合って決め，役割分担をし，協力して取り組み，その実現を目指すこ
とである。次に，「自主的な活動」とは，自ら楽しく豊かな学級や学校の生活
をつくりたいという課題意識をもって，指示待ちではなく，自分たちで問題を
見つけたり話し合ったりして解決するなど，「子どもたちによる，子どもたち
のための活動」である。最後に，「実践的な活動」とは，「楽しく豊かな学級や
学校の生活づくりのための諸問題を話し合ったり，話合いで決めたことに友達
と協力して取り組み，反省を次に生かしたりするなど具体的に実践する活動」
である。吉田（2010）は，この「自主的，実践的な態度の育成」を特別活動が
重点的に担うべきものとして捉えている。

　また，相原ら（2010）は特別活動の特質について，(1)「なすことによって学
ぶ（Learning by Doing）」を本質とする実践的な集団活動であること，(2)子ども
の思いや願いを大切にする活動であること，(3)心身の調和の取れた発達を目指
す総合的な活動であること，(4)教師の考えや技やアイデアが大いに発揮できる
活動であること，の四つをあげている。とくに，集団活動については特別活動
の最も重要な方法原理であり，それは他者との多様なかかわりや豊かな生活体
験を通して，人間関係を高めるうえで必要な能力や態度，所属する集団の充
実・向上に努めようとする態度，社会の一員としての自覚と責任感などを育て

ることを可能とする，と述べている。

　次に，長沼ら（2018）は，特別活動の特質として，「集団生活で学ぶ」「体験を通して学ぶ」の二つを取り上げている。すなわち，前者では多種多様な集団生活を通して個人的資質や社会的資質の向上を目指しながら，集団のなかで自己を生かすことの意義を知り，そのための技能を獲得することには重要な意味が認められ，個が埋没しないで集団としての統一性がある組織づくりが求められている。また，後者では体験を通してしか味わえないことの重要性や体験して本物と出合う機会の獲得を述べながら，失敗から学ぶことの重要性が指摘されている。◁3

　以上のことから，特別活動の特質から導き出される教育的効果は，次の五つにまとめられる。

(1)　自分たちで生活の諸問題を解決しようとするたくましい子どもが育つ。

(2)　子ども相互，子どもと教師との人間的な触れ合いが深まる。

(3)　友達と協力して，チームで活動しようとする子どもが育ち，いじめ問題等の未然防止に役立つ。

(4)　切磋琢磨できるよりよい人間関係が育ち，効果的に学力を向上するための土壌づくりになる。

(5)　共生社会の担い手としての豊かな人間性や社会性を身につけることができる。

2　新学習指導要領が目指す特別活動

［1］　新学習指導要領の特徴と特別活動の役割

　小学校と中学校の新学習指導要領の方向性を示した中央教育審議会答申（2016年）では，2030年の社会を生きる子どもたちの未来に向けて，240ページを超える内容が示された。その方向性は「社会に開かれた教育課程」の実現であり，各学校の「主体的・対話的で深い学びのある授業改善」を求めている。この答申では，新学習指導要領の中心的な考え方である「社会に開かれた教育課程」の内容について，次のように述べられている（中央教育審議会，2016，19〜20ページ）。

> 1．社会や世界の状況を幅広く視野に入れ，よりよい学校教育を通じてよりよい社会を創るという目標を持ち，教育課程を介してその目標を社会に共有していくこと
>
> 2．これからの社会を創り出していく子供たちが，社会や世界に向き合い関わり合い，自らの人生を切り拓いていくために求められる資質・能力とは何かを，教育

▷3　教師がミスや失敗を回避するように先取りして指示を出してしまうと「指示待ち族」を生み出してしまう。これを回避するために，失敗しながらやり遂げようとしている児童生徒を，目の前にいる教師が待てるかどうかが重要になってくる。

　　課程において明確化し育んでいくこと
　3．教育課程の実施に当たって，地域の人的・物的資源を活用したり，放課後や土
　　曜日等を活用した社会教育との連携を図ったりし，学校教育を学校内に閉じず
　　に，その目指すところを社会と共有・連携しながら実現させること

　これからの時代にあって，困難を乗り越えよりよい社会を創ること，自信を
もって未来を切り拓いていく力などを育むことが求められている。とくに，各
学校が教育課程を編成する際に，学習する子どもの視点に立ち，子どもたちが
「何を学ぶか」「どのように学ぶか」「何ができるようになるか」を明確にする
ことが学校と教師に強く求められている。その意味では，「資質・能力の明確
化」は今回の改訂の大きい特徴である[4]。

　また教育課程上，特別活動の役割については，教育課程部会の特別活動ワー
キンググループのなかで，これまで特別活動は，学校生活を送るうえでの基盤
となる力や社会で生きて働く力を育む活動として機能してきたと確認された[5]。
つまり，特別活動で育てた力は，教科等で学んだことを汎用的な能力にまで高
める役割を担い，社会に出て実践的に働く力になるというのである。

　その際，「学校教育の出口としての社会」を意識した場合，特別活動の各活
動の役割は図8－1のように整理できる。すなわち，(1)集団生活特性（自発・自
治）を生かす活動展開，(2)その体験による協調性や異質を認め合う態度形成，
(3)生活および学習の集団としての機能，(4)生徒指導およびガイダンス，キャリ
ア教育などの充実・発展である。

▷4　「資質」は『広辞苑
（第6版）』（岩波書店，
2012）では，「うまれつき
の性質や才能」とされてい
るが，教育基本法や答申で
は「資質」に後天的に獲得
するという観点を含んでい
る。

▷5　2016年8月26日文部
科学省　中央教育審議会
初等中等教育分科会　教育
課程部会　特別活動ワーキ
ンググループの「特別活動
ワーキンググループにおけ
る審議の取りまとめ（報
告）」。

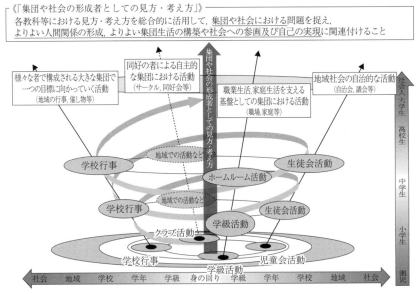

図8－1　特別活動における各活動の整理と「見方・考え方」（イメージ）
出所：文部科学省（2016，別添資料①）。

　このような社会への出口やそれとの関係を意識して，学校を一つの社会と捉え，そこでの児童生徒のよりよい生活づくりの活動を通して，社会で生きて働く実践的な態度を育成することが，特別活動の大きな役割である。このように新学習指導要領では，「学校は一つの社会」であることが強調され，子どもたちにとって最も身近な社会である学校や学級の生活を学習の対象としてきた特別活動の教育課程上の役割は，より明確に価値づけられている。

　さらに，新学習指導要領のなかで特別活動は，授業改善や子ども像の具体化に向けていっそう重視されている。特別活動において育成が求められる汎用的な資質・能力には，「人間関係形成」「社会参画」「自己実現」の三つの視点が図8-2のように盛り込まれ，新しい特別活動の全体目標に反映されることとなった。特別活動の指導過程において，これらの三つの視点は重要なキーワードなのである。

　それでは，次に実際に新学習指導要領において確認してみよう。まず，新学習指導要領の第1章総則の箇所をみてみよう。

　中学校学習指導要領第1章総則の第1の3には，育成すべき資質・能力に関して次のような記述が見られる。

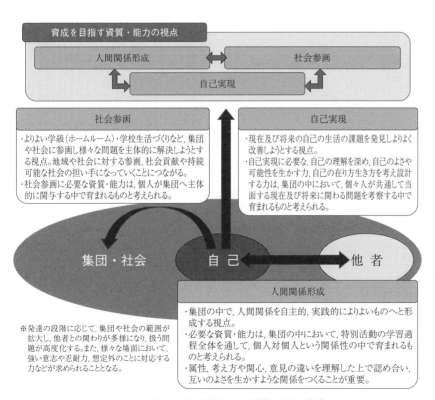

図8-2　特別活動で育成すべき資質・能力の視点

出所：文部科学省（2016, 別添資料②）。

> 3　2の(1)から(3)までに掲げる事項の実現を図り，豊かな創造性を備え持続可能な
> 社会の創り手となることが期待される生徒に，生きる力を育むことを目指すに当
> たっては，学校教育全体並びに各教科，道徳科，総合的な学習の時間及び特別活
> 動（以下「各教科等」という。ただし，第2の3の(2)のア及びウにおいて，特別
> 活動については学級活動（学校給食に係るものを除く。）に限る。）の指導を通し
> てどのような資質・能力の育成を目指すかを明確にしながら，教育活動の充実を
> 図るものとする。その際，生徒の発達の段階や特性等を踏まえつつ，次に掲げる
> ことが偏りなく実現できるようにするものとする。
> 　(1)知識及び技能が習得されるようにすること。
> 　(2)思考力，判断力，表現力等を育成すること。
> 　(3)学びに向かう力，人間性等を涵養すること。

　新学習指導要領では，簡潔に言えば，すべての教科等の目標は，「知識及び技能」の習得，「思考力，判断力，表現力等」の育成，「学びに向かう力，人間性等」の涵養という三つの資質・能力とされた。そのため，特別活動においても，これまでの目標の文章が大きく変更されることになった。

2　新学習指導要領における特別活動の目標

　新学習指導要領［2017年版］では，小学校の特別活動の目標，つまり特別活動の全体目標は以下のように記されている。◁6

> 第1　目標
> 　集団や社会の形成者としての見方・考え方を働かせ，様々な集団活動に自主的，
> 実践的に取り組み，互いのよさや可能性を発揮しながら集団や自己の生活上の課題
> を解決することを通して，次のとおり資質・能力を育成することを目指す。
> 　(1)多様な他者と協働する様々な集団活動の意義や活動を行う上で必要となること
> 　　について理解し，行動の仕方を身に付けるようにする。
> 　(2)集団や自己の生活，人間関係の課題を見いだし，解決するために話し合い，合
> 　　意形成を図ったり，意思決定したりすることができるようにする。
> 　(3)自主的，実践的な集団活動を通して身に付けたことを生かして，集団や社会に
> 　　おける生活及び人間関係をよりよく形成するとともに，自己の生き方について
> 　　の考えを深め，自己実現を図ろうとする態度を養う。

　まず，大枠においていえば，全体目標の前段部分には，特別活動ならではの見方・考え方を働かせて，具体的に三つの柱の資質・能力に迫る表現がなされている。すなわち，「何ができるようになるか」というねらいは明確化されているのである。◁7

　次に，この目標を詳細にみてみると，まず，「集団や社会の形成者としての見方・考え方を働かせ」るとは，自己および集団や社会の問題を捉え，よりよ

▷6　小学校学習指導要領［2008年改訂］での特別活動の目標は，「望ましい集団活動を通して，心身の調和のとれた発達と個性の伸長を図り，集団の一員としてよりよい生活や人間関係を築こうとする自主的，実践的な態度を育てるとともに，自己の生き方についての考えを深め，自己を生かす能力を養う」である。

▷7　中学校の目標では，「自己」が「人間として」に変わっている。
高等学校の目標では，「(3)自主的，実践的な集団活動を通して身に付けたことを生かして，主体的に集団や社会に参画し，生活及び人間関係をよりよく形成するとともに，人間としての在り方生き方についての自覚を深め，自己実現を図ろうとする態度を養う」と変わっている。

い人間関係の形成，よりよい集団生活の構築や社会への参画および自己の実現に向けた実践に結びつけることを示したものである。その際，特別活動と各教科等とが往還的な関係にあるので，これらの見方・考え方を総合的に働かせることが前提となっている。[8]

　また，「様々な集団活動に自主的，実践的に取り組み，互いのよさや可能性を発揮しながら集団や自己の生活上の課題を解決することを通して」は，目指すべき集団活動の姿が含まれている。これまでの特別活動の目標で「望ましい集団活動」[9]を示してきた部分が「様々な集団活動」へと変更となり，その後の「互いのよさや可能性を発揮しながら」「多様な他者と協力する集団活動」「自主的，実践的な集団活動」の部分がその説明になっている（杉田，2017，2ページ）。

　そして，「互いのよさや可能性を発揮しながら集団や自己の生活上の課題を解決することを通して」の部分は，特別活動の学習過程を示したものになる。学級のなかでも，異なる考え方への理解が必要で，そのなかで生活上の課題を解決する。例えば，話合い活動での意見の対立は，まず理解し合うことが大切である。そして，異なることを理解し，許容し，解決に向かうことで，尊重や許容を学び，折り合いや合意形成を学び合うことになるのである。今回の目標では，「合意形成や意思決定」などなすべきことがはっきり示され，わかりやすく整理されている。2008年発行の「小学校学習指導要領解説特別活動編」で使われていた「集団決定」が，新学習指導要領では「合意形成」という言葉に置き換えられたことは注目すべきことである。集団を大事にする「合意形成」[10]の重視については，2017年発行の「小学校学習指導要領解説特別活動編」に，次のように説明されている（14ページ）。

> 　日々の生活を共にする中で，児童は多様な考え方や感じ方があることを知り，時には葛藤や対立を経験することもある。こうした中で，より豊かで規律ある生活を送るために，様々な課題の解決方式を話し合い，合意形式を図って決まったことに対して協力して実践したり，意思決定したことを努力して実践したりする。（下線筆者）

　子どもにとって最も身近な社会である学校や学級の生活を学習の対象としてきた特別活動の教育課程上の役割が，いっそう明確に価値づけられ，上述した目標として表現されていると言える。

③　特別活動で育てたい資質・能力

　以上みてきた特別活動の全体目標に沿って，新学習指導要領において求められる特別活動で育てたい資質・能力を具体的に表すと，表8－1のようにまとめられる。

▷8　例えば，論理的，科学的，社会的な見方・考え方等を働かせつつ，集団や社会の形成者としての見方，考え方を働かせ，物事を考え，判断し，表現し，行動しようとするのが特別活動である。

▷9　望ましい集団行動
新学習指導要領では，特別活動固有の指導原理と言われていた「望ましい集団活動を通して」という言葉が姿を消している。
　中央教育審議会の答申（2016年12月21日）では，「望ましい」の示し方について「学習過程というよりは目標を示しているような印象や，あらかじめ望ましい集団があることが学習の前提となっているかのような誤解を与える可能性があるため，今後その要素を具体的に目標の中に示すことが必要である」と指摘している。

▷10　新学習指導要領の前文に「一人一人の児童が，自分のよさや可能性を認識するとともに，あらゆる他者を価値のある存在として尊重し，多様な人々と協働しながら様々な社会的な変化を乗り越え，豊かな人生を切り拓き，接続可能な社会の創り手となることができるようにすることが求められる」と示されたことと深い関連がある。

表8-1　特別活動で育てたい資質・能力の具体例（新学習指導要領）

	例
目標 (1)	・合意形成をするための話合いの手順や方法 ・学級会等の司会や記録の進め方などの手順や方法 ・公平・平等に役割を分担する手順や方法 ・課題や提案理由の意味や内容，賛成や反対，質問などの表現の仕方 ・集団目標の達成のためには役割の遂行や協力が欠かせないこと ・集団活動に楽しさや集団でなくては成し遂げられないことがあること ・集団で行うからこそ得られる達成感があること ・集団で活動する上で様々な困難を乗り越えるために必要になること ・集団と個の関係のよりよい在り方に関すること ・学校段階に応じて，集団活動が社会づくりの中で果たしている役割 ・自己の在り方や生き方を追求する上での集団活動の価値 ・学級活動(2)で取り上げる題材に関する知識や技能 ・基本的な生活習慣，学校や社会生活でのルールやマナー及び意義 ・将来の社会的・職業的な自立と現在の学習との関わりなど
目標 (2)	・意見の違いや多様性を踏まえつつ，合意をするための建設的な思考力 ・出された意見の分類や整理を効率的に行ったり，わかりやすく論点を整理したりするための分析的な思考力 ・意見の対立や混乱などを解決したり，集団をよりよいものへとするために公平，平等に多様な意見を生かしたりなどの民主的な思考力 ・多様な他者を受け入れ，尊重するなどの人権観に関わる思考力 ・人間関係をよりよく構築していくための相手意識をもった思考力 ・様々な場面で，自分自身及び自分と違う考えや立場にある多様な他者と協働して所属する集団に主体的に寄与しようとするなどの社会参画に関わる思考力 ・将来に向けてなりたい自分を追求していく自己実現に関わる思考力 ・自己を客観視し，長所や短所や適性などをつかむなど自己理解に関わる思考力 ・将来を見通して自己の生き方を選択・形成するためのプランニングに関わる思考力など
目標 (3)	・多様な他者の価値観や個性を受け入れ，助け合ったり協力し合ったりして，よりよい人間関係を築こうとする態度 ・集団や社会の形成者として，多様な他者と協力して，集団や生活上の諸問題を解決し，よりよい生活をつくろうとする態度 ・日常の生活や自己の在り方を主体的に改善しようとしたり，将来を思い描き，自分にふさわしい生き方や職業を主体的に考え，選択しようとしたりする態度など

出所：杉田（2017, 32〜33ページ）。

　子どもは，学校生活を通してその時々の，「なりたい自分」に近づこうと努力し（自己実現），多様な他者とよりよく関わろうとする（人間関係形成）。さらには，所属する集団の一員としての役割を果たそうとする（社会参画）。このように「人間関係形成」「社会参画」「自己実現」の三つの視点は密接に関連しており，明確に区別されるものではないことにも留意する必要がある。学習過程のそれぞれの場面で適切に発揮できるようにすることが大切である。

3　特別活動の内容

［1］　特別活動における内容の構成と改善事項

　前述した目標を達成するために，特別活動の内容は決められている。新学習指導要領によると，小学校における特別活動の内容は四つの構成から，中学校と高等学校におけるその内容は三つの構成から成り立っている。しかし，特別活動の内容の構成を歴史的にみると，第2章で示されているように，学習指導要領の改訂とともに内容の構成が変わってきている[11]。

　2016年8月26日，文部科学省は「次期学習指導要領等に向けたこれまでの審議のまとめ」を公表し，特別活動の成果を次の三つにまとめた。

(1)　特別活動は四つの内容から構成され，それぞれの構成の異なる集団での活動を通して，児童生徒が学校生活を送るうえで基盤となる力や社会で生きて働く力を育む活動として機能してきたこと。

(2)　特別活動は望ましい集団生活を通して行われる特質があり，協働性や異質なものを認め合う土壌を育むなど，生活集団，学習集団として機能するための基盤がつくられている。さらに特別活動のもつ生徒指導の機能，ガイダンスの機能などがそれらを強固なものにすることに寄与している[12]。

(3)　特別活動における集団活動は，集団への所属感，連帯感を育み，それが学級文化，学校文化の醸成へとつながり，各学校の特色ある教育活動の展開を可能としており，このような特別活動は，日本の教育課程の特徴として，海外からも高い評価を受けている。

　一方，特別活動の今後の課題として，教育課程全体における特別活動の役割，機能も明らかにする必要性と，これまで，各活動の内容や指導のプロセスについての構造的な整理，各活動等の関連性や意義，役割の整理が必要であるとしている。さらに，複雑で変化の激しい社会のなかで求められる能力を育成する視点も強調されている。

　このような成果と課題を踏まえ，新学習指導要領ではその内容が，「学級活動（ホームルーム活動）」「児童会活動（生徒会活動）」「クラブ活動（小学校のみ）」「学校行事」で構成されており変更は見られないが，活動内容ごとの「目標」が学習者主体で設定されたことが大きな転換である[13]。また，それが目指す資質・能力は，実践も含めた全体の学習過程のなかで育まれるものであり，今回の改訂では学習過程が具体的に示されている。例えば，学級活動（ホームルーム活動）においては「問題の発見・確認」「解決方法の話合い」「解決方法の決定」「決めたことの実践」「振り返り」といった学習過程が示されている。

▷11　「目標」とともに「内容」という文言で活動内容が明確に示されたのは，1958年に改訂された学習指導要領（この時期は，「特別教育活動」）からである。

▷12　このことは，全国学力・学習状況調査の質問紙調査において「学級会などの時間に友達同士で話し合って学級のきまりなどを決めていると思う」と肯定的に回答している児童生徒の方が，すべての教科で平均正解率が高い傾向にあることからも見て取れる。

▷13　特別活動の全体目標には資質・能力を示しているが，各活動・学校行事には資質・能力は個別には示さず「第1の目標に掲げる資質・能力を育成することを目指す」としている。これは特別活動の全体目標に向けてそれぞれの活動が個々にやるのではなく，すべて関連して子どもたちの力を育成するということを示している。

表8-2　特別活動の学習内容の改善（新学習指導要領）

学級活動
・小学校段階から学級活動の内容に「一人一人のキャリア形成と自己実現」を新設 ・中学校は，小学校の経験を生かして話合いの活動を発達させるため，内容を整理
児童会活動・生徒会活動
・児童生徒が主体的に組織をつくること，（小学校は第5学年〜第6学年を中心に運営しつつ）全ての児童生徒が参画することを明示 ・児童会における異年齢交流，生徒会におけるボランティア等の社会参画を重視
クラブ活動（小学校のみ）
・児童が計画を立て役割を分担し，協力して楽しく活動すること，異年齢交流等を明示
学校行事
・自然の中での集団宿泊活動や職場体験，ボランティア等の体験活動を引き続き重視 ・安全・体育的行事の中で，事件・事故，自然災害から身を守ることを明示

　学習内容の改善については，特別活動全体を通して，自治的能力や主権者としての積極的に社会参画する力を重視し，学校や学級の課題を見出し，よりよく解決するため話し合って合意形成すること，主体的に組織をつくり役割分担し協力し合うことの重要性を明確化した。各内容の改善点をまとめたのが表8-2である。

　このような学習内容のなかでも，とくに重要ないくつかの内容改善に注目して整理しておこう。

　まず，キャリア教育の要の時間として特別活動が位置づけられたことである。[14]新学習指導要領の総則においては「特別活動を要としつつ各教科等の特質に応じて，キャリア教育の充実を図ること」が示された。キャリア教育は特別活動のみならず，教育課程全体を通じて行われる。これまで進路指導の記述がなかった小学校では，学級活動の内容として新たに「(3)一人一人のキャリア形成と自己実現」が加えられ，「ア　現在や将来に希望や目標をもって生きる意欲や態度の形成，イ　社会参画意識の醸成や働くことの意義の理解，ウ　主体的な学習態度の形成と学校図書館等の活用」の内容となっている。それによって，小学校と中学校の双方でキャリア教育という用語が用いられ，進路指導・キャリア教育の目的が「社会的・職業的自立に向けて必要な基礎となる資質・能力を身に付けていくこと」と同じく示されたことが大きな改訂点となり，キャリア教育の視点からの小・中・高等学校の系統性が明確化された。特別活動におけるキャリア教育の特徴は，意思決定をする点である。つまり，将来に向けて志をもって今何をすべきか意思決定することである。キャリア教育本来の役割を改めて明確にするために，小学校段階から特別活動のなかにキャリア教育の視点を入れていくことが重要である。すなわち，小学校におけるキャリア教育は，学校教育全体で行うことという前提の下，これからの学びや自己の生き方を見通し，これまでの活動を振り返るなど，教育活動全体の取り組みを

▷14　キャリア教育にかかわる活動に関して児童生徒が見通したり振り返ったりして記述する教材（キャリア・パスポート）を作成し，小・中・高等学校を通して活動を図るようにした。

自己の将来や社会につなげていくための要として「特別活動」に位置づけられているのである[15]。

　次に，防災を含む安全教育については，特別活動は学級活動における「安全な生活態度の形成」や学校行事における避難訓練などの活動を行うだけではなく，各教科における学びと日常の生活をつなぐ重要な役割を果たすことになる。また，特別活動で育む自立した生活を営むことや，ともに助け合う力，社会参画の力は，安全に生きていくために求められる「自助」「共助」「公助」につながっていくことになる。安全に関して育成を目指す資質・能力の議論を踏まえつつ，こうした取り組みの充実を図ることが求められる。

　また，引き続き重要視される集団宿泊活動は，自然のなかで生活をともにするもので，育成した資質・能力を明確にし，青少年教育施設の指導員等とねらいや活動について共有することが重要である。より効果的な活動とするために各教科の年間計画と関連を図って学びを深いものとしたり，「通学合宿」[16]などを行ったりするなどの工夫をし，より長期間の活動とすることも考えられる。

　さらに付け加えるならば，学級・学校のなかにいる児童生徒一人ひとりの個性を尊重し，障害の有無や国籍などさまざまな違いにかかわらず協働していく力を育むこと，地域の高齢者や障害者，外国出身者などさまざまな人との交流を通じて学ぶことも重要である。すなわち，多様な他者との交流や協働，児童会活動（生徒会活動）を中心とした異年齢交流活動などの交流や協働が重視される。

　これらの内容の指導としては，小・中学校とも学級経営やいじめの防止を含めた生徒指導と関連を図りながら，各教科との往還することで，特別活動における主体的・対話的で深い学びの実現が目指されることになる[17]。

［2］　特別活動における内容の相互関連

　上記で紹介したような特別活動の内容は，それぞれの固有の価値をもつとともにさまざまな相違点をもっている。それぞれの内容の目標や指導内容の詳細については第9章〜第12章を参照してほしい。ここでは，特別活動を全体的に眺め，いわば特別活動の基本型といえる小学校を事例として，各内容の相互関連について述べることにする。

　まず，クラブ活動と児童会活動をみると，共通の興味や関心を前提として学級や学年の異なった同好の児童による集団活動であるクラブ活動と，学校すべての児童によって組織された集団活動である児童会活動は，児童の自発的，自主的な集団活動を継続的に展開する点で共通の特質をもっている。

　この両者の活動が個々に推し進められていくと，両者が相互関連するとともに，学校行事とも関連することになる。例えば，クラブ活動と児童会活動の成

▷15　キャリア教育は全教育活動全体のなかで「基礎的・汎用的能力」を育むものである。狭義では「進路指導」との混同により，中学校・高等学校においては，入学試験や就職活動があることから本来の趣旨を矮小化した取り組みになっていたり，職業に関する理解を目的とした活動だけに目が行きがちであった。また，小学校では特別活動において進路に関する内容が存在しないため体系的に行われてこなかった傾向がある。

▷16　通学合宿
通常通り学校に通い，授業を受けた後，青少年教育施設や公民館などさまざまな施設に子どもたちが集まり，さまざまな体験活動を行って寝泊りするものとされている。

▷17　学級活動における自発的，自治的な活動を中心として学級経営の充実を図ること，いじめの未然防止等を含めた生徒指導と関連を図ることが明記された。

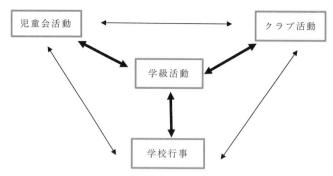

図8-3　特別活動における内容の相互関係（小学校）

出所：吉田（2010, 120ページ）。

果を生かす機会が必要となり，その機会になりうる場の一つが学校行事である。クラブ活動や児童会活動からみると，それらの成果が総合的に確認され，活動をより発展させるためのきっかけが与えられることになる。一方，本来的に自発的，自主的な集団活動を特質としていない学校行事にとっては，クラブ活動や児童会活動がそうした特質を補う役割をしてくれるのである。

　このように考えると，クラブ活動と児童会活動と学校行事とを相互に適切なかたちで関連させることは，より教育的な効果を生み出すことにつながるために，きわめて重要である。より効果を生み出すには，教師の適切な指導・援助が不可欠であり，また計画的，継続的な指導，援助の場や時間が特別活動のなかで必要となる。そしてその役割を果たすのが学級活動である[18]。学級は，児童にとって最も日常的で，学校生活の中心的な場となっているからである。学級活動は，特別活動における内容の中心的な位置を占めるかたちで，他の内容と関連することとなる（図8-3を参照）。

　吉田（2010）によれば，特別活動の各内容は，学級活動を中心としたかたちで適切に相互関連すべきであり，それによって，各内容がそれぞれ独自に教育的に展開されるだけではなく，内容全体が特別活動の目標の達成に向かって統合されることになるという。こうした統合は，人間形成の視点からいえば，実践的態度の育成を基軸とした子どもの全面的発達が特別活動の内容全体によっても保障されることにつながる点で，きわめて望ましいあり方なのである。

　これまでの内容を踏まえると，新学習指導要領における特別活動のポイントは，次の3点である。すなわち，(1)「人間関係形成」「社会参画」「自己実現」の三つの視点を踏まえて目標および内容を整理し，各活動および学校行事で育成する資質・能力を明確化したこと，(2)小・中学校を通じて，学級の課題を見出して解決に向けて話し合う活動を重視すること，学校教育全体で行うキャリア教育の中核的な役割を果たすことを明確化したこと，(3)各活動・学校行事を通して，自治的能力や主権者として積極的に社会参画する力を重視するととも

▷18　小学校の新学習指導要領では，学級活動は，①学級や学校における生活づくりへの参画，②日常の生活や学習への適応と自己の成長及び健康安全，③一人一人のキャリア形成と自己実現，の構成となる。具体的な学習内容としては，例えば，①は全員で協力して楽しく豊かな学級・学校生活にするために，みんなで取り組みたいこと，つくってみたいこと，解決したいことなどの課題，②は現在の生活上の課題，③は現在および将来を見通した生活や学習に関する課題を取り上げることができる。

に，多様な他者との交流や協働，安全・防災等の視点を重視したことである。またこの特別活動に期待されることは，次の4点にまとめられる。すなわち，(1)各教科等で学んだことを総合的に活用し，実生活や実社会で生きて働く汎用的な力を高めること，(2)学級活動における自発的自治的な活動が，学級経営の充実に資すること，(3)学校における教育活動全体で行うキャリア教育の要としての役割を果たすこと，(4)いじめの未然防止等，生徒指導の中心的な役割を果たすことである。これらの期待に応え，各学校では特別活動の確かな実践と充実を図ることが求められている。

Exercise

① 特別活動が海外で「tokkatsu（トッカツ）」として注目されている事例を調べて，特別活動の何に着目しているのかについて話し合ってみよう。
② 新学習指導要領において，特別活動の目標はどのように変更されてきたかについて考えてみよう。
③ 新学習指導要領の特別活動を実践していくうえで，教師にとっての課題は何か，三つ取り上げてみよう。

📖次への一冊

杉田洋『よりよい人間関係を築く特別活動』図書文化社，2009年。
　　「人の中で人は育つ」。人間関係の形成は何のために，どのように行うのか，具体的に書かれている。特別活動への理解が深まり，特別活動の実践が楽しくなる一冊である。
日本特別活動学会編『三訂　キーワードで拓く新しい特別活動──平成29年版・30年版学習指導要領対応』東洋館出版社，2019年。
　　特別活動に関する基礎・基本から最新規まで，さらに実践的指導力の育成についても幅広く取り上げられている。海外での特別活動の実践例の紹介，特別活動に関するQ&Aや用語解説も収載されている。
山口満・安井一郎編著『改訂新版　特別活動と人間関係』学文社，2010年。
　　特別活動が児童期や青年期の人間形成においてどのような役割をもっているか，どのように指導することが望ましいのか等の問題について考察されている一冊。資料として特別活動に関する参考文献と解題が収載されている。

引用・参考文献

相原次男・新富康央・南本長穂編著『新しい時代の特別活動──個が生きる集団活動を創造する』ミネルヴァ書房，2010年，5〜6ページ。

有村久春『平成29年改訂小学校教育課程実践講座　特別活動』ぎょうせい，2017年。

城戸茂他編『平成29年改訂中学校教育課程実践講座　特別活動』ぎょうせい，2017年。

杉田洋『よりよい人間関係を築く特別活動』図書文化社，2009年。

杉田洋編『平成29年度小学校新学習指導要領ポイント総整理　特別活動』東洋館出版
　　社，2017年。

中央教育審議会「幼稚園，小学校，中学校，高等学校及び特別支援学校の学習指導要領
　　等の改善及び必要な方策等について（答申）」，2016年12月21日。

中央教育審議会「幼稚園，小学校，中学校，高等学校及び特別支援学校の学習指導要領
　　等の改善について（答申）」，2008年1月17日。

東洋館出版社編集部『平成29年版小学校新学習指導要領ポイント総整理』東洋館出版
　　社，2017年。

東洋館出版社編集部『平成29年版中学校新学習指導要領ポイント総整理』東洋館出版
　　社，2017年。

長沼豊・柴崎直人・林幸克編『特別活動の理論と実践──生徒指導の機能を生かす』電
　　気書院，2018年，11ページ。

文部科学省「特別活動ワーキンググループにおける審議の取りまとめ」（別添資料①
　　②），2016年8月26日。

文部科学省／国立教育政策研究所　教育課程研究センター編『特別活動指導資料　楽し
　　く豊かな学級・学校生活をつくる特別活動（小学校編）』文溪堂，2014年，2ページ。

文部科学省／国立教育政策研究所　教育課程研究センター編『特別活動指導資料　みん
　　なで，よりよい学級・学校生活をつくる特別活動（小学校編）』文溪堂，2019年。

吉田武男「特別活動の指導と人間形成の視点」山口満・安井一郎編著『改訂新版　特別
　　活動と人間関係』学文社，2010年，114ページ，118〜120ページ。

第Ⅲ部

特別活動の実際

第9章
学級活動・ホームルーム活動の理論と実践

〈この章のポイント〉
　小学校の新学習指導要領には，特別活動の目標を達成するために，学級活動，児童会活動，クラブ活動，学校行事という四つの内容が設けられている。そのなかでも，学級活動は特別活動の中心に位置づくものであり，過去の学習指導要領をみても，そのなかでも特別活動の内容としてはつねに最初にあげられてきた。その順序に即して，まず本章では，現在の子どもに求められる資質・能力の視点から，学級活動の理論化と実践化について解説する。なお，基本的にここでは，学校段階として，小学校をベースに検討するため，小学校の新学習指導要領と「小学校学習指導要領解説特別活動編」を中心に取り上げる。

1　学級活動の理論化

1　学級活動の目標

　小学校の新学習指導要領第6章第2には，学級活動の目標は次のように記されている。

> 　学級や学校での生活をよりよくするための課題を見いだし，解決するために話し合い，合意形成し，役割を分担して協力して実践したり，学級での話合いを生かして自己の課題の解決及び将来の生き方を描くために意思決定して実践したりすることに，自主的，実践的に取り組むことを通して，第1の目標に掲げる資質・能力を育成することを目指す。

　学級活動では，「学級や学校での生活をよりよくするための課題を見いだし，解決するために話し合い，合意形成し，役割を分担して協力して実践したり」することや「学級での話合いを生かして自己の課題の解決及び将来の生き方を描くために意思決定して実践したり」することによって，特別活動の全体目標に掲げられた資質・能力の育成が目指されることになっている。「小学校学習指導要領解説特別活動編」によれば，その資質・能力を育成するために，学級活動という場では，次のような三つの資質・能力の育成が望ましいとされている。

> ○　学級における集団活動に進んで参画することや意識的に健康で安全な生活を送ろうとすることの意義について理解するとともに，そのために必要となることを理解し身に付けるようにする。
> ○　学級や自己の生活，人間関係をよりよくするための課題を見いだし，解決するために話し合い，合意形成を図ったり，意思決定したりすることができるようにする。
> ○　学級における集団活動を通して身に付けたことを生かして，人間関係をよりよく形成し，他者と協働して集団や自己の課題を解決するとともに，将来の生き方を描き，その実現に向けて，日常生活の向上を図ろうとする態度を養う。

　これらの資質・能力は，明らかに新学習指導要領で強調されている，学校教育全体で目指すべき三つの柱に対応している。すなわち，上から順に，「知識及び技能」の習得，「思考力，判断力，表現力等」の育成，「学びに向かう力，人間性等」の涵養である。

　また，これらの資質・能力は，新学習指導要領の第5章の第1に特別活動の全体目標として述べられている三つの資質・能力の視点とも関連している。もちろん，これらの資質・能力の育成は，特別活動の「社会参画」「人間関係形成」「自己実現」という三つの視点すべてにおいて，バランスを考慮しながら育成される関係にあるが，あえて大別してキーワード的に簡潔に示すならば，「知識及び技能」という資質・能力は「社会参画」の視点に，「思考力，判断力，表現力等」という資質・能力は「人間関係形成」の視点に，「学びに向かう力，人間性等」という資質・能力は「自己実現」の視点により強く関連しているとみなすことができよう。

　これらの資質・能力の育成のためには，特別活動の全体目標においても，また学級活動の目標においても顕著に示されているように，具体的な活動の過程が重要視されている。なぜなら，従来においては，「なすことによって学ぶ」という特別活動の特質が大切にされるあまり，ともすれば，「活動すればよい」「体験すればよい」とばかりに，やりっぱなしに終始するような特別活動の実践が見られてしまい，明確な目標を達成するための過程があいまいにされる傾向にあったからである。

　そこで，「小学校学習指導要領解説特別活動編」では，図9-1，9-2に示すような学習過程が例示されるようになった。学級活動の過程については，解説のなかで，学級活動の(1)(2)(3)という三つの内容を，(1)の「合意形成」と(2)(3)の「意思決定」という二つに括り図が示されている。

　つまり，①「問題の発見・確認」→②「解決方法等の話合い」→③「解決方法の決定」→④「決めたことの実践」→⑤「振り返り」→「次の課題解決へ」というサイクルが，学習過程例として想定されている[1]。このサイクルを，新学習指導要領において強調されるPDCAサイクルと対比してみるなら，②と③

▷1　このサイクルは，小学校だけでなく，中学校と高等学校においてもまったく同じである。ただし，活動内容の記述は，学校段階によって若干異なっている。

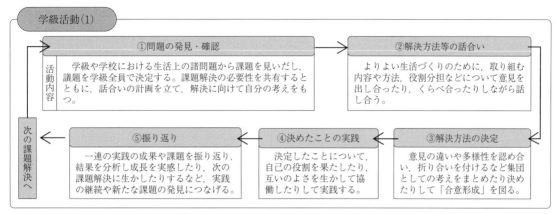

図9-1　学級活動(1)の学習過程例（合意形成）
出所：文部科学省（2018a，45ページ）。

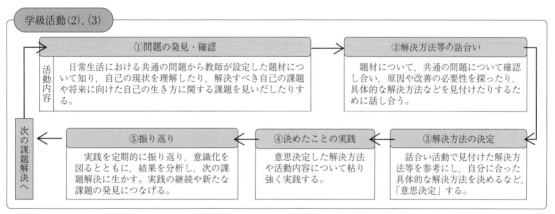

図9-2　学級活動(2)，(3)の学習過程例（意思決定）
出所：文部科学省（2018a，46ページ）。

はP（計画）に，④はD（実行）に，⑤はC（評価）に当てはまり，次に「次の活動や課題解決へ」がA（改善）になる。その点から考えると，①「問題の発見・確認」は，PDCAサイクルからはみ出すものであり，P（計画）の前に行われる，広い意味でのR（調査）とみなすことができるのではないだろうか。したがって，学級活動における学習過程は，特別活動全体のそれと同じように，Rを加えたR-PDCAサイクルになっていると考えられる。

　もちろん，PDCAサイクルをベースにしたR-PDCAサイクルという学習過程の考え方は，教師の指導の際に重要な羅針盤となるものである。なぜなら，そこには，「主体的・対話的で深い学び」という各教科などの指導において重視される基本原理がみごとに組み入れられているからである。

　しかし，このサイクルも決して万能ではない。そもそも，教育に万能な方法は存在しないからである。それゆえ，教師たちは，新学習指導要領の解説においても，あくまでも学習過程の一例として示されているということを十分に理

解したうえで，決して「なすことによって学ぶ」という特別活動の特質を大切にされるあまり，やりっぱなしに終始するような特別活動の実践にならないように，その例示を参考にして自分の学級に適った学級活動の実践を創造してほしいものである。

2　学級活動の内容

新学習指導要領における学級活動の内容に関する記述については，大きな骨格部分は残っているものの，かなりの部分は変更されている。とくに，学校段階で言えば，小学校の変更が最も大きかった。簡潔に言えば，小学校においては，学級活動の内容は二つであったが，中学校と高等学校と同様に，内容は一つ増えて三つになった。つまり，中学校と高等学校にあって小学校になかったキャリア教育の内容が，小学校に追加されたのである。

小学校の新学習指導要領には，学級活動の「2　内容」は次のように示されている。

　1の資質・能力を育成するため，全ての学年において，次の各活動を通して，それぞれの活動の意義及び活動を行う上で必要となることについて理解し，主体的に考えて実践できるよう指導する。
　(1)　学級や学校における生活づくりへの参画
　　ア　学級や学校における生活上の諸問題の解決
　　　　学級や学校における生活をよりよくするための課題を見いだし，解決するために話し合い，合意形成を図り，実践すること。
　　イ　学級内の組織づくりや役割の自覚
　　　　学級生活の充実や向上のため，児童が主体的に組織をつくり，役割を自覚しながら仕事を分担して，協力し合い実践すること。
　　ウ　学校における多様な集団の生活の向上
　　　　児童会など学級の枠を超えた多様な集団における活動や学校行事を通して学校生活の向上を図るため，学級としての提案や取組を話し合って決めること。
　(2)　日常の生活や学習への適応と自己の成長及び健康安全
　　ア　基本的な生活習慣の形成
　　　　身の回りの整理や挨拶などの基本的な生活習慣を身に付け，節度ある生活にすること。
　　イ　よりよい人間関係の形成
　　　　学級や学校の生活において互いのよさを見付け，違いを尊重し合い，仲よくしたり信頼し合ったりして生活すること。
　　ウ　心身ともに健康で安全な生活態度の形成
　　　　現在及び生涯にわたって心身の健康を保持増進することや，事件や事故，災害等から身を守り安全に行動すること。
　　エ　食育の観点を踏まえた学校給食と望ましい食習慣の形成
　　　　給食の時間を中心としながら，健康によい食事のとり方など，望ましい食

　　　習慣の形成を図るとともに，食事を通して人間関係をよりよくすること。
　（3）　一人一人のキャリア形成と自己実現
　　　ア　現在や将来に希望や目標をもって生きる意欲や態度の形成
　　　　　学級や学校での生活づくりに主体的に関わり，自己を生かそうとするとと
　　　　もに，希望や目標をもち，その実現に向けて日常の生活をよりよくしようと
　　　　すること。
　　　イ　社会参画意識の醸成や働くことの意義の理解
　　　　　清掃などの当番活動や係活動等の自己の役割を自覚して協働することの意
　　　　義を理解し，社会の一員として役割を果たすために必要となることについて
　　　　主体的に考えて行動すること。
　　　ウ　主体的な学習態度の形成と学校図書館等の活用
　　　　　学ぶことの意義や現在及び将来の学習と自己実現とのつながりを考えた
　　　　り，自主的に学習する場としての学校図書館等を活用したりしながら，学習
　　　　の見通しを立て，振り返ること。

　ここで示された内容は，従来の学習指導要領に比べてかなり詳細な記述に変
更されているが，いずれの学年においても，すべて取り扱われることになって
いる。とくに，(3)の部分は，中学校や高等学校から下りてきたキャリア教育の
内容であり，新しく，小学校のすべての学年のみならず，中学校や高等学校ま
で一貫して扱われることになったものである。
　では，以下では，それらの内容について少し詳しくみてみることにしよう。
　前述した学級活動の過程に関する図9-1，9-2のところで示されていたよ
うに，学級活動は，(1)と(2)(3)という二つの括りで示すことができる。(1)の内容
は，子どもの自発的・自治的な活動を特質とするものであり，子どもが課題を
決定するものであるのに対して，(2)(3)の内容は，教師の意図的・計画的指導を
特質とするものであり，教師が題材を決定するものである。
　(1)の内容「学級や学校における生活づくりへの参画」においても，学級活動
の場と同様に，学校教育全体で目指すべき三つの柱に対応した資質・能力の育
成が求められる。「小学校学習指導要領解説特別活動編」には，次のように示
されている。

┌───┐
│○　学級や学校の生活上の諸問題を話し合って解決することや他者と協働して取り
│　組むことの大切さを理解し，合意形成の手順や活動の方法を身に付けるようにする。
│○　学級や学校の生活をよりよくするための課題を見いだし，解決するために話し
│　合い，多様な意見を生かして合意形成を図り，協働して実践することができるよ
│　うにする。
│○　生活上の諸問題の解決や，協働し実践する活動を通して身に付けたことを生か
│　し，学級や学校における人間関係をよりよく形成し，他者と協働しながら日常生
│　活の向上を図ろうとする態度を養う。
└───┘

　ここに示された資質・能力は，上から順に，「知識及び技能」の習得，「思考

力，判断力，表現力等」の育成，「学びに向かう力，人間性等」の涵養である。(1)の内容が単なる体験や活動に終わってしまわないように，教師の適切な指導の下，明確にその目標が意識されながら，ア「学級や学校における生活上の諸問題の解決」，イ「学級内の組織づくりや役割の自覚」，ウ「学校における多様な集団の生活の向上」が取りあげられる。

　また，(2)「日常の生活や学習への適応と自己の成長及び健康安全」と(3)「一人一人のキャリア形成と自己実現」の内容においても，前述した(1)「学級や学校における生活づくりへの参画」と同様に，学校教育全体で目指すべき三つの柱に対応した資質・能力の育成が求められる。「小学校学習指導要領解説特別活動編」には，それぞれ次のように示されている。

○　日常の生活や学習への適応と自己の成長及び健康安全といった，自己の生活上の課題の改善に向けて取り組むことの意義を理解するとともに，そのために必要な知識や行動の仕方を身に付けるようにする。
○　自己の生活上の課題に気付き，多様な意見を基に，自ら解決方法を意思決定することができるようにする。
○　自己の生活をよりよくするために，他者と協働して自己の生活上の課題の解決に向けて粘り強く取り組んだり，他者を尊重してよりよい人間関係を形成しようとする態度を養う。

○　働くことや学ぶことの意義を理解するとともに，自己のよさを生かしながら将来への見通しをもち，自己実現を図るために必要なことを理解し，行動の在り方を身に付けるようにする。
○　自己の生活や学習の課題について考え，自己への理解を深め，よりよく生きるための課題を見いだし，解決のために話し合って意思決定し，自己のよさを生かしたり，他者と協力したりして，主体的に活動することができるようにする。
○　現在及び将来にわたってよりよく生きるために，自分に合った目標を立て，自己のよさを生かし，他者と協働して目標の達成を目指しながら主体的に行動しようとする態度を養う。

　これらに示された資質・能力は，それぞれ上から順に，「知識及び技能」の習得，「思考力，判断力，表現力等」の育成，「学びに向かう力，人間性等」の涵養である。つまり，新学習指導要領において求められる資質・能力の育成は，特別活動全体にとどまることなく，学級活動のそれぞれの内容にまで浸透されているのである。しかも，それぞれの内容については，教師は意図的・計画的に指導するものとなっている。

［3］　学級活動の指導計画と内容の取扱い

　特別活動，とりわけ学級活動には，各教科と異なり，当然ながら教科書がな

いために，子どもの活動が場当たり的なものにならないためにも，学級ごとの
年間指導計画の作成は重要である。「小学校学習指導要領解説特別活動編」に
は，次のような作成の手順の図が提示されている（図9-3）。

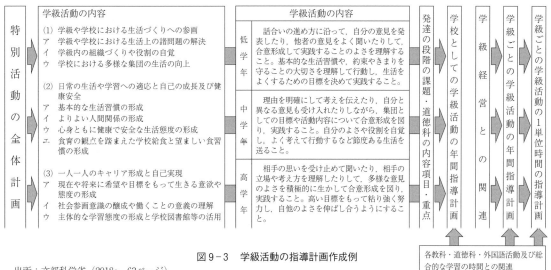

図9-3　学級活動の指導計画作成例

出所：文部科学省（2018a，63ページ）。

2　学級活動の実践化

1　学級・ホームルームや学校における生活づくりへの参画

　新学習指導要領の解説によれば，一般的な一例として，学級・ホームルーム
や学校における生活づくりへの参画について，図9-4のような一連の指導過
程が提示されている。

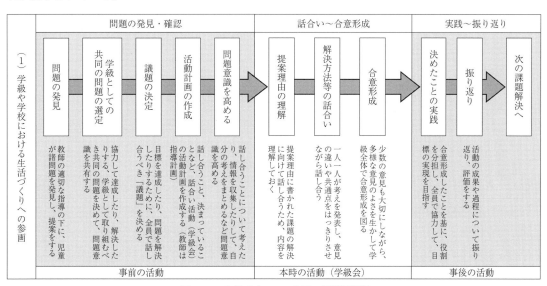

図9-4　生活づくりへの参画の指導過程例

出所：文部科学省（2018a，73ページ）。

図9-5　学級会における話合い活動
出所：筆者撮影。

　このような1単位時間の指導過程を踏まえて，教師は「学級・ホームルームや学校における生活づくりへの参画」という内容について考えることになる。その際には，学級会（話合い活動），係活動，集会活動が取り上げられるが，そのなかでも学級会が最も中心的なものである。そこでは，学級や学校における生活をよりよくするための課題を見出し，解決するために話し合い，合意形成を図り，実践することが求められる。つまり，子どもの自発的，自治的な活動が重視される（図9-5）。

　とくに，小学校の場合には，発達段階に則した指導も大切にされている。「小学校学習指導要領解説特別活動編」には，そのめやすの例が示されている（文部科学省，2018a，78ページ）。

　小学校の場合には，年齢幅が大きいため，とくに配慮が必要である。例えば，課題の設定（個人情報の問題，金銭の徴収にかかわる問題，健康・安全にかかわる問題など），である。

　次に，学級会の様相を理解するために，中学校第3学年の「学級活動指導案」の例をみてみよう。

「学級活動指導案」

〈議題　1組独自の卒業記念事業計画を立てよう〉

①ねらい　○学級や学校の生活上の諸問題を解決することの大切さを理解し，合意形成の手順や活動の方法を身に付けるようにする。
　　　　　○多様な意見のよさを生かしたり，自分の言葉で建設的な意見を述べたりしながら，信頼しあって話し合いを進め，合意形成できるようにする。
　　　　　○話し合いの活動を通して，学級における人間関係をよりよく形成し，協働しながら日常生活の向上を図ろうとする態度を養う。

②事前の活動

日　時		参加生徒	活動内容
△月9日（水）	休み時間	計画委員会	・議題箱からの意見収集
△月10日（木）	朝の会 休み時間	計画委員会	・議題箱の内容を全体に知らせ，議題選定の参考意見を聞く ・議題選定 ・アンケート作成
△月14日（月）	朝の会	全　員	・計画委員会が作成したアンケートに答える
△月16日（水）	休み時間	計画委員会	・話し合いの柱を立てる ・役割分担

③資料・準備：話合いカード，役割プレート，黒板用掲示物

④展開

	活動の流れ	生徒の活動	指導上の留意点と評価
つかむ（5分）	1 はじめの言葉 2 役割紹介 3 議題の確認 　1組独自の卒業記念事業計画を立てよう 4 提案理由の確認 5 話し合うこと　条件 6 話合いのめあて 　みんなで協力して取り組めるものか，実現可能なものかをしっかり考えながら話し合おう	・副司会が開会する ・司会グループが自己紹介する 学年全体の卒業記念事業はあるが，それらに加えて，1組独自の卒業の記念になる活動や取り組みを計画して実行し，心に残る卒業式を迎えたいと考えた ・1組独自の卒業記念事業について話し合う ・司会が話合いの目当てを確認する	・議題について全員が理解できるようにする ・話合いの核となる議題についてしっかりつかませる【「知識及び技能」の習得】 ・提案理由を全体のものにするために教師が補足する場合もある【「知識及び技能」の習得】 ・分かりやすく話させ，しっかり聞かせるようにする【「知識及び技能」の習得】 ＊目当て・議題・内容についてつかむことができたか【「知識及び技能」の習得】　　　　（観察）
話し合う（30分）	7 話合い ◎卒業記念行事として学級でできることは何か 　・出し合い 　・比べ合い 　・学び合い 　・まとめ合い 　・決まったことの確認	・事前のアンケートで出されている考えを司会が確認する ・アンケートで出された内容の他に新たな意見があれば出し合う ・自分の考えを具体的に説明する ・詳しく知りたい事柄については進んで質問する ・意見の多く出されているものについては詳しく話し合う ・出された意見を比較検討し，自分の考えを修正したり，深めたりする ・みんなで取り組めるものか，実現可能なものか，目当てに沿って自分の考えを修正，発展させ集団解決をしていく ・ノート書記が決まったことを知らせる	・自分の考えを具体的に話せるようにする【「思考力，判断力，表現等」の育成】 ・提案理由に沿っているかを考えるようにする【「思考力，判断力，表現等」の育成】 ・それぞれの意見のよさ（賛成意見）や問題点（反対意見），解決の方法について話し合わせるようにする【「思考力，判断力，表現等」の育成】 ※目当てを意識して，よりよい決定へ向けて話合いに参加しているか【「思考力，判断力，表現等」の育成】　　　　　　　（観察）
振り返る	8 振り返り 9 反省と感想発表 10 先生から 11 終わりの言葉	・話合いカードに記述する ・目当ての達成を確認し，感想を発表する ・先生の話を聞く ・副司会が閉会する	・本時の活動について自己評価できるようにする【「学びに向かう力，人間性等の涵養」】 ・発表を通じて，互いのよさを認め合えるようにする【「学びに向かう力，人間性等の涵養」】 ・目当て，話合いの内容，態度などを評価し，実践意欲を促したり，次時の活動へつなげていけるよう励ます【「学びに向かう力，人間性等の涵養」】

⑤評価の基準：1組独自の卒業記念事業計画を立てることに向けて考え，判断し，まとめようと話合いを行っている【「思考力，判断力，表現等」の育成】

⑥事後の指導

　○役割分担と記念事業に実際に取り組む

　○話し合って決めたことに基づき，自分の役割に責任をもって取り組んだり，協力し合って活動している生徒を賞賛し，学級全体で共有する

　以上みたように，教師の適切な指導の下に，子どもたちが学級の課題について話し合って解決する活動を通して，合意形成という社会参画の能力を身につけながら，よりよい人間関係を形成していくことになる。とりわけ，この「1組独自の卒業記念事業計画を立てよう」という実践は，学級や学校の活動に適応させるだけでなく，独自の学級文化を創造していこうとしている点で，さらには学級への愛着を深めた集会活動につながっていく点で，高く評価されるべき要素を含んでいる。

2　日常の生活や学習への適応と自己の成長及び健康安全

　「小学校学習指導要領解説特別活動編」によれば，一般的な一例として，「日常の生活や学習への適応と自己の成長及び健康安全」について，図9-6のような一連の指導過程が提示されている。

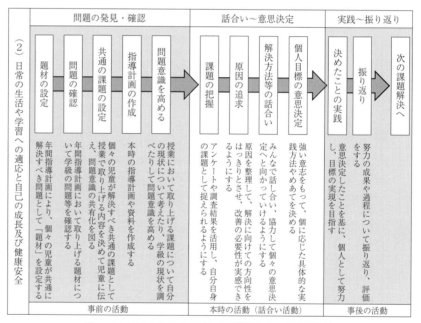

図9-6　適応と自己の成長および健康安全の指導過程例
出所：文部科学省（2018a，74ページ）。

　「日常の生活や学習への適応と自己の成長及び健康安全」の内容を扱う際にも，前述した内容と同じように，こうした1単位時間の指導過程が一つの事例として示されている。ただし，ここで扱われる内容は，前述した学級活動(1)の内容とは異なり，年間指導計画により個々の児童が解決すべき問題としての「題材」を教師側から提示していく。

　もう少し内容の相違点について言うと，前述した学級活動(1)の内容は，学級や学校の生活全体の充実・向上を目指すものであったが，ここで扱われる学級

活動の内容は，主に個人の問題を学級全体の活動を通して解決を目指すものである。しかも，この内容は，いずれも関係する教科等における学習や，個別の生徒指導等との関連を図りながら取り扱われるために，さまざまな教師の専門性が生かされるとともに，家庭や地域との連携・協力が図られたり，個に応じた指導が求められる。それゆえ，小学校から高等学校までを見通すならば，共通的な事項もあるが，発達に即した違った事項も取り扱われることになる。それだけに，教師の工夫と責任が重要となる。

　小学校の場合，「基本的な生活習慣の形成」という小学校だけの内容に加えて，「よりよい人間関係の形成」「心身ともに健康で安全な生活態度の形成」「食育の観点を踏まえた学校給食と望ましい食習慣の形成」という四つの内容があげられている。

　実践例として，第2学年の「心身ともに健康で安全な生活態度の形成」に関する「すみずみまでみがきのこしなし」という実際に行った授業を簡潔に紹介しよう。

　学級担任教師と養護教諭とのTT授業として，口腔の衛生について授業が実施された。大型口腔の模型と大型歯ブラシを使って，歯の内側や奥歯の磨き方が行われた。その後，養護教諭は，代表児童にも大型歯ブラシを使って磨き方を確認させた。また，すべての子どもに自分の歯ブラシを使って養護教諭と一緒に「歯磨きの歌」に合わせて，3分間の歯磨きタイムが実践された。翌日からは，給食後に歯磨きタイムを確保して，養護教諭と一緒に学習したことが継続的に実践された。

　このようなTT授業の形態は，栄養教諭と連携した「食育の観点を踏まえた学校給食と望ましい食習慣の形成」を扱う際にも活用できるものである。

　また，中学校の場合，「思春期の心と体の発育・発達」や「性に関する指導」，さらにはその悩みに関連した内容が取り扱われる。その際には，養護教諭やスクール・カウンセラーなどからの助言や協力を得るとともに，外部から専門家の講話を聞いたりする活動も行われる。しかし，その際には，集団活動に注視するあまり，子どもの発育・発達における個人差などに留意することを，決して忘れられてはならない。それに加えて，これらの問題に関しては，価値観の相違も大きいことを配慮し，教育の内容について学校全体の共通理解を図るとともに，保護者の理解を得ることも行われる。

　このような問題は，高等学校の場合にも継続して存在するが，それに加えて飲酒や喫煙の問題，さらには薬物乱用の問題なども深刻化しているために，有害性や違法性について正しく理解させることが求められている。しかし，この問題についても，子どもの個人差が大きいことを配慮し，特別活動のような集団指導とともに，個別の指導や援助とを組み合わせて子どもに働きかけること

が重要である。

３　一人一人のキャリア形成と自己実現

　「小学校学習指導要領解説特別活動編」によれば，一般的な一例として，「一人一人のキャリア形成と自己実現」について，図9-7のような1単位時間の一連の指導過程が提示されている。

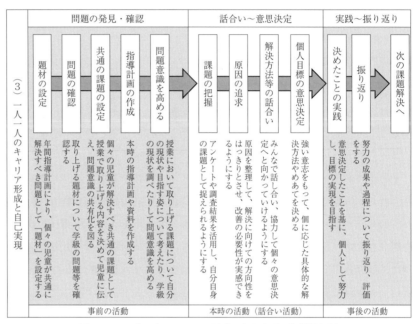

図9-7　一人一人のキャリア形成と自己実現の指導過程例
出所：文部科学省（2018a，75ページ）。

　これを見れば明らかなように，大枠においては，1単位時間の一連の指導過程は前述した二つの内容と類似したものである。とりわけ，「一人一人のキャリア形成と自己実現」の指導過程は，主に個人の問題を学級全体の活動を通して解決を目指すものである点で，前述した「日常の生活や学習への適応と自己の成長及び健康安全」とほとんど同じである。

　キャリア教育と特別活動とのかかわりについては，すでに第7章で言及されているためにここでは詳細に触れないが，「一人一人のキャリア形成と自己実現」という内容は，キャリア教育の視点からの小・中・高等学校につながりが明確になるように整理され，小学校にもキャリア教育が強調されるようになった。その結果，小・中・高等学校におけるキャリア教育をつなげていくために，「キャリア・パスポート」の活用が期待されている。新学習指導要領には，学校段階によって「一人一人のキャリア形成と自己実現」の内容の項目が異なっているが，小学校の表記に従えば，「現在や将来に希望や目標をもって

生きる意欲や態度の形成」「社会参画意識の醸成や働くことの意義の理解」「主
体的な学習態度の形成と学校図書館等の活用」という三つの内容の項目があげ
られ，それぞれの内容において三つの資質・能力を育成するための工夫が図ら
れている。とくに小学校においては，キャリア教育の実践上の積み重ねはまだ
不十分な状況であるために，今後の実践の成果が期待されるところである。

　それに比べて中学校や高等学校においては，実践上の積み重ねは散見され
る。例えば，中学校第1学年の「職業調べ」に関して，次のような実践が行わ
れている。簡単に一例を説明しよう。

　まず，現在自分が興味をもっている職業について学校図書等を活用して調べ
学習を進める。次に，調べたことはそのままにせず，同じ傾向の職業調べをし
た生徒同士でグループをつくり，発表資料を作成し，プレゼンテーションを行
う。さらに，作成した資料は，掲示板等に掲示して，他学級における活動と一
緒に見比べながら視野を広げる助けとする。

　また，同じ中学校第1学年の「わたしの価値観と職業観」に関して，次のよ
うなワークシートを作成して，子どもに考えさせる実践も報告されている。

1．何のために働くのか。自分の考えを書きましょう。

2．自分が大切にしている価値について，順位をつけよう。
　　（もっとも大切にしている→1位　　最も大切にしていない→10位）

価値名	価 値 の 内 容	順位
経　済	高い収入・給料（お金）が得られること	
社会奉仕	社会や人のために役立つこと	
安　定	会社がつぶれたり，リストラの心配がないこと	
出　世	仕事での地位や名声を得て，出世すること	
個　性	自分の個性（適性・性格・興味・趣味等）が生かせること	
協　働	ひとりではなく，みんなで協力して働くこと	
変　化	毎日の仕事が型どおりに決まっていなくて，変化があること	
人間関係	仕事をとおして親しい人間関係をつくること	
創　造	独自のものをつくりだし，工夫したりすること	
環　境	仕事の場所や環境が快適であること	

3．今日を通して，学んだこと・感じたことを書きましょう。

　このようなワークシートを子どもに記入させてから，教師が話合い活動をさ
せることになる。このような実践を，新学習指導要領で求められている資質・
能力の育成にふさわしい実践へと工夫・改善していくことが学級担任の教師に
求められる。もちろん，新学習指導要領や「小学校学習指導要領解説特別活動
編」を参考にすることは大切であるが，教師が解説の事例を金科玉条のごとく
真似るのではなく，それを踏まえて，自分の学級にふさわしい実践を創造して

ほしいものである。

Exercise

①　学級活動・ホームルーム活動に関して，新学習指導要領のなかで大きく変わった点について話し合ってみよう。

②　学級活動・ホームルーム活動の１単位時間の指導計画を作成してみよう。

③　特別な支援を必要とする障害をもった子どもに対して，学級活動・ホームルーム活動においてどのような配慮が必要になるのかについて，具体的な事例をあげながら考えてみよう。

📖次への一冊

文部科学省／国立教育政策研究所　教育課程研究センター編『特別活動指導資料　みんなで，よりよい学級・学校生活をつくる特別活動（小学校編）』文溪堂，2019年。
　　新学習指導要領の内容を踏まえ，2014年に発行された『特別活動指導資料　楽しく豊かな学級・学校生活をつくる特別活動（小学校編）』を増補改訂したものであり，指導に役立つ実践事例を提示しながら，Q&A式でわかりやすく解説している。

文部科学省／国立教育政策研究所　教育課程研究センター編『特別活動指導資料　学級・学校文化を創る特別活動（中学校編）』東京書籍，2016年。
　　2014年に公表されたパンフレット『学級・学校文化を創る特別活動 話合い活動の基本』をもとに，特別活動の三つの内容について，盛り沢山の実践事例を掲載しながら，Q&A方式でわかりやすく紹介解説している。

引用・参考文献

日本特別活動学会編『三訂　キーワードで拓く新しい特別活動──平成29年版・30年版学習指導要領対応』東洋館出版社，2019年。

文部科学省『小学校学習指導要領（平成29年告示）解説　特別活動編』東洋館出版社，2018年ａ。

文部科学省『中学校学習指導要領（平成29年告示）解説　特別活動編』東山書房，2018年ｂ。

文部科学省『高等学校学習指導要領（平成30年告示）解説　特別活動編』東京書籍，2019年。

第10章
児童会活動・生徒会活動の理論と実践

〈この章のポイント〉

　小学校では児童会活動，中学校と高等学校では生徒会活動と呼ばれるが，この活動は全校の児童生徒をもって組織される自主的・実践的な教育活動である。本章では，現在の子どもに求められる資質・能力の視点から，児童会活動・生徒会活動の理論化と実践化について解説する。なお，基本的に本章でも，学校段階として，小学校をベースに検討するため，小学校の新学習指導要領と「小学校学習指導要領解説特別活動編」を中心に取り上げる。

1　児童会活動・生徒会活動の理論化

1　児童会活動・生徒会活動の目標

　小学校の新学習指導要領の第6章第2には，児童会活動の目標は次のように記されている。

> 　異年齢の児童同士で協力し，学校生活の充実と向上を図るための諸問題の解決に向けて，計画を立て役割を分担し，協力して運営することに自主的，実践的に取り組むことを通して，第1の目標に掲げる資質・能力を育成することを目指す。

　児童会活動の目標においても，第6章第1の目標（特別活動の全体目標）に掲げられた資質・能力と同じものが示され，そのための方法の大枠が記されている（中学校と高等学校では，「児童」が「生徒」に変更されている）。そのうえで，「小学校学習指導要領解説特別活動編」によれば，第1の目標（特別活動の全体目標）に掲げる資質・能力を育成するために，児童会活動においては，次のような資質・能力の育成が望ましいとされている。

> ○　児童会やその中に置かれる委員会などの異年齢により構成される自治的組織における活動の意義について理解するとともに，その活動のために必要なことを理解したり行動の仕方を身に付けたりするようにする。
> ○　児童会において，学校生活の充実と向上を図るための課題を見いだし，解決するために話し合い，合意形成を図ったり，意思決定したり，人間関係をよりよく形成したりすることができるようにする。

> ○　自治的な集団活動を通して身に付けたことを生かして，多様な他者と互いのよ
> 　　さを生かして協働し，よりよい学校生活をつくろうとする態度を養う。

　これらの資質・能力は，学級活動の場合と同様に，新学習指導要領で強調されている，学校教育全体で目指すべき三つの柱に対応している。すなわち，上から順に，「知識及び技能」の習得，「思考力，判断力，表現力等」の育成，「学びに向かう力，人間性等」の涵養である。

　また，これらの資質・能力は，新学習指導要領の第5章の第1に特別活動の全体目標として述べられている三つの資質・能力の視点とも関連している。もちろん，第9章でも述べたように，これらの資質・能力の育成は，特別活動の「社会参画」「人間関係形成」「自己実現」という三つの視点すべてにおいて，バランスを考慮しながら指導される関係にあるが，あえて大別してキーワード的に簡潔に示すならば，「知識及び技能」という資質・能力は「社会参画」の視点に，「思考力，判断力，表現力等」という資質・能力は「人間関係形成」の視点に，「学びに向かう力，人間性等」という資質・能力は「自己実現」の視点により強く関連しているとみなすことができよう。

　これらの資質・能力の育成のためには，特別活動の全体目標や学級活動の目標の場合と同じ理由で，具体的な活動の過程が重要視されている。

　「小学校学習指導要領解説特別活動編」には，図10-1に示すような学習過程が例示されている。つまり，基本的に学級活動の場合と同様に，①「問題の発

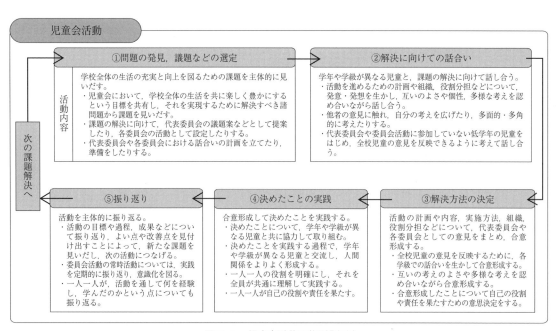

図10-1　児童会活動の学習過程例

出所：文部科学省（2018a，86ページ）。

見・議題などの選定」→②「解決に向けての話合い」→③「解決方法の決定」
→④「決めたことの実践」→⑤「振り返り」→「次の課題解決へ」というサイ
クルが，学習課程の例として想定されている。このサイクルは，学級活動の場
合と同様に，②と③がP（計画）に，④がD（実行）に，⑤がC（評価）に当て
はまり，次に「次の活動や課題解決へ」がA（改善）と考えるならば，①「問
題の発見・確認」は，PDCAサイクルからはみ出すものであり，P（計画）の
前に行われる，広い意味でのR（調査）とみなすことができる。したがって，
児童会活動における学習過程は，特別活動全体や学級活動のそれと同じよう
に，Rを加えたR-PDCAサイクルになっている，とみなすことができよう。

　もちろん，このような学習過程の考え方は，「主体的・対話的で深い学び」
という各教科などの指導において重視される基本原理を組み入れている点で，
教師の指導の際に重要な羅針盤となるものである。しかし，このサイクルは，
「教育に万能な方法は存在しない」からという理由だけでなく，教師たちに学
習過程の定型として受け取られて学級活動においてただそれに則して実行され
てしまうだけならば，児童の自発的，自治的な活動からほど遠い，形式主義的
な実践に導いてしまうであろう。とくに，小学校高学年を中心として運営され
つつも，全児童が参加することになっている児童会活動よりも，青年期の全生
徒をもって組織されることになっている中学校や高等学校の生徒会活動の場合
には，形骸化された形式主義的な活動として生徒に受け取られてしまわないよ
うな，生徒の自発的，自治的な活動を促す学習過程がきわめて重要となる。

　なお，中学校と高等学校の生徒会活動の学習過程は，基本的に小学校と同様
であるが，少し文言が異なることを考慮し，中学校のものを掲載しておく（高
等学校のものもまったく同じである）。参考までに確認してほしい（図10-2）。

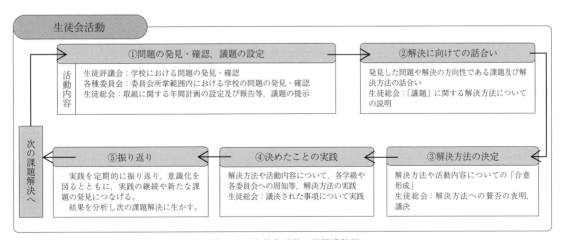

図10-2　生徒会活動の学習過程例

出所：文部科学省（2018a，75ページ）。

2　児童会活動・生徒会活動の内容

　小学校における児童会活動の内容は，「児童会の組織づくりと児童会活動の計画や運営」「異年齢集団による交流」「学校行事への協力」であり，生徒会活動の内容は，中学校と高等学校とも同じで，「生徒会の組織づくりと生徒会活動の計画や運営」「学校行事への協力」「ボランティア活動などの社会参画」である。

　以下では，それらについてもう少し詳しくみていくことにしよう。

　小学校の新学習指導要領には，児童会活動の内容は次のように示されている。

　１の資質・能力を育成するため，学校の全児童をもって組織する児童会において，次の各活動を通して，それぞれの活動の意義及び活動を行う上で必要となることについて理解し，主体的に考えて実践できるよう指導する。

(1)　児童会の組織づくりと児童会活動の計画や運営

　児童が主体的に組織をつくり，役割を分担し，計画を立て，学校生活の課題を見いだし解決するために話し合い，合意形成を図り実践すること。

(2)　異年齢集団による交流

　児童会が計画や運営を行う集会等の活動において，学年や学級が異なる児童と共に楽しく触れ合い，交流を図ること。

(3)　学校行事への協力

　学校行事の特質に応じて，児童会の組織を活用して，計画の一部を担当したり，運営に協力したりすること。

---

　(1)の「児童会の組織づくりと児童会活動の計画や運営」においても，学級活動の場合などと同様に，学校教育全体で目指すべき三つの柱に対応した資質・能力の育成が求められる。「小学校学習指導要領解説特別活動編」には，次のように示されている。

○　学校生活の充実と向上のために，組織づくりや役割分担を行い，異年齢の児童と協力して児童会活動に取り組むことや，児童会の一員として役割を果たすことが大切であることを理解し，計画や運営の仕方などを身に付けるようにする。

○　代表委員会や委員会活動，児童会集会活動などにおいて，学校生活の充実と向上のための課題や発意・発想を生かした活動の計画，児童会の一員として自分の果たすべき役割などについて考え，話し合い，決めたことに協力して取り組むことができるようにする。

○　学年や学級が異なる児童と協力し，自他のよさに気付いたり，自分のよさを生かして活動に取り組んだりして，児童会活動の計画や運営に主体的に取り組み，学校生活の充実と向上を図ろうとする態度を養う。

　ここに示された資質・能力は，端的に言えば，上から順に，「知識及び技能」の習得，「思考力，判断力，表現力等」の育成，「学びに向かう力，人間性等」の涵養である。自発的，自治的な活動としての児童会活動のなかで，組織を主体的につくって役割を経験しながら，これらの資質・能力が育まれる。

　また，(2)の「異年齢集団による交流」においても，前述した「児童会の組織づくりと児童会活動の計画や運営」などと同様に，学校教育全体で目指すべき三つの柱に対応した資質・能力の育成が求められる。

　さらに，(3)の「学校行事への協力」においても同様に，学校教育全体で目指すべき三つの柱に対応した資質・能力の育成が求められる。(2)(3)のそれぞれについて，「小学校学習指導要領解説特別活動編」には，次のように示されている。

　○　学校生活の充実と向上やよりよい人間関係の形成のためには，学年や学級が異なる児童と共に楽しく触れ合ったり協力して活動に取り組んだりすることが大切であることを理解し，計画や運営，交流の仕方などを身に付けるようにする。

　○　児童会集会活動などにおいて，発意・発想を生かした活動の計画や運営，児童会の一員として自分の果たすべき役割などについて考え，学年や学級が異なる児童と共に楽しく触れ合ったり，協力して活動に取り組んだりすることができるようにする。

　○　学年や学級が異なる児童と共に楽しく触れ合ったり，協力して活動に取り組んだりして，異年齢集団におけるよりよい人間関係を形成する活動に主体的に取り組み，学校生活の充実と向上を図ろうとする態度を養う。

　○　学校行事に児童会活動として協力して取り組む意義を理解するようにする。

　○　学校行事の特質に応じて，児童会としてどのような協力を行うことが行事の充実につながるか考え，話し合い，決めたことに協力して取り組んだり，児童会の組織を活用した運営上の役割に取り組んだりすることができるようにする。

　○　他の児童と協力して，学校行事に協力する活動に取り組むことを通して，積極的に学校生活の充実と向上を図ろうとする態度を養う。

　ここに示された資質・能力は，端的に言えば，上から順にそれぞれ，「知識及び技能」の習得，「思考力，判断力，表現力等」の育成，「学びに向かう力，人間性等」の涵養である。また，繰り返して説明することになるが，これらの資質・能力の育成について，キーワード的に簡潔に示すならば，「知識及び技能」という資質・能力は「社会参画」の視点に，「思考力，判断力，表現力等」という資質・能力は「人間関係形成」の視点に，「学びに向かう力，人間性等」という資質・能力は「自己実現」の視点により強く関連しているとみなすことができる。とくに，(2)の「異年齢集団による交流」においては，教師の適切な指導の下，児童会集会活動などで学年や学級の異なる児童とともに楽し

く触れ合い，交流を図りながら，これらの資質・能力が育まれる。⑶の「学校行事への協力」においては，教師の適切な指導の下，児童が代表委員会や委員会活動などの児童会の組織を活用して，計画の一部を担当したり，学校行事の運営に協力したりしながら，これらの資質・能力が育まれる。

　また，以上の三つの内容は小学校に関するものであったが，既述したように，小学校の児童会活動にはなく，中学校や高等学校の生徒会活動にある内容が一つ存在する。すなわち，「ボランティア活動などの社会参画」という内容である。この内容としては，学校内での活動が基本であるが，地域ボランティア活動への参加や他校や地域の人々との交流などの学校外の活動も含まれる。この内容においても，他の生徒会活動の内容と同様に，学校教育全体で目指すべき三つの柱に対応した資質・能力の育成が求められる。「中学校学習指導要領解説特別活動編」には，次のように記されている（高等学校もほとんど同様）。

○　よりよい地域づくりのために自分たちの意見を生かし，主体的に社会参画するために必要なことを理解し，仕方を身に付ける。
○　地域や社会の課題を解決するために，生徒会の組織を生かして取り組むことができる具体的な対策を考え，主体的に実践することができる。
○　地域や社会の形成者として，地域や社会生活をよりよくしようとする態度を養う。

　ここに示された資質・能力は，言うまでもなく，上から順にそれぞれ，「知識及び技能」の習得，「思考力，判断力，表現力等」の育成，「学びに向かう力，人間性等」の涵養である。

３　児童会活動の指導計画と内容の取扱い

　そもそも，各教科と異なり，教科書もないわけであるから，子どもの活動が場当たり的なものにならないためにも，特別活動のなかの児童会活動・生徒会活動においても，学級ごとの年間指導計画の作成は重要である。もちろん，それを裏づけるように，小学校の新学習指導要領においても，「各学校においては特別活動の全体計画や各活動及び学校行事の年間指導計画を作成すること」と記されている。その解説には，いくつもの配慮すべき事柄が指摘されている。「学級や学校，地域の実態，児童の発達の段階などを考慮し，児童による自主的，実践的な活動が助長されるようにする」こと，「内容相互及び各教科，道徳科，外国語活動，総合的な学習の時間などの指導との関連を図る」こと，「家庭や地域の人々との連携，社会教育施設等の活用などを工夫する」こと，「学校の実態を踏まえて児童会活動の組織を編成する」こと，「学校が作成する児童会活動の年間指導計画」「児童会の計画や運営と活動の形態」「児童に

よる活動計画の作成」「委員会への所属」「時間の取り方」である。

　また，児童会活動の内容の取扱いに関しては，「児童の自発的，自治的な活動が効果的に展開されるようにする」こと，そして「内容相互の関連を図るように工夫する」ことが，児童会活動の記述の最後に記されている。最後に記されている「内容相互の関連を図るように工夫する」ことのなかに，学級活動や学校行事との関連，さらには後述するクラブ活動との関連において大切な役割を担っている児童会活動の重要性が強調されている。本来的に言えば，このような指摘は，児童会活動に関する最後ではなく，最初に指摘してもよいくらい重要な内容である。また，それに関連して言えば，その前の「自発的，自治的な活動」という文言も，児童会活動に関する文章のなかで，最初から繰り返し強調されてよいくらい重要な内容である。なぜなら，「自発的，自治的な活動」は，いわば児童会活動・生徒会活動の骨格であり，生命線にほかならないからである。児童会活動・生徒会活動の理論化，ひいては教科ではない特別活動の理論化を図るうえで，改善が求められるべきであろう。

▷1　「中学校学習指導要領解説特別活動編」と「高等学校学習指導要領解説特別活動編」によれば，中学校と高等学校の場合には，さらに「異年齢集団による交流」と「その他の指導上の留意点」が加えられている。

2　児童会活動・生徒会活動の実践化

　児童会や生徒会の組織は，学校段階だけでなく，各学校の実情に即してつくられるために，その名称や内容については一律ではない。しかし，新学習指導要領の解説に従いながら一般的に言い方をすれば，小学校の場合には，児童会の組織は，「代表委員会」，各種の「委員会」，「児童会集会」などから，中学校と高等学校の場合には，「生徒総会」および「生徒評議会（中央委員会など）」「生徒会（生徒会執行部など）」，各種の「委員会（常設の委員会や特別に組織される実行委員会など）」などから成り立っている。

　以下では，紙幅の関係で，小学校の児童会活動を中心に説明する。

［1］　代表委員会活動

　小学校の新学習指導要領には，「児童会の計画や運営は，主として高学年の児童が行うこと」と述べられているように，児童会は学校の全児童をもって組織することになっているが，その計画と運営は，主として高学年の児童，つまり第5学年と第6学年の児童によって行われることになっている。その代表委員会（一般的には，高学年の各学級の代表者と各種委員会の委員長などで構成される）で話し合われる議題は，児童会が主催する比較的に大きな集会についての計画や，全校に関係する生活をよりよくするための約束などである。例えば，「1年生を迎える会」（図10-3），「お世話になった方々への感謝の会」（図10-4），「6年生いっしょに遊ぼうよ会」「卒業生を送る会」などである。

図10-3　1年生を迎える会　　　　　図10-4　お世話になった方々への感謝の会
出所：筆者撮影。　　　　　　　　　　出所：筆者撮影。

「小学校学習指導要領解説特別活動編」には，代表委員会の活動過程として，図10-5のような例示がなされている。

図10-5　代表委員会の活動過程例
出所：文部科学省（2018a，96ページ）。

この図は，代表委員会の活動過程の一例として示されたものである。明らかに，やりっぱなしの実践にならないように，R-PDCA のサイクルが意識されている。そのうえで，この活動過程のなかで，学校教育全体で目指すべき三つの柱に対応した資質・能力の育成も期待される。それだけに，教師はこの活動過程を念頭に置いて子どもを指導しなければならないだろう。しかし，児童会活動のいわば骨格であり，生命線にほかならないものは「自発的，自治的な活

動」であるという原点を思い返すならば，「自発的，自治的な活動」の範囲内
であるときには，できるだけ教師は子どもに任せるべきであろう。
　次に，ある小学校の児童会活動の実例をみてみよう。

自分たちの学校生活をよりよくしよう
〜児童会活動（代表委員会）の充実〜

（○△□小学校）

① 活動名「みどりのこみちをきれいにしよう」（代表委員会）

② 活動のねらい
①代表委員会の計画・運営の工夫を通して，自分を価値ある存在として尊重する
　態度を育てる。
②他者と協力しながら，よりよい学校生活を送るために，自分の役割を果たそう
　とする態度を育てる。

③ 児童の実態とねらいに迫るための手立て
　本校の児童は素直で明るい。しかし，思いを行動に移す意欲や自信に乏しい児童も少なくない。その問題を解決するために
は，何かを成し遂げることや，他者と関わり認め合ったり支え合ったりすることが大切であると考える。この視点から，様々な
問題について主体的に，他者と協働して解決を目指す特別活動が必要不可欠である。そこで，本実践においては，目指す児童像
の具現化に向け，以下の2つの手立てをもとに進めた。

> 【目指す児童像】
> ①よりよい学校にするために実践する
> 　ことの楽しさを知り，活動に意欲的
> 　に取り組む児童
> ②他の児童と協力しながら楽しく豊か
> 　な生活を創ろうとする児童

← 【具現化に向けた手立て】
①環境の充実
②リーダーとしての自覚を高める教師
　の指導・助言の工夫

④ 評　価

「知識及び技能」の習得	「思考力，判断力，表現力等」の育成	「学びに向かう力，人間性等」の涵養
協力して取り組む児童会活動の意義やその組織，そのための活動内容，方法などについて理解している。	他の児童と仲よく協力しながら，楽しむための工夫を考え，自分から進んで活動している。	学校生活を楽しく豊かにする児童会活動に関心をもち，他の児童と協力して取り組もうとしている。

5　指導の実際

（1）事前の活動に至るまで

【手立て①】環境の充実（児童会室の見直しと工夫）

名札

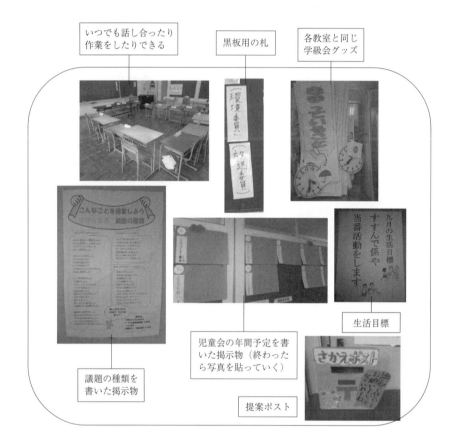

いつでも話し合ったり
作業をしたりできる

黒板用の札

各教室と同じ
学級会グッズ

生活目標

児童会の年間予定を書
いた掲示物（終わった
ら写真を貼っていく）

議題の種類を
書いた掲示物

提案ポスト

【手立て②】リーダーとしての自覚を高める教師の指導・助言の工夫

　　　ア．オリエンテーション・議題の選び方

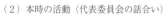

あなたたちが
リーダー

・廊下歩行の仕方を
　考えよう
・学校をきれいにし
　よう
・学習発表会を盛り
　上げよう
・委員会紹介集会を
　盛り上げよう

（2）本時の活動（代表委員会の話合い）

　　　※日時…水曜日チャレンジ
　　　　　　　タイム（ロングの昼休み）
　　　　　　　計画委員…輪番制

　　　イ．教師の積極的な助言と賞賛

（3）事後の指導

アーチづくり

6 　成果と課題

　○環境を整えたり，オリエンテーションを十分に行ったりした結果，話合いや活動を楽しみにしている児童が増えた。

　○クラスでの学級会と同じグッズを使うことで，戸惑うことがなかった。

　○学級会同様，発表の仕方を賞賛しながら指導した結果，自分の意見に理由をつけたり，よりよいものを考えようとしたりする児童が増えた。

　○各委員会活動でも，普段の活動＋自分たちにできることはないかを考えられるようになった。

　　※児童・先生方の意識の高まり

　○「みどりのこみち」に立ち寄る児童が増えた。

　●全校児童からの提案はまだ少ない

　●教師の温度差

　●学力

皆様の2学期が楽しく無事に終わりますように

（筆者一部修正）

2 　各種の委員会

　小学校における委員会活動は，学校生活をよりよいものにしていくために，主として高学年の全児童が各種委員会に所属し，年間を通して継続的に活動していくものである。実践例としては，生活委員会・飼育委員会・園芸整備委員会・保健委員会・掲示委員会・体育委員会・図書委員会などがあげられる。

3 　児童会集会

　児童会集会活動は，児童会の主催で行われる集会活動のことである。

　形態としては，全校の児童で行われるものや，複数学年の児童で行われるもの，同学年の児童で行われるものなど，多様なものが想定される。また，内容も，話し合ったり報告したりするものや，内容も交流を図るものなど，さまざまなものが考えられるが，これらは，あくまでも自発的，自治的な活動として行われるものであって，学校行事として行われるものとは異なることに注意してもらいたい。

Exercise

①　児童会活動・生徒会活動で育成すべき資質・能力とは何かについて考えて
みよう。

②　小学校の児童会活動と中学校の生徒会活動との相違点について考えてみよ
う。

③　特別な支援を必要とする障害をもった子どもに対して，児童会活動・生徒
会活動においてどのような配慮が必要になるのかについて，具体的な事例を
あげながら考えてみよう。

📖次への一冊

文部科学省／国立教育政策研究所 教育課程研究センター編『特別活動指導資料　みん
なで，よりよい学級・学校生活をつくる特別活動（小学校編）』文溪堂，2019年。
　　小学校の特別活動の具体的な進め方について，実践事例の豊富な写真を挿入しなが
　　らわかりやすく提示されている。具体的なイメージを知るには適している。なお，
　　2014年に発行された『特別活動指導資料　楽しく豊かな学級・学校活動をつくる特
　　別活動（小学校編）』の改訂増補版である。
折出健二編『特別活動』学文社，2008年。
　　大学の教職課程のテキストとして刊行されているが，多くの他のテキストと異な
　　り，各分野の教育学の蓄積・成果を踏まえながら，しかも子どもの自治的活動や文
　　化活動を重視している点で，少し文部科学省と距離を置いた異色で特徴のある学際
　　的な入門書となっている。

引用・参考文献

折出健二編『特別活動』学文社，2008年。
日本特別活動学会編『三訂　キーワードで拓く新しい特別活動——平成29年版・30年版
　学習指導要領対応』東洋館出版社，2019年。
文部科学省『小学校学習指導要領（平成29年告示）解説　特別活動編』東洋館出版社，
　2018年 a。
文部科学省『中学校学習指導要領（平成29年告示）解説　特別活動編』東山書房，2018
　年 b。
文部科学省『高等学校学習指導要領（平成30年告示）解説　特別活動編』東京書籍，
　2019年。
文部科学省／国立教育政策研究所 教育課程研究センター編『特別活動指導資料　みん
　なで，よりよい学級・学校生活をつくる特別活動（小学校編）』文溪堂，2019年。

第11章
クラブ活動・部活動の理論と実践

〈この章のポイント〉

　クラブ活動は，現在では，主として小学校の第4学年以上の児童で組織され，学年や学級が異なる同好の児童の集団によって行われる活動であり，中学校と高等学校には存在しない活動である。本章では，現在の子どもに求められる資質・能力の視点から，クラブ活動・部活動の理論化と実践化について解説する。なお，基本的にここでも，学校段階として，小学校をベースに検討するため，小学校の新学習指導要領と「小学校学習指導要領解説特別活動編」を中心に取り上げる。

1　クラブ活動の理論化

1　クラブ活動の目標

　小学校の新学習指導要領に，クラブ活動の目標は次のように記されている。

> 　異年齢の児童同士で協力し，共通の興味・関心を追求する集団活動の計画を立てて運営することに自主的，実践的に取り組むことを通して，個性の伸長を図りながら，第1の目標に掲げる資質・能力を育成することを目指す。

　ここには，共通の興味・関心を追求する自主的，実践的な活動としてのクラブ活動の大きな特質が示されつつ，その目標が端的に説明されている。そのうえで，「小学校学習指導要領解説特別活動編」には，クラブ活動において育成されるべき資質・能力が次のように明確に示されている。

> ○　同好の仲間で行う集団活動を通して興味・関心を追求することのよさや意義について理解するとともに，活動に必要なことを理解し活動の仕方を身に付けるようにする。
> ○　共通の興味・関心を追求する活動を楽しく豊かにするための課題を見いだし，解決するために話し合い，合意形成を図ったり，意思決定したり，人間関係をよりよく形成したりすることができるようにする。
> ○　クラブ活動を通して身に付けたことを生かして，協力して目標を達成しようとしたり，現在や将来の生活に自分のよさや可能性を生かそうとしたりする態度を養う。

　これらの資質・能力は，これまでに取り上げた学級活動・ホームルーム活動や児童会活動・生徒会活動の場合と同様に，上から順に，「知識及び技能」の習得，「思考力，判断力，表現力等」の育成，「学びに向かう力，人間性等」の涵養である。また，あえてキーワード的に示すならば，これらの三つの資質・能力は，上から順に，「社会参画」「人間関係形成」「自己実現」という三つの視点に強く関連しているとみなすことができよう。

　このような目標を達成するために，新学習指導要領の解説には，図11-1のようなクラブ活動の学習過程の事例が図で示されている。

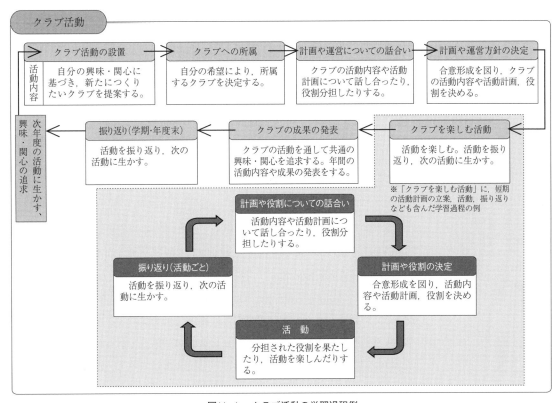

図11-1　クラブ活動の学習過程例

出所：文部科学省（2018a，104ページ）。

　この図には，クラブ活動の1単位時間の活動とともに，年間を通した一連の学習過程が合わせて示されている。解説に即して言えば，1単位時間のクラブ，つまり1単位時間の「クラブを楽しむ活動」は，言うまでもなく児童の「自発的，自治的な活動」であるために，クラブの状況に応じながらも，図に示すように，「計画や役割についての話合い」「計画や役割の決定」「活動」「振り返り（活動ごと）」，という学習過程を経ることになる。また，年間を通しての学習過程は，図で言えば，上部のサイクルになり，次に述べるクラブ活動の内容の三つに対応することになる。すなわち，年度の初めに，「クラブの組織

づくりとクラブ活動の計画や運営」について，児童がクラブの活動計画や役割分担などを話し合って合意形成し，活動計画に基づいて「クラブを楽しむ活動」を行うのである。

2　クラブ活動の内容

クラブ活動の内容については，小学校の学習指導要領に次のように示されている。

> 　1の資質・能力を育成するため，主として第4学年以上の同好の児童をもって組織するクラブにおいて，次の各活動を通して，それぞれの活動の意義及び活動を行う上で必要となることについて理解し，主体的に考えて実践できるよう指導する。
> ○　クラブの組織づくりとクラブ活動の計画や運営
> 　児童が活動計画を立て，役割を分担し，協力して運営に当たること。
> ○　クラブを楽しむ活動
> 　異なる学年の児童と協力し，創意工夫を生かしながら共通の興味・関心を追究すること。
> ○　クラブの成果の発表
> 　活動の成果について，クラブの成員の発意・発想を生かし，協力して全校の児童や地域の人々に発表すること。

1番上の内容は，「クラブ活動において児童が主体的に組織をつくり，役割を分担し，活動の計画を立てたり，よりよいクラブ活動に向けた課題を見いだし，解決するために話し合い，合意形成を図って実践したりするもの」である。次の内容は，「児童が自ら，教師の適切な指導の下に作成した活動計画に基づいて，異なる学年の児童が協力し，創意工夫を生かしながら自発的，自治的に共通の興味・関心を追求することを楽しむ活動」である。最後の内容は，「児童が，共通の興味・関心を追求してきた成果を，クラブの成員の発意・発想による計画に基づき，クラブ発表会などにおいて，協力して全校の児童や地域の人々に発表する活動」である。

また，「小学校学習指導要領解説特別活動編」では，「クラブ活動の指導計画」について，学級活動や児童会活動と同様に，同じ学習指導要領の箇所（第6章の第3の1の(2)）を引用したうえで，年間指導計画の作成上の配慮事項が示されている。そこでは，「学級や学校，地域の実態や児童の発達の段階などを考慮し，児童による自主的，実践的な活動が助長されるようにする」「内容相互及び各教科，道徳科，外国語活動，総合的な学習の時間などの指導との関連を図る」「家庭や地域の人々との連携，社会教育施設等の活用などを工夫する」という配慮事項に関して，クラブ活動に即した説明が行われている。それに続けて，「クラブ活動の設置」という配慮項目が記され，「児童の興味・関心

ができるだけ生かされるようにすること」「教科的な色彩の濃い活動を行うクラブ活動の組織にならないこと」「学校や地域の実態を踏まえること」という三つの点があげられている。その次に，「学校が作成するクラブ活動の年間指導計画」という配慮事項が記され，「全校の教職員が関わって指導計画を作成すること」をはじめ，「指導計画に示す内容」「実施学年」「クラブへの所属」「時間の取り方」に関して詳細な説明がなされている。

　さらに，「小学校学習指導要領解説特別活動編」では，その次に「クラブ活動の内容の取扱い」について，学級活動や児童会活動と同様に，同じ学習指導要領の箇所（第6章の第3の2の(1)）を引用したうえで，配慮事項が二つ示されている。すなわち，「児童の自発的，自治的な活動が効果的に展開されるようにする」ことと，「内容相互の関連を図るよう工夫する」ことである。クラブ活動に関して最後に付加的に当たり前のように記されているが，この二つの点は，クラブ活動のみならず，特別活動全体にとってもきわめて重要なポイントである。とりわけ，前者の指摘点は，クラブ活動にとっても，また特別活動全体にとっても，いわば活動の「いのち」と言えるものであり，それがなくなれば，クラブ活動を含めた特別活動は単なる一つの選択教科になってしまい，大きな教育的意義を失うことになると言ってもよいであろう。

2　クラブ活動の実践化

1　クラブ活動の実態

　第2章でもみたように，学習指導要領［1998年版］によって，中学校と高等学校の必修クラブ（授業クラブ，課内クラブ，一斉クラブなどの名称でも呼ばれていた）は廃止されたために，クラブ活動は小学校だけで行われることになった。その小学校のクラブ活動では，主として小学校第4学年から第6学年までの学年・学級の枠を取り払って集まった異学年齢集団の児童たちが，共通の興味・関心を追求する活動を行うことを通して，各人の個性を伸長したり，所属するクラブ集団を自分たちで運営する能力を身につけたりしていくことが可能となる。

　クラブ活動を担当する教師は，児童にとって「楽しむ活動」になるように，児童たちを指導するという構えをいったん横に置き，児童たちの活動を温かく見守り，必要に応じて最低限の助言をしていけるように心がけていきたいものである。もちろん活動を進めていくうちに能力差，技能差が現れてくるであろうが，それを課題として捉えるのではなく，かかわり合うなかで互いを生かしていけるように配慮していくことが大切である。また，クラブ活動での成果を

発表できる機会や場（例えば，「クラブ発表会」）を設けて，活動成果の発表の仕方，クラブの一員としての役割などについて考え，協力して大勢の人の前で発表できるような資質・能力の育成が活動経験を通して期待できる。

　ところが，学習指導要領［1989年版］のときには，学級活動とクラブ活動に充てる年間授業時数として，学校教育法施行規則第24条の2の別表第1に，第4学年から第6学年まで70時間が示されていたが，学習指導要領［1998年版］からは，学級活動のみに35時間を充てることが示された。

▷1　小学校の新学習指導要領の第1章総則，第2の3の(2)のイを参照。

　そのうえで，第1章の総則において，「特別活動の授業のうち，児童会活動，クラブ活動及び学校行事については，それらの内容に応じ，年間，学期ごと，月ごとなどに適切な授業時数を充てるものとする」とされた。この規定は，新学習指導要領でもそのまま維持されている。2015年度の文部科学省の調査では，年間6～10時間を充てる小学校が多く，月1回程度実施されていると推測される（表11-1）。

表11-1　特別活動（児童会活動，クラブ活動，学校行事）のうち，クラブ活動の年間授業時数

授業時数	5以下	6～10	11～15	16～20	21～25	26以上
学校数の割合 （小学校第5学年）	3.2%	40.4%	35.2%	18.1%	2.6%	1.1%

出所：平成27年度公立小・中学校における教育課程の編成・実施状況調査（文部科学省）。

　したがって，クラブ活動が児童にとって「楽しむ活動」になり得ても，また個性の伸長や自主的，実践的な態度の育成などに関してクラブ活動の教育的意義が教師間で見出されていても，現実的にはクラブ活動の時間の確保という課題が横たわっている。その意味でも，新学習指導要領の特徴となっているカリキュラム・マネジメントが重要となる。

2 　クラブ活動の諸相

　実施時間や回数は，学校の実態に合わせて，前年度のうちに年間指導計画を作成しておくことが重要である。そのためには，次年度のクラブ希望調査は，前年度のうちに済ませて把握しておくとよいであろう。そうなれば，新学期のクラブ活動のスタートがスムーズに行われるであろう。その際には，児童の希望を優先して各クラブに所属できるように配慮することが何よりも大切である。それゆえ，各学校の実態に応じて，クラブの設置や募集方法の工夫が行われる。もちろん，クラブによって所属人数に差ができるが，その数に合わせて担当する教員が複数配置されることもある。

　一般的には，体育系クラブと文化系クラブが開設されるようである。体育系クラブには，バドミントンクラブ，卓球クラブ，球技クラブ，一輪車クラブ，ゲートボールクラブなどが考えられる。また，文化系クラブには，囲碁クラ

ブ，将棋クラブ，手芸クラブ，絵画クラブ，音楽クラブ，図画工作クラブ，料理クラブなどがあげられる。

　なお，最近では，あくまでも児童の興味・関心を基本とするが，地域の伝統芸能や文化と関連づけて，外部講師や地域の教育力を活用することも考えられている。また，ゲートボールクラブなどが地域のゲートボール場に出向いて，地域の高齢者のチームと交流することや地域向けの新聞を発行することなどもあり得る。つまり，クラブ活動は，体育系や文化系という二つのグループに大別されるが，それ以外に新たに地域系というべきグループが誕生しつつある。ただし，クラブ活動は，教師の適切な指導の下で展開されるものであるため，いずれの活動においても，事故防止と安全確保に配慮することが必要であるが，とりわけ校外へ出て活動を行うクラブについては，前もって十分な配慮が求められるところである。

3　部活動の理論化

1　部活動の変遷

　第2章で述べられていたように，1968（昭和43）年から1970（昭和45）年において小・中・高等学校の学習指導要領改訂が行われ，学校行事と特別教育活動の2領域が統合され，小・中学校では「特別活動」，高等学校では「各教科以外の教育活動」となった。この活動の呼び名は違うものの，原則として，小・中・高等学校の子どもが毎週1時間の活動を行う全員参加のクラブ（いわゆる「必修クラブ」）が教育課程の1領域として設置された。それによって，これまで自主的に組織されていたクラブ活動は，いわゆる「課外クラブ」として併存することになった。この「課外クラブ」は，区別するために「部活動」（省略して「部活」）と呼ばれるようになった。

　ところが，学習指導要領［1989年版］では，学級活動が設置され，高等学校の区分に合わせるかたちで，特別活動は，学級活動（ホームルーム活動），児童会活動（生徒会活動），クラブ活動，学校行事の4領域で構成された。その際に，部活動への参加をもってクラブ活動の履修に代替できることが示された（「部活代替制度」と呼ばれる）。

　さらに，「ゆとり教育」と批判を浴びた中学校学習指導要領［1998年改訂］と高等学校学習指導要領［1999年版］では，完全学校週5日制に向けて授業時間が削減されることになり，小学校のクラブ活動は維持されるものの，その余波を受けて中学校と高等学校のクラブ活動は廃止された。それによって，クラブ活動の履修に代替できる中学校と高等学校の部活動の名称は，学習指導要領か

▷2　中学校学習指導要領［1989年改訂］の第4章には，「クラブ活動については，学校や生徒の実態に応じて実施の形態や方法などを適切に工夫するよう配慮するものとする。なお，部活動に参加する生徒については，当該部活動への参加によりクラブ活動を履修した場合と同様の成果があると認められるときは，部活動への参加をもってクラブ活動の一部又は全部の履修に替えることができるものとする」と明記された。なお，高等学校学習指導要領［1989年改訂］の第3章においては，中学校のものと比べて表現が少し違っているが，内容的にはまったく同じことが示されている。

ら消えてしまうことになり，学校教育における部活動の位置づけが弱まることとなった。しかし，現実には部活動の存在意義は子どもにとって弱まることもなかった。そのために，学習指導要領における部活動の無記入と部活動の実態とはかなり乖離することとなった。中学校学習指導要領［2008年改訂］と高等学校学習指導要領［2009年版］の総則では，部活動については，「学校教育の一環として，教育課程との関連が図られるように留意すること」という文言が示され，学校教育における活動の存在意義は，少しは認められることとなった。

　現在，改訂された中学校と高等学校の新学習指導要領の総則では，おおよその内容は変わらないが，今回の改訂で繰り返し強調されている資質・能力の育成に対する文言や，教育課程外の学校教育活動と教育課程の関連が強調されたものになっている。

　実際には，部活動に関して，中学校と高等学校の新学習指導要領においては次のように記されている。

　「教育課程外の学校教育活動と教育課程の関連が図られるように留意するものとする。特に，生徒の自主的，自発的な参加により行われる部活動については，スポーツや文化，科学等に親しませ，学習意欲の向上や責任感，連帯感の涵養等，学校教育が目指す資質・能力の育成に資するものであり，学校教育の一環として，教育課程との関連が図られるよう留意すること。その際，学校や地域の実態に応じ，地域の人々の協力，社会教育施設や社会教育関係団体等の各種団体との連携などの運営上の工夫を行い，持続可能な運営体制が整えられるようにするものとする。」

　この記述を受けて，「中学校学習指導要領解説総則編」と「高等学校学習指導要領解説総則編」では，部活動に関して，「教育課程外の様々な教育活動を教育課程と関連付けることは，生徒が多様な学びや経験をする場や自らの興味・関心を深く追究する機会などの充実につながる」と述べられたあとで，「特に，学校教育の一環として行われる部活動は，異年齢との交流の中で，生徒同士や教員と生徒等の人間関係の構築を図ったり，生徒自身が活動を通して自己肯定感を高めたりすることなど，その教育的意義が高いことも指摘されている」と，記述されている。つまり，教育課程外の活動としての部活動は教育課程と関連づけることによって，学校における教育的意義が強く見出されている。

２　部活動の位置づけ

　上述したような変遷を経て，現在の中学校と高等学校における部活動は，教育課程上の特別活動の一つになっているクラブ活動とは位置づけとしてかなり異なるものである。

▷3　総則には，「生徒の自主的，自発的な参加により行われる部活動については，スポーツや文化及び科学等に親しませ，学習意欲の向上や責任感，連帯感の涵養等に資するものであり，学校教育の一環として，教育課程との関連が図られるよう留意すること。その際，地域や学校の実態に応じ，地域の人々の協力，社会教育施設や社会教育関係団体等の各種団体との連携などの運営上の工夫を行うようにすること」と明記された。

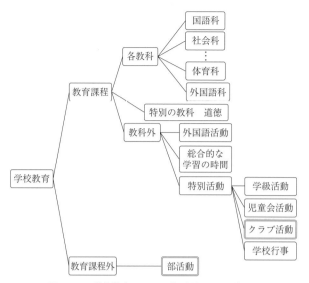

図11-2　学校教育における部活動とクラブ活動
出所：筆者作成。

　部活動とクラブ活動の位置関係をわかりやすく示すために，あえて教育課程のところについては小学校のものを下敷きにして図を描くと，図11-2のようになる。

３　部活動の教育的意義と課題

　語源的に言うと，部活動という言葉は，「倶楽部活動」の略称であり，「倶」は「ともに」，楽は「楽しい」，部は「区分された地域・箇所」という意味であるから，「倶楽部」は「楽しいところ」ということになる。現在では，前述したように，さまざまな経緯を経て，部活動は，子どもが学校においてスポーツ活動や文化的な活動に任意で参加する教育課程外の教育活動のことを意味している。したがって，あくまでも任意参加の活動であるため，部活動は自主的，自発的なものでなければならない。事実，中学校と高等学校の新学習指導要領における「生徒の自主的，自発的な参加により行われる部活動」という表記は，それを顕著に示している。

　ところが，現実には，生徒全員に部活動に強制的に参加させているような学校も存在している。もちろん部活動には，個々人の個性や社会性を育成するだけでなく，生徒が連帯感や達成感や所属感などを味わうという，特別活動と同様，あるいはそれ以上の教育的意義が認められるが，それを理由にして，生徒全員を強制加入させることは，部活動の本来の意味からしても不自然であるうえに，何よりも学習指導要領を逸脱している点で大いに問題である。しかし，何よりの問題は，部活動が教師の長時間勤務や多忙化の大きな原因となっていること[4]，そこでの活動において教師の体罰や生徒間のいじめなどの人権侵害

▷4　OECD 国際教員指導環境調査（TALIS, 2013）によれば，日本の中学校教員の１週間当たりの勤務時間は，調査に参加した34カ国のうち最長（日本53.9時間，参加国平均38.3時間）であった。

が発生していることである。この問題を解決することは，学校の教育活動として部活動が存在する以上，喫緊の課題となっている。

4　部活動の実践化

1　部活動の問題状況

部活動の問題を実際に解決するために，「中学校学習指導要領解説総則編」と「高等学校学習指導要領総則編」においても，次のような記述が見られる。

「各学校が部活動を実施するに当たっては，…（略）…，生徒が参加しやすいよう実施形態などを工夫するとともに，生徒の生活全体を見渡して休養日や活動時間を適切に設定するなど生徒のバランスのとれた生活や成長に配慮することが必要である。その際，生徒の心身の健康管理，事故防止及び体罰・ハラスメントの防止に留意すること。」

つまり，部活動の問題に対して，「生徒が参加しやすいよう実施形態などを工夫する」こととともに，「休養日や活動時間を適切に設定する」ことが提案されている。前者については，具体性の乏しい指示であるが，後者については，休養日や活動時間という具体的な内容が示されているうえに，2018年3月に，スポーツ庁は「運動部活動の在り方に関する総合的なガイドライン」を発表し，同年12月に，文化庁も「文化部活動の在り方に関する総合的なガイドライン」を発表しているために，手始めの対策として，実践化することは直ちにできるはずである。

また，部活動における「体罰・ハラスメント」の問題も，まるで全国的に常態化しているようであり，教育活動として存在する以上，このまま放置できない事柄である。とくに，勝敗や受賞に強くかかわる部活動には，その問題は起こりやすいようである。とりわけ，運動部活動の体罰は深刻な問題である。

わが国の運動部活動は，必然的に勝利至上主義に，それも武士道の一面から由来する精神主義的な色彩の強い勝利至上主義の傾向に陥りやすい。そこから，根性論や鍛錬主義や「愛の鞭論」の傾向も蔓延する。その結果，体罰を容認するような雰囲気が，「密室化」「聖域化」された運動部活動のなかで生じることになるという。また，運動部活動には，厳しい練習なのか体罰なのか，区別のつかないところもあり，体罰を温存する土壌がある。例えば，「近距離からスパイク打ちでボールを顔や体にぶつけられた」「試合に負けた後，100本ダッシュやグランド10周を命じられた」などである。

実際に行われる体罰の方法・程度としては，次のような4種類が多いと言われている。すなわち，頭をゲンコツで殴る，顔を平手で叩く，物で叩く，長時

▷5　休養日等の設定については，スポーツ庁も文化庁も同じ内容を基準として示している。
○学期中は，週当たり2日以上の休養日を設ける。（平日は少なくとも1日，土曜日及び日曜日（以下「週末」という。）は少なくとも1日以上を休養日とする。週末に大会参加等で活動した場合は，休養日を他の日に振り替える。）
○長期休業中の休養日の設定は，学期中に準じた扱いを行う。また，生徒が十分な休養を取ることができるとともに，運動部活動（文化部活動）以外にも多様な活動を行うことができるよう，ある程度長期の休養期間（オフシーズン）を設ける。
○1日の活動時間は，長くとも平日では2時間程度，学校の休業日（学期中の週末を含む）は3時間程度とし，できるだけ短時間に，合理的でかつ効率的・効果的な活動を行う。

▷6　運動部活動における体罰の問題については，かなり以前から指摘はなされてきた。例えば，城丸章夫・水内宏編『スポーツ部活はいま』（青木書店，1991年）などである。

間の正座である。このような体罰は，運動部活動だけでなく，教室の授業中に
も行われるものであるが，運動部活動のなかでの体罰は，かなり熾烈で酷い，
人間の尊厳を踏みにじるようなものになりがちである。その結果，生徒を自死
に追い込むような事態も起きている。それだけに，運動部活動が健全な教育活
動になるように，早急に改善策を，担当の顧問教師だけでなく，学校全体で考
えていくことが必要である。

　このような運動部活動の実態を踏まえ，各地の教育員会では，運動部活動の
ガイドラインも作成されている。

2　部活動の諸相

　部活動は教育課程外に位置づいているために，その内容は，学習指導要領に
おいて具体的に示されていない。したがって，部活動の種類も多種多様であ
り，各学校の特徴や生徒の希望を生かしたものが行われている。大まかには，
クラブ活動と同様に，文化系と運動系に分けることが多いようである。しか
し，部活動はクラブ活動と違って（もちろん，クラブ活動に一部重なるところがあ
るが），単なる興味・関心の追求ではない。個人あるいは集団として，少しで
もよい成果を上げることが大きな目標となる。

　運動部活動としては，陸上競技部，サッカー部，ハンドボール部，バスケッ
トボール部，バレーボール部，テニス部，ソフトテニス部，野球部，バドミン
トン部，卓球部，体操部，柔道部，剣道部，弓道部，水泳部など
である。

　また，文化部活動としては，放送文化部，美術部，書道部，棋
道部，吹奏楽部，茶道部，合唱部，ESS 部，文芸部，演劇部，
新聞部，ダンス部，軽音楽部などである。

　高等学校では，各学校や地域によって，ユニークな部活動が行
われているところが少なくない。例えば，ミュージカル部，オペ
ラ研究部，人形劇部，ボランティア部，サイクリング部，ライフ
セービング部などである。これらの部活動の特徴は，成果を求め
ないわけではないが，成果や成績を上げるために必死に「がんば
る」というのではないところにあるように思われる。

図11-3　サッカー部
出所：図11-3〜11-6，筆者撮影。

3　これからの部活動

　地域や学校によって，さまざまな部活動の形態が生まれること
になるだろう。大きくは，次の三つのことが考えられる。

　まず，第一に考えられることは，学校教育の一環である部活動
と地域の各種団体，とりわけ総合型地域スポーツクラブとの連

図11-4　バレーボール部

図11-5　野球部

図11-6　吹奏楽部

▷7　スポーツ庁ホームページ「国民のスポーツライフ」(http://www.mext.go.jp/sports/b_menu/sports/mcatetop05/list/1371972.htm)。

▷8　『毎日新聞』(2018年2月24日版)。

携・協力・移行である。運動部活動では，以前から言われていることであるが，総合型地域スポーツクラブとの連携も増えるであろう。

　総合型地域スポーツクラブとは，「人々が，身近な地域でスポーツに親しむことのできる新しいタイプのスポーツクラブで，子供から高齢者まで（多世代），様々なスポーツを愛好する人々が（多種目），初心者からトップレベルまで，それぞれの志向・レベルに合わせて参加できる（多志向），という特徴を持ち，地域住民により自主的・主体的に運営されるスポーツクラブ」である。1995年度から，文部科学省の傘下のもとで，わが国における生涯スポーツ社会の実現を目指して，その組織の育成が開始され，2017年7月には，創設準備中を含め3580クラブが育成された。それらのスポーツクラブは，それぞれの地域において，スポーツの振興やスポーツを通じた地域づくりなどに向けた活動を展開しようとしている。その組織と学校との連携・協力が求められることになるだろう。例えば，教師の勤務負担軽減にもつながる外部指導員の派遣である。さらには，ときには練習に総合型地域スポーツクラブの施設を借りることも考えられる。もっと言えば，学校の運動部活動を廃止して，できるかぎり総合型地域スポーツクラブに移行するという極端なところも出現するであろう。そのように，総合型地域スポーツクラブと学校の結びつきが強くなると，総合型地域スポーツクラブがイニシアティブを取るか，あるいは学校が取るか，という問題も浮上してくるであろう。そのときには，それぞれの学校や地域，さらには総合型地域スポーツクラブや子どもの情況を考えて，最も適切な形態が選択されるべきであろう。

　また，文化部活動についても，運動部活動と似たようなことが考えられる。実際に，スポーツクラブという名称であっても，その組織は文化部活動を含んでいたり，名称そのものが文化活動を含んでいることを明確にするために「総合型地域スポーツ・文化クラブ」という組織も見られたりするからである。

　次に考えられることは，他校との合同チームである。子どもの人口の減少や子どもの多様なニーズによって，単独の学校では部員が少なくなり，他校との合同チームが増えることになるであろう。実際に中学校の運動部活動では，2017年6月には，合同チームは1000チームを超えたという。その数は，2002年度の330チームであったことと比べると，15年で約3倍になったというのである。今後も，部活動における合同チームという形態も，運動部活動だけでなく，文化部活動においても，増加することになるであろう。しかし，この形態では，他校の子どもとの交流がある点で，総合型地域スポーツクラブと同じよ

うなよさが見られるものの，教師の勤務負担軽減に対する効果はあまり生じないように思われる。

　さらに考えられることは，「楽しむ」部活動の増加である。前述したように，中学校や高等学校の部活動では，よい成果や成績を求めて「がんばる」という特徴が見られるものの，小学校のクラブ活動のように「楽しむ」という特徴が強まるのではないだろうか。現在のところ，高等学校の部活動に，そのような部活動が増えつつある。つまり，いわゆる同好会的な部活動である。実際に前述したように，ユニークな部活動が出現しつつある。今後も，新しい名称の部活動が次々と生み出されるであろう。

Exercise

① クラブ活動と部活動の違いについて考えてみよう。
② とりわけ部活動の意義と問題点を整理したうえで，今後のあるべき姿についてお互いに話し合ってみよう。
③ クラブ活動の改善点について話し合ってみよう。

📖次への一冊

教職問題研究会編『教科外教育の理論と実践 Q&A』ミネルヴァ書房，2002年。
　　少し古い本であるが，内容的には現在にあっても十分に読める本である。生徒指導，教育相談，特別活動，道徳教育などに関して，項目別に Q&A 方式で簡潔にわかりやすく説明している。
日本特別活動学会編『三訂　キーワードで拓く新しい特別活動——平成29年版・30年版学習指導要領対応』東洋館出版社，2019年。
　　実践や実践研究の基盤となる特別活動に関連するキーワードを選び，それらの定義・意味や背景をわかりやすく説明した用語集。特別活動の研究を始めるときに役立つ。
内田良『ブラック部活動——子どもと先生の苦しみに向き合う』東洋館出版社，2017年。
　　的確な改善策を提示してくれているわけではないが，部活動の問題点について歯に衣着せぬ批評で明確に指摘しているために，読者は簡単にその問題のポイントを理解することができる。

引用・参考文献

今橋盛勝・林量俶・藤田昌士・武藤芳照編『スポーツ「部活」』草土文化，1987年。
折出健二編『特別活動』学文社，2008年。

城丸章夫・水内宏編『スポーツ部活はいま』青木書店，1991年。

スポーツ庁「運動部活動の在り方の在り方に関する総合的なガイドライン」（http://www.mext.go.jp/sports/b_menu/shingi/013_index/toushin/__icsFiles/afieldfile/2018/03/19/1402624_1.pdf）。

日本特別活動学会編『三訂　キーワードで拓く新しい特別活動――平成29年版・30年版学習指導要領対応』東洋館出版社，2019年。

文化庁「文化部活動の在り方の在り方に関する総合的なガイドライン」（http://www.bunka.go.jp/seisaku/bunkashingikai/kondankaito/bunkakatsudo_guideline/h30_1227/pdf/r1412126_01.pdf）。

文部科学省『小学校学習指導要領（平成29年告示）解説　特別活動編』東洋館出版社，2018年 a。

文部科学省『中学校学習指導要領（平成29年告示）解説　特別活動編』東山書房，2018年 b。

文部科学省『高等学校学習指導要領（平成30年告示）解説　特別活動編』東京書籍，2019年。

文部科学省／国立教育政策研究所　教育課程研究センター編『特別活動指導資料　みんなで，よりよい学級・学校生活をつくる特別活動（小学校編）』文渓堂，2019年。

第12章
学校行事の理論と実践

〈この章のポイント〉

　学校行事は，学年や学校全体などという大きな集団において，一つの目的のもとに行われるさまざまな活動の総体であり，これらの活動を通して，子どもは多様な集団への所属感や連帯感を高めていくものである。本章では，現在の子どもに求められる資質・能力の視点から，学校行事の理論化と実践化について解説する。なお，基本的に本章でも，学校段階として，小学校をベースに検討するため，小学校の新学習指導要領と「小学校学習指導要領解説特別活動編」を中心に取り上げる。

1　学校行事の理論化

1　学校行事の目標

　小学校の新学習指導要領には，学校行事の目標は次のように記されている。

> 　全校又は学年の児童で協力し，よりよい学校生活を築くための体験的な活動を通して，集団への所属感や連帯感を深め，公共の精神を養いながら，第1の目標に掲げる資質・能力を育成することを目指す。

　この表記は，中学校の場合，「児童」箇所が「生徒」に，高等学校の場合，「学校又は学年の児童」が「全校若しくは学年又はそれらに準ずる集団」に変更されているだけである。つまり，学校行事の目標は，小学校，中学校，高等学校の学校段階において基本的に共通したものとなっている。その目標の記述から，学校行事の特徴として，次の3点が示されていると言えよう。

　一点目として，「全校又は学年の児童で協力し」という文章から，学校行事は，全校や学年などの大きな集団で活動するところである。その活動によって，大きな集団ならではの体験を通して，「集団への所属感や連帯感を深め」ることが求められている。二点目として，学校行事による大きな集団的な体験は，「よりよい学校生活」を新しく築くことに貢献できるところである。三点目として，集団的な学校行事において「公共の精神」が養われるところである。この点は，改正された教育基本法第2条の「教育の目標」に呼応したものである。

このような特徴をもった学校行事において求められる資質・能力の育成は，次のように「小学校学習指導要領解説特別活動編」のなかで明記されている。

○　全校または学年などの児童で協力して取り組む各学校行事の意義について理解するとともに，各学校行事に必要なことを理解し，それぞれの学校行事のねらいや内容に即した行動の仕方や習慣を身に付けるようにする。

○　学校行事を通して学校生活の充実を図り，人間関係をよりよく形成するための目標を設定したり課題を見いだしたりして，大きな集団による集団活動や体験的な活動に協力して取り組むことができるようにする。

○　学校行事を通して身に付けたことを生かして，集団や社会の形成者としての自覚をもって多様な他者と尊重し合いながら協働し，公共の精神を養い，よりよい生活をつくろうとする態度を養う。

　これらの資質・能力は，明らかに新学習指導要領で強調される三つの柱に対応している。すなわち，上から順に言うと，「意義について理解する」や「行動の仕方や習慣を身に付ける」という文言から「知識及び技能」の習得に，「人間関係をよりよく形成する」や「協力して取り組む」という文言から「思考力，判断力，表現力等」の育成に，「多様な他者と尊重し合いながら協働し，公共の精神を養い」ながら，「よりよい生活をつくろうとする態度」という文言から「学びに向かう力，人間性等」の涵養に対応している。もちろん，これらの資質・能力の育成は，バランスを考慮しながら，特別活動の「社会参画」「人間関係形成」「自己実現」という三つの視点すべてにおいて重視されるものの，大別すれば，学校行事の文脈においても，「知識及び技能」という資質・能力は「社会参画」の視点に，「思考力，判断力，表現力等」という資質・能力は「人間関係形成」の視点に，「学びに向かう力，人間性等」という資質・能力は「自己実現」の視点に強く関連しているとみなすことができる。

　また，文部科学省の考えによれば，これらの資質・能力の育成のためには，学校行事の具体的な活動の過程が重要であるとされる。例えば，一般的な望ましい学習過程の一例が「小学校学習指導要領解説特別活動編」のなかで示されているが，そこでも，学校行事は，それぞれ異なる意義をもつとされる行事の総体であるため，育成される資質・能力や，その過程もさまざまであることに対して，注意が喚起されている[1]。とりわけ，学校行事は，他の特別活動の内容と異なり，学校が計画し実施するものでありながら，各種類の学校行事に子どもが積極的に参加し協力することによって充実する教育活動であるために，学校行事の意義を十分に理解したうえで，各学校行事の特質や子どもの実態に応じて，子どもの自主的・実践的な活動を助長することが大切である。その点を十分に理解することを前提にして，次に示す学校行事の学習過程の図を確認してほしい（図12-1）。

▷1　この点については，「小学校学習指導要領解説特別活動編」において詳細に説明されている（文部科学省，2018 a，119～120ページ）。

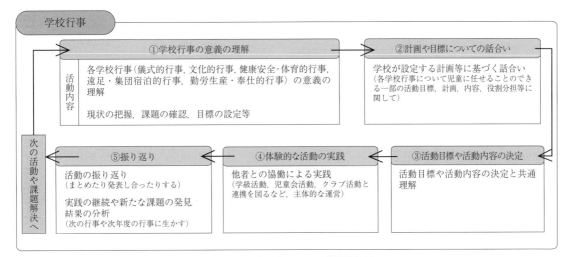

図12-1　学校行事における学習過程例

出所：文部科学省（2018a，118ページ）。

つまり，①「学校行事の意義の理解」→②「計画や目標についての話合い」→③「活動目標や活動内容の決定」→④「体験的な活動の実践」→⑤「振り返り」→「次の活動や課題解決へ」というサイクルが，学習課程の例として想定されている。このサイクルを，新学習指導要領において強調されるPDCAサイクルと対比してみるなら，②と③を合わせてPに該当し，④はD，「次の活動や課題解決へ」はAに当てはまる。その点から考えると，①「学校行事の意義の理解」は，PDCAサイクルからはみ出すものであり，P（計画）の前に行われる，広い意味でのR（調査）であるとみなされる。したがって，学校行事における学習過程は，特別活動全体のそれと同じように，Rを加えたR-PDCAサイクルになっていると考えられる。

　もちろん，PDCAサイクルをベースにしたR-PDCAサイクルという学習過程の考え方は，教師の指導の際に重要な羅針盤となるものであるが，決して万能ではない。それゆえ，教師たちは，「小学校学習指導要領解説特別活動編」においても，あくまでも学習過程の一例として示されているということを十分に理解して，自分の学校に適った学校行事の実践を創造していくことになる。

［2］　学校行事の内容

　学校行事は，小学校から高等学校まで，次の五つの内容から構成されている。ただし，名称は少しだけ異なっている。すなわち，小学校の場合は，儀式的行事，文化的行事，健康安全・体育的行事，遠足・集団宿泊的行事，勤労生産・奉仕的行事である。中学校と高等学校の場合，遠足・集団宿泊的行事という名称が，旅行・集団宿泊的行事と変更されているだけである。

① 儀式的行事のねらいと内容

　小学校の学習指導要領には，儀式的行事のねらいは，次のように明記されている。

> 　学校生活に有意義な変化や折り目を付け，厳粛で清新な気分を味わい，新しい生活の展開への動機付けとなるようにすること。

　学習指導要領［2008年版］では，文末には「活動を行うこと」という文言が記されていたが，新学習指導要領では「ようにすること」に変更され，単なる活動から指導的色彩が強められることになった（中学校，高等学校の場合も同様の変更が行われた）。この点は，文末の部分的な修正であるようにもみえるが，実は特別活動のあり方を大きく変えることにつながる変更である。
　そのうえで，儀式的行事において求められる資質・能力の育成は，次のように「小学校学習指導要領解説特別活動編」のなかで明記されている。

> ○　儀式的行事の意義や，その場にふさわしい参加の仕方について理解し，厳粛な場におけるマナー等の規律，気品のある行動の仕方などを身に付けるようにする。
> ○　新しい生活への希望や意欲につなげるように考え，集団の場において規則正しく行動することができるようにする。
> ○　厳粛で清新な気分を味わい，行事を節目として希望や意欲をもってこれからの生活に臨もうとする態度を養う。

　これらの資質・能力は，明らかに新学習指導要領で強調されている三つの柱である。上から順に，「知識及び技能」の習得，「思考力，判断力，表現力等」の育成，「学びに向かう力，人間性等」の涵養である[2]（以下の各行事も同様である）。学校行事全体において求められる資質・能力の育成は，学校行事のなかの儀式的行事においても同じように，その内容を踏まえて重視されるのである。

▷2　小学校と中学校と高等学校の資質・能力に関する解説文は，学校段階に応じてそれぞれ異なっている。

　このような資質・能力の育成のために，入学式，卒業式，始業式，終業式，着任式，離任式，朝会などが用意されている。
②　文化的行事のねらいと内容
　小学校の学習指導要領には，文化的行事のねらいは，次のように明記されている。

> 　平素の学習活動の成果を発表し，自己の向上の意欲を一層高めたり，文化や芸術に親しんだりするようにすること。

　文化的行事のねらいについては，前述した儀式的行事と同様に，文末が新学習指導要領において変更されているが，全体としては従来の内容が引き継がれている（中学校の場合，同様の変更が行われ，高等学校の場合，それに加えて若干の文言の変更があった）。

そのうえで，文化的行事において求められる資質・能力の育成は，「知識及び技能」の習得，「思考力，判断力，表現力等」の育成，「学びに向かう力，人間性等」の涵養の順に，文化的行事の内容を踏まえて，「小学校学習指導要領解説特別活動編」のなかで三つ明記されている。^{▷3}

③　健康安全・体育的行事のねらいと内容

小学校の学習指導要領には，健康安全・体育的行事のねらいは，次のように明記されている。

> 心身の健全な発達や健康の保持増進，事件や事故，災害等から身を守る安全な行動や規律ある集団行動の体得，運動に親しむ態度の育成，責任感や連帯感の涵養，体力の向上などに資するようにすること。

健康安全・体育的行事のねらいについては，前述した二つの儀式的行事や文化的行事と同様に，文末が新学習指導要領において変更されているが，全体としては従来の内容が引き継がれている。ただし，安全に関しては，「事件や事故，災害等から身を守る」という箇所が加筆され，より具体的な場面を想定した指導が求められている（中学校，高等学校の場合も同様の変更が行われた）。

そのうえで，健康安全・体育的行事において求められる資質・能力の育成は，前述した二つの儀式的行事や文化的行事の場合と同じように，その特徴を踏まえて，「小学校学習指導要領解説特別活動編」のなかで同じ順に三つ明記されている。^{▷4}

このような資質・能力の育成のために，健康診断や給食に関する意識を高めるなどの健康に関する行事，避難訓練や交通安全，防犯などの安全に関する行事，運動会や球技大会などの体育的な行事が考えられる。

④　遠足・集団宿泊的行事

小学校の新学習指導要領には，遠足・集団宿泊的行事のねらいは，次のように明記されている。

> 自然の中での集団宿泊活動などの平素と異なる生活環境にあって，見聞を広め，自然や文化などに親しむとともに，よりよい人間関係を築くなどの集団生活の在り方や公衆道徳などについての体験を積むことができるようにすること。

遠足・集団宿泊的行事については，前述した行事と同様に文末が新学習指導要領において変更されている。さらに言えば，「望ましい体験」の文言が「体験」に，「人間関係などの集団活動」という文言が「よりよい人間関係を築くなどの集団生活」に変更されただけで，従来の内容がほぼ踏襲されている（中学校，高等学校の場合，「望ましい」という表現が同様に削除され，「集団活動」という文言が「よりよい人間関係を築くなどの集団生活」に変更された）。

▷3　○文化的行事の意義や日頃の学習成果を発表する方法，鑑賞の仕方について理解し，美しいもの，よいものをつくり出し，互いに発表したり，鑑賞し合ったりする活動に必要な知識や技能を身に付けるようにする。

○美しいものや優れたもの，地域や我が国の伝統文化等，自他のよさについて考え，触れたり，発表し合ったりして，互いのよさを認め合うことができるようにする。

○多様な文化や芸術に親しむとともに，自他のよさを見付け合い，自己の成長を振り返り，積極的に自己を伸長しようとする態度を養う。

▷4　○心身の健全な発達や健康の保持増進，事件や事故，災害等の非常時から身を守ることなどについてその意義を理解し，必要な行動の仕方などを身に付ける。また，体育的な集団活動の意義を理解し，規律ある集団行動の仕方などを身に付けるようにする。

○自己の健康や安全についての課題や解決策について考え，他者と協力して，適切に判断し行動することができるようにする。また，運動することのよさについて考え，集団で協力して取り組むことができるようにする。

○心身の健全な発達や健康の保持増進に努め，安全に関心をもち，積極的に取り組もうとする態度を養う。また，運動に親しみ，体力の向上に積極的に取り組もうとする態度を養う。

▷5　○遠足・集団宿泊的行事の意義や校外における集団生活の在り方，公衆道徳などについて理解し，必要な行動の仕方を身に付けるようにする。
○平素とは異なる生活環境の中での集団生活の在り方やよりよい人間関係の形成について考え，自然や文化などに触れる体験において活用したり応用したりすることができるようにする。
○日常とは異なる環境や集団生活において，自然や文化などに関心をもち，積極的に取り組もうとする態度を養う。

そのうえで，「小学校学習指導要領解説特別活動編」には，これまで述べた各行事と同様に，求められる資質・能力は，遠足・集団宿泊的行事の内容を踏まえて，三つあげられている。

このような資質・能力の育成のために，遠足，修学旅行，移動教室，野外活動，集団宿泊活動などが考えられる。

⑤　勤労生産・奉仕的行事

小学校の新学習指導要領には，勤労生産・奉仕的行事のねらいは，次のように明記されている。

> 勤労の尊さや生産の喜びを体得するとともに，ボランティア活動などの社会奉仕の精神を養う体験が得られるようにすること。

勤労生産・奉仕的行事については，前述した行事と同様に文末が新学習指導要領において変更されている。それ以外については，部分的な用語の変更もいっさい行われることなく，踏襲されている（中学校と高等学校の場合，それぞれ「職場体験」という文言が「職場体験活動」，「就業体験」が「就業体験活動」と変更されただけである）。

そのうえで，「小学校学習指導要領解説特別活動編」には，これまで述べた各行事と同様に，求められる資質・能力の育成は，勤労生産・奉仕的行事の内容を踏まえて，三つあげられている

2　学校行事の実践化

1　儀式的行事の様相

儀式的行事のねらいは，学習指導要領の簡潔な文章を受けて，「小学校学習指導要領解説特別活動編」のなかで実践化のために少し詳しく説明されている。「中学校学習指導要領解説特別活動編」と「高等学校学習指導要領解説特別活動編」には，次のように述べられている。

「生徒の学校生活に一つの転機を与え，生徒が相互に祝い合い励まし合って喜びを共にし，決意も新たに新しい生活への希望や意欲をもてるような動機付けを行い，学校，社会，国家などへの所属感を深めるとともに，厳かな機会を通して集団の場における規律，気品のある態度を育てる」（小学校の場合，「生徒」が「児童」となる）。

そのために，いくつかの内容が前述したように学校教育のなかで用意されている。儀式的行事の内容としては，入学式，卒業式，終業式，修了式，立志式，開校記念日に関する儀式，教職員の着任・離任式，新入生との対面式，朝

会などである。ここでは，中学校の立志式と開校記念に関する儀式の二つの実践例を考えてみよう。

① 立志式：中学校

　学級活動や生徒会活動という他の特別活動だけでなく，総合的な学習の時間と連携しながら，立志式を実際に開催したものでのである。その際には，やりっぱなしの体験活動にならないために，求められる資質・能力の育成を意識ながら，ねらいを明確にすることが重要となる。

表12-1　立志式の計画の概略（一部分）

1．ねらい	・志を立てることと立志式の意義について理解し，集団の場におけるマナー等の規律や気品のある行動の仕方を身に付けるようにする。　　　　　　　　　　　　　　　　　　　　　　　　　【「知識及び技能」の習得】
	・これまでの生活を振り返ったりしながら，よりよい社会の一員となるための志を立て，そのための行動をとることができるようにする。　　　　　　　　　　　　　　　　　【「思考力，判断力，表現力等」の育成】
	・将来への希望をもち，進路を切り開こうとする態度を養う。　　　　　【「学びに向かう力，人間性等の涵養」】
2．内容と実施方法	
（1）事前	学年集会（立志のつどいの意義，概要，予定について）
	・総合的な学習の時間（家族への手紙作成・歌の練習・筑波山登山の感想発表原稿作成・リハーサル）
	・学年集会（立志のつどいへの参加の仕方について）
	・学級活動（感想記入）
	・諸準備（会場作成・保護者への案内状発送）
（2）当日	・開会の言葉→実行委員長挨拶→成長の軌跡→感謝の手紙発表→ビデオ視聴（誓いの言葉と一年間の思い出）→学年合唱→閉会の言葉　　　　　　　　　　　　　　　　　　　　　　　　　　　　　　（筆者一部改変）

　立志式（図12-2）は，中学校第2学年の2月の立春頃に，元服にちなんで15歳を祝う行事として各地の中学校でも広く行われている行事である。保護者を招いて，生徒らが将来の決意や目標を明らかに表明することで大人になる構えと自覚を深める。保護者は，子どもの成長した姿を直ちに感じることができ，生徒らから感謝を伝えられ，学年合唱の声量に圧倒され，感極まる場面を体験することとなる。進路決定の最終学年を迎えるこの時期に大切な節目となり，新たな希望や意欲を高める効果が認められる。

図12-2　立志式
出所：筆者撮影。

② 創立○周年記念式典：中学校

　創立記念式典のような学校行事は，教師や生徒だけで進めることなどできない。PTA，幾年にもわたる多くの卒業生，地域の人たちも広く関わってくる一大イベントといってよい。実行委員会を立ち上げ，何度も会合を開き，多くの人材と時間と費用を費やして実施されることとなる。そのために，記念事業実行委員会が設置され，準備が進められることになる。

表12-2　記念式典の計画の概略（一部分）

1．ねらい	
	・創立記念式典の意義を理解するとともに，その場にふさわしいマナー等の規律や気品のある行動の仕方を身に付けるよ

うにする。
【「知識及び技能」の習得】
・自分たちの学校の歴史を改めて知るとともに，これまで学校を支援してくれた人たちに感謝し，それを言葉や行為で表現できるようにする。
【「思考力，判断力，表現力等」の育成】
・創立記念式典の行事を節目として，これまでの自分の学校生活を振り返りながら，新たな学校生活への希望や意欲につなげようとする胎動を養う。
【「学びに向かう力，人間性等の涵養」】
司会進行は教頭
　　開式の言葉→校歌斉唱→学校長式辞→実行委員長あいさつ→来賓あいさつ（市長，教育委員長，議員，ＰＴＡ会長）→来賓紹介（歴代校長や元職員等も含む）→閉式の言葉
第二部　司会進行は生徒会役員
　　開会の言葉→Ｔ中学校60年のあゆみ（地域の方々から写真を借りて作成したスライドショー）→生徒会長あいさつ→記念公演（地元出身の女優）→お礼の言葉・花束贈呈→閉会の言葉→講師と参加者全員で記念撮影→講師・来賓・保護者退場
（筆者一部改変）

　　記念式典を，第一部と第二部に分けて実施することも可能である。前半は，厳かな雰囲気のなかで学校の歴史を振り返り，先人に感謝し教育の継続を祝った。後半では，生徒会が中心となり，何を行うかの内容検討から入念な準備，当日の司会進行までを担う。記念講演の講師の人選や連絡調整は実行委員会が行うが，当日の第二部は，現在通学している生徒たちがこの記念式典をつくりあげたという充実感を味わい，先人や地域への感謝や愛校心をいっそう高めることができる。

［2］　文化的行事の様相

　　文化的行事のねらいは，前述した儀式的行事と同様に，学習指導要領において簡潔に示され，「小学校学習指導要領解説特別活動編」のなかで実践化のために少し詳しく説明されている。そこには，次のように述べられている。
　　「児童が学校生活を楽しく豊かなものにするため，互いに努力を認めながら協力して，美しいもの，よりよいものをつくり出し，互いに発表し合うことにより，自他のよさを見付け合う喜びを感得するとともに，自己の成長を振り返り，自己のよさを伸ばそうとする意欲をもつことができるようにする。また，多様な文化や芸術に親しみ，美しいものや優れたものに触れることによって豊かな情操を育てる」（中学校と高等学校の場合も，若干の表現の違いはあるが，基本的に記述内容はほとんど同じである）。
　　文化的行事の内容として，大別して二つの種類のものが考えられている。一つは，子どもが発表し，互いに鑑賞する行事であり，具体的には学芸会，学習発表会，展覧会，作品展示会，音楽会，読書感想発表会などである。もう一つは，子どもの手によらない作品や催し物を鑑賞する行事であり，具体的には音楽鑑賞会，演劇鑑賞会，美術鑑賞会，地域の伝統文化等の鑑賞会などである。ここでは，小学校の学習発表会と演劇鑑賞会の実践例を取り上げる。
①　学習発表会：小学校

　学習発表会は，日頃の学習の成果を披露する機会と捉え直し，学級ごとに朗読や合唱，合奏，調べ学習など子どもの興味関心を大切にしながら発展学習の発表会として実施する（【「知識及び技能」の習得】）。実際には，授業参観日に全児童と保護者が体育館に集まり，2時間の学習発表会が実施される。会場には，学校運営協議会，学校応援団，見守り隊，民生児童委員，自治会長等，コミュニティ・スクールの取り組みに関わっている人々を招く。子どもは，自他の個性やよさを見付け合う喜びを感得するとともに（【「思考力，判断力，表現力等」の育成】），自己の成長を振り返り，自己のよさをいっそう伸ばそうとする態度を養うことになる（【「学びに向かう力，人間性等」の涵養】）。

② 演劇鑑賞会：小学校

　次の実践は，ある小学校で予想外の展開となった演劇鑑賞会の事例である。小規模校のため，学校予算もPTA予算も少なくお金をかけて団体を呼ぶことができない。しかし，子どもたちが本物に触れ，心を動かす体験を大切にしたいと考えた。そこで校長が日本屈指の劇団に直接手紙を書き協力を依頼した結果，劇団員数名が来校してくれ，第4・5・6学年を対象に発声教室が実施された。このときの感動を児童が家族に伝えたことから話が地域に広がり，思わぬ事態を生じさせた。市内の企業から献金の申し出があって，全校児童を対象にミュージカル鑑賞会が実施されることになった。鑑賞マナーについては，各学年において事前指導を行った。公演当日の本物に触れる体験は子どもたちを夢中にさせた。鑑賞後は，このときの感動を伝えるお礼の手紙を支援企業と劇団員らに送った。

表12-3　演劇鑑賞会の計画の概略（一部分）

1. ねらい	・演劇鑑賞を通して，望ましい態度や鑑賞マナーを身に付ける。　　　　　　　　【「知識及び技能」の習得】
	・友達と共通の感動体験をすることにより，共感を分かち合い学校生活に潤いをもつ。
	【「思考力，判断力，表現力等」の育成】
	・身近に演劇という芸術を鑑賞することで豊かな情操を養う。　【「学びに向かう力，人間性等」の涵養】
2. 日時・場所	
	○年□月◎日△曜日　　10：45〜11：55　　　小学校体育館
3. 内容	演目「オズの魔法使い」　　　　　　　　　　　　　　　　　　　　　　　（筆者一部改変）

3　健康安全・体育的行事の様相

　健康安全・体育的行事のねらいについては，「中学校学習指導要領解説特別活動編」と「高等学校学習指導要領解説特別活動編」に，次のように述べられている。

　「生徒自らが自己の発育や健康状態について関心をもち，心身の健康の保持増進に努めるとともに，身の回りの危険を予測・回避し，安全な生活に対する理解を深める。また，体育的な集団活動を通して，心身ともに健全な生活の実

践に必要な習慣や態度を育成する。さらに，生徒が運動に親しみ，楽しさを味わえるようにするとともに体力の向上を図る」（小学校の場合，「生徒」が「児童」となったり，少し表現が違っているところもあるが，記述内容はほとんど同じである）。

　中学校の場合，健康安全・体育的行事としては，健康診断，薬物乱用防止指導，防犯指導，交通安全指導，避難訓練や防災訓練，食に関する行事，運動会（体育祭），競技会，球技会などが考えられる（小学校や高等学校の場合も，概ね同じ内容であるが，文言が少しずつ学校段階に応じて異なっている）。ここでは，避難訓練と体育祭の実際の事例を取り上げる。

① 避難訓練：中学校

　以前は，日時を決めて地震，火災，不審者侵入の時の避難方法について説明を聞いたあと，緊急放送を聞き，担任の誘導のもとに避難経路をたどって校舎の外に出る訓練を実施していたが，近年は，生徒に対しての予告なしに緊急放送を流し，自己の判断で確実に避難できるように訓練の形態が変化してきている。また，学校区内の小学校と中学校で同日同時刻に避難訓練を実施し，保護者引き渡しも行う。小学校と中学校のどちらにも子どもが在籍する家庭では，保護者が，両方の学校に子どもを引き取りに行く訓練ともなる。

表12-4　避難訓練の計画の概略（一部分）

1．ねらい　（東日本大震災を受け，次の点を重要なねらいとする） 　〔生徒〕・それぞれの場所で緊急放送をよく聞き，放送の指示に従うことができるようにする。　【「知識及び技能」の習得】 　　　　・避難の際には『お・か・し・も』を守り，他者と協力して，適切に判断し整然とした行動を取ることができるようにする。　　　　　　　　　　　　　　　　　　　　　　　　　　　　　　【「思考力，判断力，表現力等」の育成】 　　　　・教職員がいなくても，落ち着いた避難行動をしようとする態度を養う。　【「学びに向かう力，人間性等」の涵養】 　〔教師〕・予告なしの避難訓練において，各場所における避難の仕方を生徒に理解させ，実際の避難行動に活かせるようにする。 2．事前指導と当日のタイムスケジュール，事後指導について行う。　　　　　　　　　　　　　　　　　　　（筆者一部改変）

② 小中合同体育祭：Ｙ小学校

　校舎は別々の敷地にあるが，Ｙ小学校とＹ中学校は，小中一貫校として教育活動をすすめている。5月には，小中合同運動会を実施している。運動会の運営に深く関わる係活動については，高学年の児童と中学校の生徒が混合の係を組織し，協力して取り組んでいる。

　児童・生徒数が年々減少していくなかで，児童・生徒・保護者・地域住民が一堂に会して運動会を実施できることは，心身の健康や体力向上に寄与するばかりでなく，異学年齢集団での活動を通して，協働することや他者の役に立ったり社会に貢献することの喜びを得られる活動にもなっている。

表12-5　体育祭の計画の概略（一部分）

1．ねらい

Y小学校　・日常の体育指導（体力・技能・学び方・規律）の成果を発揮させる。　　　　　　　　　【「知識及び技能」の習得】

　　　　　・集団で協力して体育祭に取り組むことができるようにする。特に高学年においては，児童の自治的な運営能力や責任感を高めるようにする。　　　　　　　　　　　　　　　　　　　　　　　　　【「思考力，判断力，表現力等」の育成】

　　　　　・生涯にわたって，運動に親しみ，体力の向上に積極的に取り組む態度を養うとともに，社会の一員として協働することや他者の役に立つこととの喜びを味わえるようにする。　　　　　　　　　　【「学びに向かう力，人間性等」の涵養】

小中一貫教育の視点から見た共通のねらい

　　　　　・児童・生徒の交流を図り，互いに高め合う（見て学ぶ・人間関係づくり・思いやりの心を育てる）

　　　　　・教職員の連携・協力を図る（教職員の意識改革）

　　　　　・保護者・地域のいっそうの理解と協力を得る（開かれた学校づくり）　　　　　　　　　　　　　　（筆者一部改変）

４　遠足（旅行）・集団的宿泊行事の様相

　遠足・集団宿泊的行事のねらいについては，「小学校新学習指導要領解説特別活動編」に，次のように説明されている（中学校と高等学校の場合，旅行・集団宿泊的行事と呼ぶ）。

　「校外の豊かな自然や文化に触れる体験を通して，学校における学習活動を充実発展させる。また，校外における集団活動を通して，教師と児童，児童相互の人間的な触れ合いを深め，楽しい思い出をつくる。さらに，集団生活を通して，基本的な生活習慣や公衆道徳などについての体験を積み，集団生活の在り方について考え，実践し，互いを思いやり，共に協力し合ったりするなどのよりよい人間関係を形成しようとする態度を養う」（中学校や高等学校の場合，「児童」が「生徒」になる。それ以外にも，少し表現が異なっているところもあるが，記述内容はほとんど同じである）。

　遠足（旅行）・集団宿泊的行事としては，修学旅行，移動教室，集団宿泊，野外活動などが考えられる。ここでは，小学校の遠足と中学校の修学旅行の事例を取り上げる。

① 遠足：小学校第2学年

表12-6　遠足の計画の概略（一部分）

1．ねらい　・小グループで活動することにより責任をもって行動することの大切さに気づき，施設を見学する際のマナーを身につけることができるようにする。　　　　　　　　　　　　　　　　　　　【「知識及び技能」の習得】

　　　　　・初夏の自然に親しみながら，自然公園で遊ぶことをとおして，児童および教師間の親交を深める。　　　　　　　　　　　　　　　　　　　　　　　　　　　　　　　　　　【「思考力，判断力，表現力等」の育成】

　　　　　・施設の見学をとおして，自然を愛護する心情を深めたり，科学に対する興味・関心を高めたりする。　　　　　　　　　　　　　　　　　　　　　　　　　　　　　　　　　【「学びに向かう力，人間性等」の涵養】

2．期日　　○月△日

3．参加者・引率者　　2学年学級担任，保護者

4．持ち物・服装　　タオル，飲み物，…

5．交通機関　　バス

6．費用　　　　　　□□□□円

7．配慮事項
  ・バスの中および見学場所での態度については，事前指導を十分に行い，他に迷惑がかからないようにする。当日の見学やその他の活動はグループ活動を基本とし，一人一人が自分の役割を果たせるようにする。（事前指導は学級活動の時間に行う）
  ・教職員は，事前踏査において，交通量や危険箇所の確認や雨天時の対応策などを検討しておく。
  ・遠足後は，楽しかった思い出を作文や絵に表現する時間を教科の時間内に設ける。
  　　（筆者一部改変）

② 　修学旅行：中学校第3学年

表12-7　修学旅行の計画の概略（一部分）

1．ねらい　・集団生活を通じ，公衆道徳やマナー，健康や安全への留意等の生活態度を身につける姿勢を育て，社会の一員としての自覚を深める。　　　　　　　　　　　　　　　　　　　　　　【「知識及び技能」の習得】
  ・友達や先生との交流を深め，よりよい仲間づくりの場とし，中学時代のよき思い出をつくる。
  　　　　　　　　　　　　　　　　　　　　　　　　　　　　　【「思考力，判断力，表現力等」の育成】
  ・奈良，京都を訪れ，文化財や史跡などを見聞することによって文化や歴史への興味関心を高め，日本の伝統や文化を大切にする心を育てる。　　　　　　　　　　　　　　　　【「学びに向かう力，人間性等」の涵養】

2．期日　　　○月△日～○月△日（2泊3日）

3．交通機関　　新幹線，在来線，定期運行バスを活用

4．費用　　　　□□□□□円

5．配慮事項
  ・中学最終学年に実施する修学旅行は，事前・当日・事後の活動における学習やさまざまな企画・運営を通して，自分自身の手でやり遂げる力とともに自主性・創造性を養うよい機会と捉えることができる。日常とは違った環境の中で，2泊3日の間寝食を共にし，グループごとに活動する機会が多くなるが，くれぐれも配慮すべきは，友達関係である。学年の教職員全員で学年の一人一人の生徒の様子に気を配り，よき思い出が作れるように配慮していきたい。
  　　　（筆者一部改変）

5　勤労生産・奉仕的行事の様相

　　勤労生産・奉仕的行事のねらいについては，「小学校学習指導要領解説特別活動編」をみても詳しく説明がなされていない。ただ，そこには，次のように述べられているだけである。

　　「学校内外の生活の中で，勤労生産やボランティア精神を養う体験的な活動を経験することによって，勤労の価値や必要性を体得できるようにするとともに，自らを豊かにし，進んで他に奉仕しようとする態度を養う」（中学校と高等学校の場合，文末の「養う」が「育てる」に変更されているだけである）

　　勤労生産・奉仕的行事としては，職場体験活動，各種の生産活動，上級学校や職場の訪問・見学，全校美化の行事，地域社会への協力や学校内外のボランティア活動などが考えられるが，ここでは，小学校の栽培・農作業体験と中学校の職場訪問・職場体験・進路学習会の実際的な事例を取り上げることにする。

① 　栽培・農作業体験：F小学校

　　校地内に畑をもち，第1学年は枝豆，第2学年はトマト，第3学年はサツマ

イモ，第4学年はカボチャをそれぞれ作り，第5・6学年は近隣の学校農園で米作りを実施している（【「知識及び技能」の習得】）。また，勤労感謝の日の近くに「ありがとう集会」を開催する。そこでは，収穫を通して得られる勤労と生産の喜びを発表し合うことになっている（【「思考力，判断力，表現力等」の育成】）。そこには，日頃お世話になっている人々（見守り隊，交通指導員，読み聞かせボランティア，耕作地主等）を招いて，地域の人々との親交を深める活動を行う。その際に，お世話になっている人々，つまり学校や地域社会など公共のために，あるいは他者への奉仕のために尽くしている人々に感謝の気持ちを伝え，そのような人々の行動を積極的に学ぶことになる（【「学びに向かう力，人間性等」の涵養】）。なお，集会の運営は，児童会が担うことになっている。

② 「職場訪問・職場体験・進路学習会：T中学校

「中学校学習指導要領解説特別活動編」には，勤労生産・奉仕的行事について「生徒の発達の段階や，卒業後の主体的な進路選択等を踏まえると，中学校段階においては，職場体験活動を重点的に推進することが望まれる」と記されている。生徒の実態に合わせて，学校現場では，自分探しや自分の将来の仕事を見つめる活動をしっかり取り入れていくことを指している（【「学びに向かう力，人間性等」】の涵養）。

〈第1学年：職場訪問〉

表12-8　職場訪問の計画の概略（一部分）

1. ねらい	・働くことの意義及び自己や事業所に対する理解を深め，職業に関する知識や技術，社会的なルールやマナー，コミュニケーション能力を身に付ける。 ・自己の個性や興味・関心を生かした進路や生き方を考え，その実現に向けて課題を解決しようとする態度を身に付ける。
2. 訪問予定	3学期のスキー宿泊学習が終わった1月下旬から2月上旬
3. 訪問の内容	①職場の見学　②従業員への質問
4. 訪問場所	幼稚園，病院，図書館，駅，美容室，ディーラー，商店等　（筆者一部改変）

この職場訪問の前には，総合的な学習の時間や学級活動（3）の時間を使って，学校図書館等も活用して「職業調べ」を行っておく。訪問前には，訪問先でのマナーについての事前指導も必要となる。学校行事としては，職場訪問の当日だけを授業時数としてカウントする。

〈第2学年：職場体験〉

表12-9　職場体験の計画の概略（一部分）

1. 職場体験の主な意義
・勤労観，職業観をもつ
・新たな自分を発見する
・人間関係の大切さを学習する

2．職場体験学習の流れ
　6月・職場体験先（職種・事業所）を考え，決定する。
　　　・受け入れ可能な事業所が決まったら電話のかけ方を練習した後，職場体験先に受け入れのお礼，事前打ち合わせについての電話をする。
　7月・職場体験を行う上でのマナーやあいさつの仕方，服装，集合場所などについて事前学習を行う。
　8月・職場体験の実施（基本は3日間）
　　　・感想や反省をトライアルハンドブック（レポート）にまとめる。
　9月・職場体験のまとめとして，発表用資料を作る
　　　・グループごとに中間報告会を行う。
　　　・発表資料を完成させる。（掲示する）　　　　　　　　　　　　　　　（筆者一部改変）

〈第3学年：進路学習会〉
表12-10　進路学習会の計画の概略（一部分）

1．目的
　　　・今後の具体的な進路についての流れを知る。
　　　・高校の情報を得て，夏休みの体験学習や学校説明会への参加をきっかけとするとともに，夏休みに進路目標を意識した生活を送ることができるようにする。
2．実施方法
　　　・生徒・保護者は，全員体育館で，それぞれの高校の担当者から説明を聞く。
　　　（1校15分程度で過去受験者が多かった5校）　　　　　　　　　　　（筆者一部改変）

　進路学習会は，中学校第3学年の夏休みに行われる高校説明会へ参加する前の7月上旬に，公立高校と私立高校に分けて2回実施する。ここで各校の特色を知ることとなるが，この進路学習会の前には，総合的な学習の時間や学級活動において事前の「高校調べ」をして各校の概要をつかんでおく。事前に把握したおおよその知識と，実際にそこで勤務する教師の話では受ける印象が違ってくる場合もある。よく話を聞いた後，保護者と相談しながら後日，夏休みの高校説明会に向かい実際の学校を見学し，進路決定の参考にしていく。

Exercise

① 現代の子どもが置かれている状況を踏まえ，学校行事の主たる役割を考えてみよう。
② 特別な支援を必要とする障害をもった子どもに対して，学校行事においてどのような配慮が必要になるのかについて，具体的な事例をあげながら考えてみよう。

📖次への一冊

文部科学省／国立教育政策研究所　教育課程研究センター編『特別活動指導資料　みん
　　なで，よりよい学級・学校生活をつくる特別活動（小学校編）』文渓堂，2019年。
　　　小学校の特別活動の具体的な進め方について，実践事例の豊富な写真を挿入しなが
　　らわかりやすく提示されている。具体的なイメージを知るには適している。なお，
　　2014年に発行された『特別活動指導資料　楽しく豊かな学級・学校活動をつくる特
　　別活動（小学校編）』の改訂増補版である。
福田弘・吉田武男編『道徳育の理論と実践』協同出版，2013年。
　　　3部立てで構成された道徳教育の教職課程向けのテキストであるが，第2部では，
　　以前に頻繁に使用されていた文部科学省の言葉に従えば，「しようとする（心の）
　　力」としての「道徳的実践力」ではなく，「（行動）する力」としての「道徳的実
　　践」を発揮する場である特別活動において，どのような工夫や改善がなされるなら
　　ば，適切な「道徳的実践」が行われるかを解説している。

引用・参考文献

文部科学省／国立教育政策研究所　教育課程研究センター編『特別活動指導資料　みん
　　なで，よりよい学級・学校生活をつくる特別活動（小学校編）』文渓堂，2019年。
文部科学省『小学校学習指導要領（平成29年告示）解説　特別活動編』東洋館出版社，
　　2018年 a 。
文部科学省『中学校学習指導要領（平成29年告示）解説　特別活動編』東山書房，2018
　　年 b 。
文部科学省『高等学校学習指導要領（平成30年告示）解説　特別活動編』東京書籍，
　　2019年。

第 IV 部

よりよい特別活動と教師を目指して

第13章
特別活動の評価

〈この章のポイント〉

　特別活動で育成すべき資質・能力は「人間関係形成」「社会参画」「自己実現」の視点から導かれるため，評価もまたこれらの視点から考える必要がある。ただし，「管理のための評価」に陥ることは避けなければならない。主なポイントは⑴特別活動の特質を理解したうえでしっかりと評価の目的を吟味する，⑵目的に応じた評価方法を選択する，そして，⑶評価者としての教師のあり方について自覚を深めることにある。本章では，特別活動における子どもの育ちとそれを支える教師の指導を評価するための基本的な考え方やさまざまな方法を学ぶ。

1　評価とは何をすることか（評価の概念）

1　「値踏み」という行為とその意味

　はじめに私たちの日常生活をふり返ってみよう。何か買い物をするときに，「コストパフォーマンスのよさ」を考えたことはないだろうか。この場合，商品の価値と金額を天秤にかけて，私たちは「値踏み」という判断を下したことになる。このように何らかの基準を参照し，モノやコトの価値を見定めることを「評価」と呼ぶ。その基準は実に多様であり，例えば「高い―安い」「善い―悪い」「美しい―醜い」「優れている―劣っている」などがあげられる。このとき，基準は「ものさし」という言葉に置き換えて構わない。

　私たちは日々，さまざまな価値判断を下しながら生活している。この事実をまずは押さえておきたい。実は私たちが思っている以上に，目の前の現実を「ありのまま」に理解することは難しい。人間の認知には選択的注意が働くため，自覚的か無自覚的かを問わず，自分を取り巻くさまざまな情報のうち，特定の情報だけを取り出して処理している。特定の情報とは，その人にとって重要だと思われたものであり，何らかの「ものさし」でもって，その重要度を時々に判断しているのである。

　では，もし「ものさし」を一つしかもっていなければどうなるだろうか。考えてみてほしい。異なる「ものさし」をあてはめれば，異なる現実の様相が見えてくるにもかかわらず，その可能性は閉ざされてしまう。例えば，車を購入

▷1　選択的注意
多様な情報が渦巻く環境条件下において，その個人にとって最も機能的価値をもつ刺激や目標に関連する刺激に注意を集中し，それ以外の刺激を無視する，という選択的な知覚・認知処理過程のこと。

177

するときに「安全」と「コスト」は，必ずしもうまく両立するとは限らない。それでも，私たちはそのせめぎあいにうまく折り合いをつけながら，状況に応じて最善だと思える価値判断を下そうとする。何かに／どこかに高い価値を見出すということは，裏を返せば，何かを／どこかを犠牲にするということでもある。「値踏み」という評価行為には，この両義性がつきまとうのである。

2　評価権と懲戒権という教師の権力性と暴力性

生徒に寄り添い生徒の声に耳を傾けることで，教師と生徒はもっと対等な関係を築くべきだ，という主張を聞くことがある。教職課程を履修する学生のなかにも，そう主張する者が必ず一定数はいる。もちろん，学校教育におけるパターナリズム▷2を無条件に正当化することはできない。子どもの自己決定の自由や未来決定の自由は認められるべきであろう。ただし，評価権と懲戒権が教師に認められる限りにおいて，教師と生徒が対等の立場になることはありえない。

学校において，子どもは集団生活を営み，さまざまな学びを経験する。教師は目的・目標に応じてそれらの経験を組織し，子どもの成長を支え導く存在としてかかわる。そのプロセスにおいて，子どもたちの学びや生活のありようを評価し，教育の成否を見定めることは避けて通れない。つまり，評価権の行使である。教師は子どもの何らかの姿を手がかりにしながら，どこかのタイミングで必ず是非善悪を判断しなければならない。状況によっては，子どもに懲戒権を行使する必要にも迫られる。

だからこそ，教師はこの評価権と懲戒権の行使に孕む権力性と暴力性をつねに自覚しておく必要がある。諸刃の剣だからである。うまく機能すれば，子どもの健全な成長や更生をもたらしうるが，教師の自己権益のために濫用された場合，教師と子ども関係は「主人―奴隷関係」に成り下がり，学校や学級は「監視と密告の管理社会」に陥る恐れがある。教師にとっての「理想の子ども像とその実現に向けた指導」を絶対視して評価権と懲戒権が行使される場合，その「ものさし」にそぐわない子どもは排除される可能性すらある。教育的関係において「信頼」と「尊厳」が重要視されてきたゆえんである。

3　特別活動の評価における独自性と特異性

新学習指導要領では，学びの成果として「どのような力が身に付いたか」という視点が重要視され，新しい時代に必要となる資質・能力の育成と学習評価の充実が謳われている。従来のコンテンツ・ベースの教育からコンピテンシー・ベースの教育への▷3（部分的な）移行である。学校教育において育成を目指す資質・能力は「生きて働く知識・技能の習得」「未知の状況にも対応できる思考力・判断力・表現力等の育成」「学びを人生や社会に生かそうとする学

▷2　パターナリズム
温情主義と訳される。ある行為者（強い立場にある者）が，対象となる行為者（弱い立場にある者）の意志とは関係なく，その者の利益になるという理由から，その行為に介入・干渉したり，その行為を制限したりすること。

▷3　コンピテンシー・ベースの教育
領域特殊的な知識・技能という「内容（content）」を中心にするのではなく，領域を超えて機能する汎用性の高い「資質・能力（competency）」を軸にしてカリキュラムと授業を構成しようとする教育のこと。「何を知っているか」ではなく，実際の問題状況で「何ができるか」を問うもの。

表13-1　特別活動の目標と育成を目指す資質・能力（中学校の場合）

【特別活動の目標】

　集団や社会の形成者としての見方・考え方を働かせ，様々な集団活動に自主的，実践的に取り組み，互いのよさや可能性を発揮しながら集団や自己の生活上の課題を解決することを通して，次のとおり資質・能力を育成することを目指す。

【育成を目指す資質・能力】

生きて働く知識・技能の習得
多様な他者と協働する様々な集団活動の意義や活動を行う上で必要となることについて理解し，行動の仕方を身に付けるようにする。
未知の状況にも対応できる思考力・判断力・表現力等の育成
集団や自己の生活，人間関係の課題を見いだし，解決するために話し合い，合意形成を図ったり，意思決定したりすることができるようにする。
学びを人生や社会に生かそうとする学びに向かう力・人間性等の涵養
自主的，実践的な集団活動を通して身に付けたことを生かして，集団や社会における生活及び人間関係をよりよく形成するとともに，人間としての生き方についての考えを深め，自己実現を図ろうとする態度を養う。

出所：文部科学省（2018b）より筆者作成。

びに向かう力・人間性等の涵養」という３本柱で整理され，明確化された。

　その際，特別活動の目標と育成を目指す資質・能力は「人間関係形成」「社会参画」「自己実現」の視点から導かれ，その評価もまたそれらを踏まえて考える必要がある（表13-1）。とりわけ，特別活動の場合，「各教科等における『見方・考え方』を総合的に活用して，集団や社会における問題を捉え，よりよい人間関係の形成，よりよい集団生活の構築や社会への参画及び自己実現に関連付けること」（文部科学省，2018b）が求められており，各教科等に比べ，「学びに向かう力・人間性等の涵養」に重点が置かれているところに，その独自性と特異性を見出すことができる。学問的な達成よりも社会的・個人的な達成に価値が置かれる，ということもできるだろう。

　学門的な知識やスキルの習得・活用とは異なり，人間性というきわめて曖昧かつ複雑で，個人の尊厳にかかわる対象を評価することには，つねに怖さがつきまとう。だからこそ，教師は「子ども一人ひとりのよさにこだわる」という特別活動の評価の原則を貫きながら，評価者としての自らのあり方を厳しく問い続ける必要がある（表13-2）。教師の指導・支援もまた評価対象なのである。

表13-2　特別活動の評価の原則

> 特別活動の評価において，最も大切なことは，生徒一人一人のよさや可能性を生徒の学習過程から積極的に認めるようにするとともに，特別活動で育成を目指す資質・能力がどのように成長しているかということについて，各個人の活動状況を基に，評価を進めていくということである。そのためには，生徒が自己の活動を振り返り，新たな目標や課題をもてるようにするために，活動の結果だけでなく活動の過程における生徒の努力や意欲などを積極的に認めたり，生徒のよさを多面的・総合的に評価したりすることが大切である。…（中略）…
> また，評価については，指導の改善に生かすという視点を重視することが重要である。評価を通して教師が指導の過程や方法について反省し，より効果的な指導が行えるような工夫や改善を図っていくことが大切である。

出所：文部科学省（2018d）より抜粋。

2　何のために評価するのか（評価の目的）

1　実態把握のための評価──確かめる，試す

　先に述べた通り，評価とは「価値を判断すること」である。この価値判断としての評価は，「対象に注目し理解するという『把握』の段階（例：Ａさんの行動や発言内容を捉える）と，自らのもつ判断基準に即して対象を価値づけるという『判断』の段階（例：『Ａさんは人格者だ』と意味づける）の２つのプロセス」（森・秋田編，2000，15ページ）に区別できる。すなわち，評価の第一段階は「把握」であり，その方法と手続きは，主観的なものから客観的なものにまで及ぶ。「測定（assessment）」という言葉が使われることもあるが，それは対象をできるかぎり客観的・定量的に捉えようとするときに用いられる。子どもの心理的特性を把握することを目的に開発されてきた知能検査や性格検査などを思い浮かべるとよいだろう。

　特別活動の評価にあたり，何のために対象を「把握」し，その結果を「判断」する必要があるのだろうか。それは「教育的ニーズ」を特定するためである。ニーズとは「必要性」を意味する概念であるが，それは「実態と理想のギャップ」でもって規定される。実態を把握することで，自分が教育しようとする対象は「そもそも誰なのか」「何を求めているのか」「どのような特性・特徴をもっているのか」「どのような教育水準・発達水準にあるのか」「どのような生活を送り，どのような社会で暮らしているのか」などが明らかになる。そのうえで，その対象が「どうなってほしいのか」という教師の理想と照らし合わせることで，そこにギャップが見出され，教育課題・発達課題が明らかになる。これが「教育的ニーズ」である。

　このように「教育的ニーズ」の特定にあたり，まずもって実態をきちんと

「把握」「判断」することが不可欠であり，教育学ではこの行為を「診断的評価」[4]「学習者分析」[5]「子ども理解」などと呼んできた。このプロセスが見落とされてしまうと，教師の独善的な教育に陥るリスクが高まることから，注意を要する。なお，実態を把握・判断する際の留意点は次の通りである。すなわち，(1)属人的要因（気質，性格，能力，年齢，性別など）だけに囚われることなく，状況的要因・環境的要因にも目を配り，それらとの相互作用を多面的・多角的に理解する，(2)実態を固定化された静的なものとして絶対視するのではなく，流動的で動的なものとして捉え，継続的に解釈し続ける，(3)問題や課題にばかり目を向けるのではなく，その子なりのよさや潜在的な可能性の発見に意識を払う，である。例えば，問題行動を頻繁に起こす子どもは，必ずしも問題行動を起こしやすい性格だから問題行動を起こすわけではなく，いつも問題行動を起こしているわけでもない。何らかの状況的要因・環境的要因が必ず関係しており，「例外」はつねに存在している。その「例外」にも目を向け，潜在的な可能性を見抜き，指導仮説を導出する力量が教師には求められる。

② 改善・成長のための評価——つなげる

評価には「把握」と「判断」に加えて，「問題解決」という側面がある（森・秋田編，2000，15ページ）。それは「把握」と「判断」で得た情報を次の行為に生かすことであり，その「活用」の結果をまた把握，判断，活用するというサイクルからなる。特別活動の指導にあたり，当初把握した実態はあくまでも暫定的なものにすぎず，そこから導出された指導仮説や指導計画も「仮」のものにすぎない。年間指導計画や学習指導案のように書類としてまとめられたカリキュラムは「紙キュラム」であり，「仮キュラム」なのである。

冷静に考えれば当たり前のことだが，「当初計画した通りには必ずしも実践されない」という可能性，「子どもは教師が期待した通り／教えた通りには必ずしも学ばない」という事実，および「教師が予期しないことを知らず知らずのうちに学んでいる」という事実などが，教育にはつねにつきまとう。これらは「付随的な学習」や「隠れたカリキュラム（Hidden Curriculum）」[6]という概念としてこれまでも教育学で提唱されており，「意図と経験は乖離する」という前提に立って，教育の成否は考察される必要がある。実際，教育の「効果」が考察されるわりに，その「副作用」への言及は少ない。医薬品と同様，万能な教育はこの世に存在しないことを忘れてはならない。

したがって，教師は子どもの経験レベルから自らの実践を多面的・多角的に見直し続ける必要がある。「授業とは生き物である」とよく言われるが，あるクラスでは上手くいったことが，別のクラスでも上手くいくとは限らない。子どもたち全員が一様に成長・発達することは期待できず，そこには必ず個人差

▷4　診断的評価
指導を開始するにあたり，学習の前提となる資質・能力や学力の実態を把握・判断するために行われる評価のこと。新しい学習内容を学ぶにあたって必要とされる力などがどの程度形成されているのかを確かめる場合や新しい教育内容に対してどの程度の知識や経験をすでにもっているのかを確かめる場合などがある。

▷5　学習者分析
指導の対象となる学習者がどのような状態なのかを理解するために分析すること。例えば，①前提行動，②教育内容に対する前提知識，③教育内容と可能な教育伝達システムに対する態度，④学習の動機づけ，⑤教育レベルと能力，⑥学習スタイルの好み，⑦教育組織に対する態度，⑧集団やグループの特徴，などが分析される。

▷6　隠れたカリキュラム
子どもたちが非計画的あるいは無意図的な内容から自ら学び，経験する事柄のこと。学校や学級生活，そこで展開される授業・学習に適応するための価値規範や行動様式，思考様式など。

▷7　形成的評価
指導のプロセスにおいて，教師にとっては学習の進捗状況を把握し，自らの指導を反省するため，子どもたちにとっては学習の現在点を把握し，今後の見通しを得るために行われる評価のこと。その結果はフィードバックされ，指導がねらい通りに展開していないと判断された場合には，指導計画の修正や子どもたちへの回復指導などが行われる。

▷8　カリキュラムの内部要素／外部要因
内部要素には①教育内容，②組織原理，③履修原理，④教材，⑤配当日時数，⑥指導形態，⑦指導法・指導技術，外部要因には①施設・設備との関連，②教職員集団の質と量との関連，③行政的決定過程との関連，などがある。

▷9　調査書
校長は，調査書その他必要な書類をその生徒の進学しようとする学校の校長に送付しなければならない。ただし，調査書を入学者の選抜のための資料としない場合は，調査書の送付を要しない。

▷10　指導要録
児童生徒の学籍ならびに指導の過程および結果の要約を記録し，その後の指導および外部に対する証明等に役立たせるための原簿のこと。各学校で学習評価を計画的に進めていくうえで重要とされる。学校教育法施行令ならびに学校教育法施行規則でその作成と保存が，学校や校長に義務づけられている。

が生じる。教師の期待や想定以上の成長・発達を示す子どももいれば，そうではない子どももいる。しかも，それら子どもの姿は，その時々の状況や学習活動・課題の特性によっても異なる。教師にとって教育の現場は，よい意味でも悪い意味でも「想定外」に満ち溢れた場所なのである。

だからこそ，教師には目の前の現実に即応しながら，指導仮説を見直し，指導計画を柔軟に練り直すことがつねに求められる。例えば，指導のプロセスにおいて，上手くいったときにはそこから成功要因を，上手くいかなかったときにはそこから失敗要因を抽出し，何らかの傾向と対策を自分なりに／同僚同士が見出す努力が必要となる。すなわち，教育や学習の「結果」のみならず，そこに至る「プロセス」からもフィードバック情報を収集し，それらの活用を通じて，試行錯誤しながら改善を図っていくことが不可欠になる。教育学ではこの行為を「形成的評価」[7]などと呼んできた。

子どももまた然りである。必要に応じて，教師からフィードバック情報を提供してあげながら，子ども自身が／子ども同士が自らの生活や学びのプロセスをふり返り，そこから新たな成長課題を見出すことが，次への挑戦を生み出す契機になる。子どもたちなりの振り返りは，教師にとっても貴重な評価情報になる。「振り返りによる改善」には，「次につなげる」ことが含意されており，特別活動においては，「人間関係形成」「社会参画」「自己実現」の視点から不断の改善と創造が求められる。当初の指導仮説や指導計画に固執することは避けなければならない。カリキュラムの内部要素／外部要因[8]の評価も必須になる。

3　選抜のための評価／説明責任・対応責任のための評価
──証明する

各教科等に比べると特別活動は，受験や就職試験などの選抜とはあまり関係がないと思われがちである。ある意味ではその通りであるが，一概にそうとは言い切れない。「内申書」という言葉を聞いたことがあるだろうか。正式には「調査書」[9]のことを指すが，進学や就職の際，参考にされる文書の一つである。そこには「指導要録」[10]の記載内容に基づき，指導の過程および結果の要約が記載されるわけであるが，「特別活動の記録」も含まれる。特別活動と関連する「指導要録」の主たる項目は，図13-1の通りである。

2019年3月に文部科学省初等中等教育局長名で通知された「小学校，中学校，高等学校及び特別支援学校等における児童生徒の学習評価及び指導要録の改善等について（通知）」によれば，「特別活動の記録」は，各活動・学校行事ごとに評価の観点に照らして十分満足できる活動の状況にあると判断される場合に〇印を記入する。その際，各学校には，学習指導要領で定められた目標や

様式2（指導に関する記録）

生　徒　氏　名		学　校　名		区分\学年	1	2	3
				学　級			
				整理番号			

各　教　科　の　学　習　の　記　録

教科	観　点 \ 学年	1	2	3	教科	観　点 \ 学年	1	2	3
国語	知識・技能				理科	思考・判断・表現			
	思考・判断・表現					主体的に学習に取り組む態度			
	主体的に学習に取り組む態度					評定			
	評定				音楽	知識・技能			

特　別　の　教　科　道徳

学年	学習状況及び道徳性に係る成長の様子
1	
2	
3	

総　合　的　な　学　習　の　時　間　の　記　録

学年	学習活動	観　点	評　価
1			
2			
3			

特　別　活　動　の　記　録

内　容	観　点 \ 学年	1	2	3
学級活動				
生徒会活動				
学校行事				

生　徒　氏　名

行　動　の　記　録

項　目 \ 学年	1	2	3	項　目 \ 学年	1	2	3
基本的な生活習慣				思いやり・協力			
健康・体力の向上				生命尊重・自然愛護			
自主・自律				勤労・奉仕			
責任感				公正・公平			
創意工夫				公共心・公徳心			

総合所見及び指導上参考となる諸事項

第1学年	
第2学年	
第3学年	

出　欠　の　記　録

区分\学年	授業日数	出席停止・忌引等の日数	出席しなければならない日数	欠席日数	出席日数	備　考
1						
2						
3						

図13-1　特別活動と関連する「指導要録」の項目（文部科学省初等中等教育局長「小学校，中学校，高等学校及び特別支援学校等における児童生徒の学習評価及び指導要録の改善等について（通知）」2019〔平成31〕年3月）

学校として重点化した内容を踏まえつつ，国が提示した観点別学習状況の評価の観点およびその趣旨を参考にして，特別活動全体に係る評価の観点を自ら定めることが求められる。あわせて，○印をつけた具体的な活動状況等については，「総合所見及び指導上参考となる諸事項」の欄に簡潔に記述することで，評価の根拠を記録に残すことになる。また，その他にも「行動の記録」として，各教科，道徳科，総合的な学習の時間，特別活動やその他学校生活全体にわたって認められる児童生徒の行動について，「自主・自律」「思いやり・協力」などの項目を各学校が設定し，各項目ごとにその趣旨に照らして十分満足できる状況にあると判断される場合に，○印を記入する。各学校や設置者が，項目を追加して記入することも可能である。

　もちろん，これらのすべてが「調査書」に反映されるわけではない。しかしながら，教師は各学年末に子どもの学習や成長・発達の到達点を見極める必要に迫られ，教育の成否を判断しなければならない。説明責任・対応責任を果たす努力も求められる。教育学ではこの行為を「総括的評価[11]」などと呼んできた。その評価は部分的に選抜・選考で用いられることは事実である。例えば，推薦入試の場合，一般的にそれらの評価情報が参考にされる程度は大きい。ま

▷11　総括的評価
各単元の終了時をはじめ，学期末や学年末の節目に行われる。教師にとっては指導と学習の成果と課題を総括し，自らの指導を総合的・全般的に反省するため，子どもたちにとっては学習の到達度を把握し，自分の学びのプロセスと成果を確認するための評価活動である。総括的評価の情報に基づいて成績や記録などがつけられる。

た，選抜・選考で面接が課される場合，特別活動のエピソードを実績としてアピールすることもあるだろう。特別活動の評価が子どもの進路やキャリアにも影響を与えることを自覚する必要がある。ただし，選抜を目的化して，子どもを動機づけたり，管理したりすることは本末転倒であることは言うまでもない。

3　誰が何をどのように評価するのか（評価の主体・内容・方法）

1　想定しうる選択肢の体系的理解

　基本的に評価とは目的・目標に即して，その主体・内容・方法が選択されるため，「この評価をしておけば絶対に間違いない」というものはない。教師のねらいや必要に応じて，適切な評価情報を収集・分析し，実態把握や指導・学習の改善，教育の成否判断・学習成果の総括に活用することが望ましい。評価のタイミングとしては，上述した通り，「学習前」（診断的評価），「学習中」（形成的評価），「学習後」（総括的評価）の三つが代表的である。それらの各タイミングにおいて，次のような想定しうる選択肢を組み合わせることで，計画的に評価を実施していく必要がある。まずは多様な選択肢の存在を理解しておきたい。

〈評価者に注目〉

　　①教師による評価（教師が子どもの学びのプロセスや成果を評価する）

　　②第三者による評価（専門家，保護者や地域住民などの関係者が評価する）

　　③相互評価（子どもたち同士が互いの学びのプロセスや成果を評価する）

　　④自己評価（子ども自身が自らの学びのプロセスや成果を評価する）

〈用具に注目〉

　　①標準化された検査（心理検査，知能検査，学力検査など）

　　②標準化されていないペーパーテスト（穴埋め式，多肢選択式，記述式など）

　　③観察（ルーブリックなどを用いたパフォーマンス評価も含む）

　　④学習の記録物・成果物（ノート，プリント，ポートフォリオなど）

　　⑤面談・インタビュー（個別面談，三者面談など）

　　⑥日記・日誌・作文（体験や心情の変化などを綴った日記など）

〈手続きに注目〉

①絶対評価：あらかじめ定められた評価基準と照らし合せて，どれだけ達成したかを評価すること。

②相対評価：他者との比較を通して，学習集団全体のどのあたりの位置にいるのかを評価すること。

③個人内評価：学びに取り組む前とその後で，一人ひとりがどの程度／どのように成長したのか，その度合いでもって評価すること。

〈評価項目に注目〉

①反応：学習者の評判・満足度（学習者は気に入っていたか？）

②学習：教育目標に対する達成度（学習者は何を学習したか？）

③行動：学習者の行動変化・変容（学習者は学習したことに基づき，行動を変化させたか？）

④成果：組織として得られた成果（学習者の行動変容は組織によい影響をもたらしたか？）

⑤投資対効果：コストに見合った成果（コストに見合う成果を得られたか？）

２　特別活動の評価のあり方

　想定しうる選択肢の体系的理解に基づき，ここでは特別活動の評価において重要となるポイントを解説する。学校教育における評価という場合，従来の一般的なイメージでは，その主体は教師が担うと想定されることが多いのではないだろうか。つまり，教師―生徒関係は「評価する―評価される」というものになりがちだということである。しかも，教師は何らかの評価基準でもって，子どもの生活や学びの姿とその成果を把握し，ある意味では一方的に特定の価値判断を下すきらいがあることは否めない。とりわけ，評価の観点や基準が子どもと共有されていない場合，子どもたちは自分の生活や学びが何でもって評価されているのかがわからず，教師の顔色を窺いながら自らの思考や行動を適応させ，選択する傾向を生み出す恐れがある。

　教育の目的は「自立と協調」であり，その実現に向けて，特別活動では「人間関係形成」「社会参画」「自己実現」の視点から，在学中に達成すべき具体的な目標と育成を目指す資質・能力が導き出される。これを評価という概念や文脈に引きつけて言えば，「主体的な評価者をいかに育むか」という本質的な問いに集約される。学校教育を通じて，子どもたちは社会的・文化的な役割実験を繰り返しながら「他者理解」を通じた「自己理解」を深めていく。その試行錯誤のプロセスを経ることで，他者とともに社会を生きていくために，自らのあり方生き方のスタイルを確立していく。社会や他者から押しつけられた「も

のさし」ではなく，自分自身の「ものさし」をもつことで初めて自分らしい人生を歩むことができるようになるのである。

　このように考えれば，相互評価や自己評価など，評価する側の経験を積むことで，子どもたち自身が主体的な評価者としてのあり方や方法を学んでおく必要がある。さまざまな教育活動のなかでも，特別活動は生きた社会的・文化的経験に開かれた学びの場と機会を提供することにとくに重きをおく。「社会に開かれたカリキュラム」を強く志向するわけであり，その評価もまた教師に独占されることなく開かれたものでなければならない。特別活動が重視してきた自治の基盤は評価能力の形成にある。

③　特別活動の評価で心がけたい方法とその考え方

　当然のことであるが，子どもたちは最初から自分や他者，社会のことをうまく評価できるわけではない。例えば，最初のうちは，次のような評価プロセスを構想できるだろう。すなわち，まず学習活動のねらいに応じて設定する絶対評価の観点や規準・基準を子どもと共有し，さまざまな学習の記録物や成果物などを参照させながら，その達成度を相互評価・自己評価させる。その際，子ども自身が学習前に立てた個人的な目標との関連なども踏まえながら，個人内評価を組み合わせても構わない。次いで，教師の評価結果と照合し，共通見解や相違点を見出す。その結果を子どもにフィードバックすることで，互いの認識をすり合わせ，今後に向けた成長課題や挑戦内容を明らかにする，というものである。学習活動や課題の特性によっては，専門家や保護者・地域住民による評価結果と照合してもよい。こうした経験を段階的に積んでいくことが，子どもたちの「自己評価」能力の向上につながるのである。子どもたち自身が自分たちの学びや成長をどのように受け止めているのかを知ることは，教師にとっても自分自身の指導を反省するときの評価情報になるだろう。

　また，先に述べた通り，特別活動の評価の原則は，「子ども一人ひとりのよさにこだわる」である。学習の各場面において，子どもたちは実に多様な姿や成長プロセスを見せてくれる。その複雑性に内在する法則性を「中長期的」に読み取りながら，教師は子ども一人ひとりのよさを見極め，「評価言」として具体的に表現し，子どもたちにフィードバックしていく必要がある。ただし，教師からみた子どもは一面的であり，その見取りの精度を高めるには，より多面的な理解が不可欠になる。例えば，必要に応じて，標準化された検査を活用することも可能である。あるいは，他の教師や子どもがその子どもをどう理解しているか，保護者や地域住民，専門家がその子どもをどう理解しているか，という情報も有用である。

　ポジティブなレンズを通した「対話と協働」による評価活動を教師と子ども

▷12　評価言
学習指導の場面において，子どもの学びの過程や結果を価値づけ，子どもたちを意欲づけたり，学習の見通しを生み出したりする役割と効果をもつ，ひとまとまりの言葉のこと。指導言（説明，指示，発問，助言の総称）とは区別される。

たちが展開することにより，互いを認め合い，高め合う関係性，さらには互いの成長と挑戦を祝福し合う関係性を築く方法を，特別活動の評価ではつねに模索し続ける必要があると言えるだろう。

4　どのように評価計画をつくるのか（評価計画の作成）

1 評価計画作成の基本的な考え方

　特別活動には，学級を基礎単位として行う活動に加えて，全校または学年を単位として行う活動がある。学級・ホームルーム担任の教師だけが指導にあたるわけではなく，担任以外の教師が関わることも多いため，教師集団によるチームプレーが不可欠となる。評価も同様であり，評価体制を確立し，学校全体で組織的に取り組む必要がある。すなわち，評価活動全般を通じて，教師集団の「対話と協働」が求められる。

　特別活動の評価計画を組織的に作成するにあたり，まずは学習する子どもの視点に立ち，教育課程全体や特別活動の学びを通じて「何ができるようになるのか」という観点から，育成を目指す資質・能力を整理する必要がある。そして，整理された資質・能力を育成するために「何を学ぶか」（学習内容等）を検討し，その内容を「どのように学ぶか」（学習方法等）という学びの仕掛けや仕組みを構成しておくことが不可欠になる。

　そのうえで，現在の教育施策では，目標に準拠した評価の実質化を組織的に図るために，「観点別学習状況の評価」を計画・実施することが推奨されている。新学習指導要領では，評価の観点が「知識・技能」「思考・判断・表現」「主体的に学習に取り組む態度」の３観点に再整理され，指導要録の様式も改善された。これらの観点およびその趣旨を参考にしながら，各学校は各活動・学校行事ごとに評価の詳細を定めることになる。

　ただし，特別活動では，学びに向かう力や人間性等の涵養に重点が置かれていることから，次の点に留意する必要がある。すなわち，「学びに向かう力，人間性等」には(1)「主体的に学習に取り組む態度」として観点別評価（学習状況を分析的に捉える）を通じて見取ることができる部分と，(2)観点別評価や評定にはなじまず，こうした評価では示しきれないことから個人内評価（個人のよい点や可能性，進歩の状況について評価する）を通じて見取る部分がある，という点である。なお，とくに「学びに向かう力，人間性等」については，各学校が子どもの姿や地域の実情を踏まえて，何をどのように重視するかなどの観点から明確化していくことが重要である，という（中央教育審議会「幼稚園，小学校，中学校，高等学校及び特別支援学校の学習指導要領等の改善及び必要な方策等について

▷13　**観点別学習状況の評価**
目標や内容に照らして，子どもの実現状況がどのようなものであるかを，観点ごとに評価し，生徒の学習状況を分析的に捉えるもの。「目標に準拠した評価」の一つである。各教科等・各学年等の評価の観点およびその趣旨の詳細については，文部科学省初等中等教育局長（2019）「小学校，中学校，高等学校及び特別支援学校等における児童生徒の学習評価及び指導要録の改善等について（通知）」の別紙を参照すること。

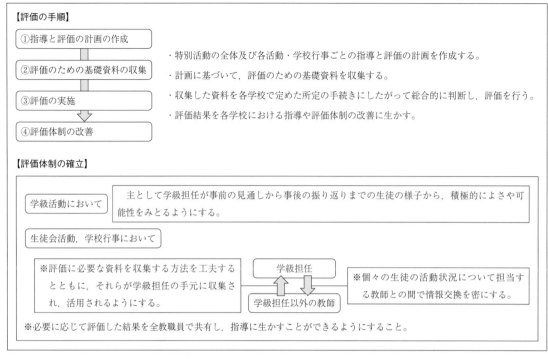

図13-2　特別活動の評価の手順と評価体制の確立

出所：国立教育政策研究所教育課程研究センター「『指導と評価の一体化』のための学習評価に関する参考資料」2020（令和2）年3月。

（答申）」，2016〔平成28〕年12月）。

2　評価計画作成の手続き

　各学校においては，特別活動の特質を踏まえ，図13-2の「評価の手順」や「評価体制の確立」を参考にし，「対話と協働」でもって適切に評価を進めることが重要である。その際，学級担任制を主に採用する小学校と教科担任制を採用する中学校・高等学校の組織体制の違いに起因するメリットとデメリットは考慮しておく必要がある。

5　教師に求められる評価者としての自覚とは（評価者としての教師）

1　評価バイアスや評価エラーという落とし穴

　評価にはつねに不確実さがともなう。特別活動が主たる評価対象とする学びに向かう力や人間性の場合はなおさらである。どれだけ客観的で厳密な評価を慎重なプロセスで計画・実施したとしても，その不確実さから逃れることは決

表13-3　評価バイアスの代表的な例

アンカリング	特定の情報から全体を判断してしまう傾向
確証バイアス	自分の考えに一致する情報ばかりを探してしまう傾向
基本的な帰属の誤り	他人がとった行動の理由は，その人の置かれた状況や環境よりも，当人の性格にあると考える傾向
結果バイアス	そこに至るプロセスよりも結果を重視する傾向
自己奉仕バイアス	成功したときは自分の手柄だと思い込み，失敗したときは自分に責任がないと思う傾向
変化盲	知らぬ間に変化すると変化したことに気づかない傾向
ネガティビティ・バイアス	よい情報よりも悪い情報が気になってしまう傾向

出所：池谷（2013）より筆者作成。

してできない。だからこそ，評価者としての教師は自らの「評価バイアス」を自覚し，「評価エラー」を極力引き起こさないようにいつも気をつけておかなければならない。自分だけでは気づかない「盲点」があることをわきまえれば，多面的・多角的な評価を対話と協働でもって行う重要性・必要性を認識できるだろう。

　評価バイアスに関する代表的な例は表13-3の通りである。その他にも「ハロー効果」や「ピグマリオン効果」「ゴーレム効果」なども有名である。ぜひいろいろと調べてみてほしい。

２　「対話と協働」としての評価に向けて

　特別活動の評価が目指すべき方向性は「エンパワーメント評価」[14]である。子どもたち自身が自分たちの個性的な生活や共生社会を創造する担い手になれるよう，評価の側面からも「行為主体性（agency）」への欲求を高め，その獲得を意図する必要がある。「子どもたちのよさにこだわる」のも，そのためである。子どもたちの「光り輝く成長の種（golden seeds）」は，欠点や弱みにあるのではなく，美点や強みにこそある。それぞれに適した栽培環境を整えてあげることで，その個性的な発芽や成長を促すことが教師には求められる。

　しかし，多くの実態は必ずしもそうはなっていない。そもそも特別活動で獲得した資質・能力をはじめ，特別活動の経験に内在する価値や意味を自覚していない生徒は驚くほどに多い。社会生活で必要とされる資質・能力，例えば，リーダーシップやフォロワーシップ，コミュニケーション能力，プランニング能力，チームワークなどの多くが，特別活動で学ばれてきたことを，今一度思い返す必要がある。何のためにやるのかというねらいの共有，やってみてどうだったのかという振り返りが機能していない証拠である。つまり，圧倒的に教師と子どもの対話が足りないのである。

▷14　エンパワーメント評価
改善と自己決定を促すための評価概念や技術，研究結果の利用のこと。プログラムにかかわる関係者が自身のプログラムを計画，実施，評価できるようなキャパシティを蓄積させることで，期待されている結果を得る可能性を高めることを目的とする評価のアプローチをさす。

　たとえ教師側が指導の目標を明確にし，その目標に準拠した評価を行っていたとしても，それらが子どもにフィードバックされ，そこに対話が成立していなければ，それは「教師のための評価」である。学ぶ主体はあくまでも子どもなのであり，「子どもにとっての評価」がきちんと機能するようにしなければならない。その際，「主体的な評価者を育む」という観点からすれば，評価結果のみならず，評価の観点，規準・基準，方法それ自体も子どもたちと対話しながら工夫を試みることがもっとあってよい。

　また，特別活動で育む資質・能力そのものについても，子どもたちと対話する場と機会をもちたい。リーダーシップという資質を例にとっても，さまざまなスタイルがあることは承知の通りだろう。自分の経験や他者の経験に学びながら，教師と子ども／子ども同士が対話を通じて，自らのよさを生かせるスタイルを探り，確立していく評価プロセスにこそ「行為主体性」は宿る。目標や評価基準だけにとらわれすぎず，対話を通じて，子どもたちのよさや可能性を見抜き，それを手がかりにして新たなチャレンジへ誘う。そうした評価のフィードフォワード機能の充実が望まれる。

　最後になるが，ぜひあなたの特別活動における経験を思い出してみてほしい。その経験をもたらした条件や要因に注目すれば，そこから特別活動の指導と評価に関する考え方を導き出すことができるだろう。ポジティブな経験とネガティブな経験の違いなどに注目しながら考察したり，仲間と語り合ったりすれば，さらなる発見があるはずだ。さまざまな経験に触れることからはじめてみよう。

Exercise

① あなたは特別活動を通じて，どのような資質・能力を育みたいか。そのうちの一つを取り上げ（例：リーダーシップ），その評価可能性を吟味し，評価の多様性と不確実性を考慮した評価方法をいくつか考案してみよう。

② 学級担任制と教科担任制の違いによる子ども理解のメリットとデメリットをあげ，それらが特別活動の指導と評価にもたらす影響について，潜在的な可能性とリスクの観点から考察してみよう。

③ 本文中に例示した評価バイアスを参照し，心あたりがある事例をいくつかリストアップし，異なる解釈の可能性を吟味してみよう。

📖次への一冊

有本昌弘『スクール・ベースト・アプローチによるカリキュラム評価の研究』学文社,
　　2007年。
　　　　スクール・ベースト・アプローチ（学校に基礎をおく接近）の概念を紹介し, 学校
　　　内部の自己評価とカリキュラム開発を含む質保証について展望した図書。
フェターマン, D. M. & ワンダーズマン, A. 編著・笹尾敏明監訳『エンパワーメント評価
　　の原則と実践』風間書房, 2014年。
　　　　コミュニティのための参加型評価として注目されるエンパワーメント評価モデルの
　　　原則を事例に即して解説・紹介した図書。
根津朋実『カリキュラム評価の方法』多賀出版, 2006年。
　　　　カリキュラム評価における質的な客観性の意義を説き, ゴール・フリー評価論の目
　　　的と方法, その可能性を論究した図書。
田中統治・根津朋実編『カリキュラム評価入門』勁草書房, 2009年。
　　　　カリキュラムをどう捉え, いかに評価するのか。具体的事例に即しながら, その理
　　　論と方法を解説・紹介した図書。

引用・参考文献

安彦忠彦編『新版 カリキュラム研究入門』勁草書房, 1999年。
石井英真『今求められる学力と学びとは』日本標準, 2015年。
池谷裕二『自分では気づかない, ココロの盲点』朝日新聞社, 2013年。
鈴木克明監修『インストラクショナルデザインの道具箱101』北大路書房, 2016年。
日本カリキュラム学会編『現代カリキュラム事典』ぎょうせい, 2001年。
森敏昭・秋田喜代美編『教育評価重要用語300の基礎知識』明治図書出版, 2000年。
文部科学省『小学校学習指導要領』東洋館出版社, 2018年 a。
文部科学省『中学校学習指導要領』東山書房, 2018年 b。
文部科学省『小学校学習指導要領（平成29年告示）解説　特別活動編』東洋館出版社,
　　2018年 c。
文部科学省『中学校学習指導要領（平成29年告示）解説　特別活動編』東山書房, 2018
　　年 d。
山﨑英則・片上宗二編『教育用語辞典』ミネルヴァ書房, 2003年。

第14章
地域に開かれた特別活動

〈この章のポイント〉

　新学習指導要領では，「社会に開かれた教育課程」の実現を通じて子どもたちに必要な資質・能力を育成するために，教育内容と教育活動に必要な人的物的資源等を，地域等の外部の資源も含めて活用しながら効果的に組み合わせることの必要性を述べている。

　本章では，社会生活においてその教育的意義の重要性が指摘されている特別活動において，学校週5日制の下での授業時数の増加（新学習指導要領）によってますます特別活動の時間がとれなくなっている状況を踏まえ，「地域に開かれた特別活動」の教育的意義とその可能性について解説する。

1　学校週5日制と特別活動

［1］　学校の時間・空間における特別活動

　新学習指導要領において，わずか数ページしか割かれていない特別活動ではあるが，子どもたちにとって学校生活のなかでこれほど印象に残る活動はないだろう。そして，コンピテンシー▷1重視の今日の学校教育において，子どもの主体性を尊重し，「望ましい集団活動」のあり方を実践的に学ぶことができる活動として，特別活動の重要性が再認識されている。

　言うまでもなく，「学校教育の出口としての社会」を学校教育の目標として捉えたとき，特別活動は，教科等で学んだことを汎用的な能力まで高める役割をもち，「社会に出て責任をもって実践的に働く力」を育成するうえで核となる重要な活動である（106ページの図8-1参照）。とくに，「18歳選挙権」を実現するための法律が成立し（2015年6月17日），成人年齢が20歳から18歳に引き下げられる改正民法が成立するなかで（2018年6月13日），「社会に出て責任をもって実践的に働く力」を育てる教育活動としての特別活動の教育的意義はますます大きくなっている。

　しかし，その一方，授業時数が増加するなかで，特別活動に充てる時間をどのように確保するかが問われている。

　学校では，「以前のように学校行事のための準備や練習の時間がとれない」「学級会やクラブ活動の時間がとれなくなった」など学校時間の不足を嘆く声

▷1　コンピテンシー
経済協力開発機構（OECD）は，「知識基盤社会」の時代を担う子どもたちに必要な能力を「主要能力（キーコンピテンシー）」として定義づけ，国際的に比較する調査（PISA）を行っている。具体的には，(1)社会・文化的，技術的ツールを相互作用的に活用する能力，(2)多様な社会グループにおける人間関係形成能力，(3)自立的に行動する能力という三つのカテゴリーで構成され，わが国の学習指導要領の基本理念である「生きる力」の構成要素とされている。

表14-1　2006年度勤務時間調査と2016年度勤務時間調査の比較にみる教員の勤務時間の増減

〈平日学内勤務〉

	小学校：業務内容	1カ月に換算時間	中学校：業務内容	1カ月に換算時間
増加した主な業務	授業	9時間	授業	5時間
	学年・学級経営	3時間20分	授業準備	5時間
	授業準備	2時間40分	成績処理	4時間20分
	学習指導	2時間20分	学年・学級経営	3時間40分
	学校経営	2時間20分	部活動	2時間20分
	事務	2時間		
減少した主な業務	生徒指導：集団	5時間40分	学校行事	8時間40分
	会議・打合せ	2時間20分	その他校務	2時間40分
	その他校務	1時間40分	生徒指導：集団	1時間20分
	学校行事	1時間	生徒指導：個別	1時間20分
			会議打合せ	1時間20分

出所：小川（2018）を参考に筆者作成（網かけ＝筆者）。

をよく聞く。それは，学校において特別活動特有の集団活動のダイナミズム（活動プロセスでの児童生徒間の葛藤や葛藤を乗り越え目標を達成したときの成就感や自己有用感など）を味わいにくくなっている状況を象徴しており，特別活動の教育的な価値を減じているようにみえる。とくに，新学習指導要領では，平成20（2008）年改訂の学習指導要領より授業時数がさらに増加し，教職員の働き方も問われるなかで，ますます特別活動の時間がとりにくくなっている（表14-1）。

　学校では，学校行事など学校の裁量に任されている時間（「裏の時間」）だけでなく，授業時数に正規に定められている時間（「表の時間」）さえも実質的に削減されている状況がある。学校において，学校週5日制のよさを生かし，「社会に開かれた教育課程」として，特別活動の時間をどう位置づけ，どのように確保するかが今後の特別活動のあり方に大きくかかわってくる。

2 縮小する特別活動の授業時間と学校週5日制

　表14-2に示すように戦後における小・中学校の特別活動領域の年間時間配当の変遷を概観すれば，いわゆる「表の時間」としての特別活動の時間は減少傾向にあることがわかる。

　年間の授業時数については，学習指導要領がまだ試案だった頃から慎重に検討され，年間計画とかかわってその重要性が指摘されていた。とくに，特別活動は学校行事を含み，地域の生活と密接なかかわりをもって計画されていたようだ。例えば，小学校学習指導要領試案（1947年）では，以下のように述べられている。

▷2　「表の授業時間」「裏の授業時間」
学校教育法施行規則別表第一（第51条関係）に示された特別活動の年間授業時数35時間（小学校第1学年は34時間）は学級活動に配分された時間である。学校では，いわゆる「表の授業時間」として認識され，その一方で，児童会活動（生徒会活動），クラブ活動および学校行事については，学習指導要領等に授業時数が明記されない，いわゆる「裏の授業時間」として各学校の裁量に任されている。

表14-2　戦後における小・中学校特別活動領域の時間の変遷

改訂期日	特徴	年間授業時数（太字＝筆者）
昭和22（1947）年	自由研究	〈小学校〉第4～6学年「自由研究」必修70～140時間 〈中学校〉各学年「自由研究」選択，35～140時間 ＊ただし，試案ゆえに時間設定は各学校の裁量による
昭和26（1951）年	教科以外の活動（小学校），特別教育活動（中学校）	〈小学校〉各学年に「教科以外の活動」時間設定なし 〈中学校〉各学年に「特別教育活動」70～175時間
昭和33（1958）年	特別教育活動，学校行事等	〈小学校〉「特別教育活動」「学校行事等」時間設定なし 〈中学校〉「特別教育活動」35時間，「学校行事等」時間設定なし
昭和43（1968）年（中学校は1969年）	特別活動	〈小学校〉「特別活動」時間設定なし 〈中学校〉「特別活動」50時間
昭和52（1977）年	特別活動	〈小学校〉「特別活動」第1学年34，第2～3学年35，第4～6学年70時間 〈中学校〉「特別活動」70時間
平成元（1989）年	特別活動	〈小学校〉「特別活動」第1学年34，第2～3学年35，第4～6学年70時間 〈中学校〉「特別活動」35～70時間
平成10（1998）年	特別活動	〈小学校〉「特別活動」第1学年34，第2～6学年35時間 〈中学校〉「特別活動」35時間
平成20（2008）年	特別活動	〈小学校〉「特別活動」第1学年34，第2～6学年35時間 〈中学校〉「特別活動」35時間
平成29（2017）年	特別活動	〈小学校〉「特別活動」第1学年34，第2～6学年35時間 〈中学校〉「特別活動」35時間

出所：学習指導要領をもとに筆者作成。

> 教師が児童を導いて行く（ママ）にあたって，まず，最初に考えなくてはならないのは，1年間のおもだった計画をたてることである。教師はよく見とおしをつけて，児童の活動として，どんなことが教育的な価値を持っているかを判断して，それらのために必要な時間を，あらかじめとっておくようにしなくてはならない…（中略）…たとえば，学芸会，全校運動会，農繁期の手伝いといったことの教育的価値を認めるならば，そのために，十分の時間をとっておくようにしなくてはならない。

　今日，特別活動において週時程に収まるのは学級活動だけであり，週時程に収まらない学校行事などの「裏の時間」をどう計画していくか，子どもや地域の実態との密接なかかわりにおいて問われている。それは，各教科の授業も含めた学校全体の学習や児童生徒の生活のリズムを形成する基盤になっている。

　しかし，地域の生活や学校の伝統などを反映してきた学校行事は，学校週5日制が導入される頃からかなり精選されてきた。表14-3は，月1回土曜日を休みにしたときのある中学校の年間授業時数である。

　A中学校では，この当時，教科等年間授業時数1050時間の基準を守るために予備時数も少なく，家庭訪問を8月に実施したり，始業式，終業式のある日にも授業を実施することになった。学校完全週5日制が実施されている今日では，始業式，終業式のある日に授業をすることは珍しくなくなったが，教科の

表14-3　月１回土曜日を休みにした場合の年間授業時数（A中学校）

土曜休業をとらない場合の授業可能時数A1205時間	
11土曜日の授業時数	B33時間（３時間×11日）
年間授業可能時数（A－B）	C1172時間
Cのうち学校行事で必要な時数	D72時間
Cのうち生徒会活動で必要な時数	E９時間
Cのうち教員研修・式典等でカットされる時数　F34時間	
Cのうち予備時数	G３時間
教科等授業時数	C－（D＋E＋F＋G）1054時間

出所：A中学校の教育課程をもとに筆者作成（網かけ＝筆者）。

内容を精選することの難しさに比べて，学校行事は，学校週５日制導入の過程で比較的容易に精選されたといってよい。A中学校では，月１回土曜日を休みにした段階で，学年平均して20時間ほどの行事（準備時間も含む）が精選されたのである。

授業時数の標準が学校週５日制を導入する以前の状況になったと言われる新学習指導要領の下で（小学校では６年間の総授業時数も140時間増の6785時間となり，これは学校完全週５日制が実施された2002年以前と同じ水準と言われる），学校時間の過密化をもたらし，教師の多忙化をももたらしているとされる膨れすぎた学校行事は，さらに精選される可能性がある。

しかし，地域や家庭の教育力が低下している現代においてこそ，青少年の生活リズムを形成し，児童生徒にとって授業以上に「楽しい思い出」を与えている学校行事を安易に切り捨ててよいものか慎重に検討される必要もある。

③　学校週５日制を活かす体験活動の多面的展開

「小学校学習指導要領解説特別活動編」（2008年８月）では，特別活動の教育的意義と学校週５日制とのかかわりについて以下のように述べている。

> 学校週５日制の下，児童が家庭や地域社会において，豊かな自然体験や社会体験をする機会に，学校における集団活動の経験が十分生かされ，発揮される必要がある。また，家庭や地域社会における集団活動の経験を，学校教育に生かすことも大切である。このように考えると，特別活動には，学校と家庭・地域社会との間に立って，両者を結ぶ重要な役割を果たすことが期待される。

すなわち，学校週５日制体制下において，特別活動を通じて，学校における集団活動と家庭，地域社会における集団活動の円環的なつながりが求められている。それは，新学習指導要領において「社会に開かれた教育課程」を実現する手段（カリキュラム・マネジメント）として，教育内容と教育活動に必要な人的物的資源等を，地域等の外部の資源も含めて活用しながら効果的に組み合わ

▷3　学校行事の精選を図る際の基本的な考え方（西村ほか，1992）については，以下の通り。
　①完結型から発展・持続型の行事へ：学校行事がその場限りで終わるのではなく，その後の学校生活に生かされ，さらには家庭・地域に生かされる発展性のあるものにする。
　②児童・生徒を全面に出して活動させる行事へ：体験を重視した学校行事を通じ，生活経験を広げてやること。
　安易に学校行事を削らないように「地域に開かれた教育課程」とのかかわりで，こうした広がりや発展性のある学校行事にするためにどうあるべきか留意すべきである。

▷4　1992年９月からの第２土曜日の休業，1995年度からの第２・第４土曜日の休業（隔週学校週５日制）を経て，2002（平成14）年度からすべての土曜日が休業日となった。学校完全週５日制である。学校完全週５日制の実施を明言したのは，第15期中央教育審議会第一次答申「21世紀を展望した我が国の教育の在り方について」（1996年７月）である。答申文では，「これらの実施の経過を通じ，学校での取組や子供の学校外活動の場や機会などの条件整備の進展とともに，これまでのところ全体として学校週５日制に対する保護者や国民の理解は深められてきた」としている。しかし，学校完全週５日制が実施された時点での調査でも，保護者のさまざまな不安が解消されないまま，見切り発車での実施となった。

▷5　学校で学ぶ知識が子どもたちの実生活，言い換えれば，子どもたちの「生きる」という営みと乖離していると言われる現状では，これまで特別活動の領域で重視されてきた体験学習が教育課程全体に求められるのは必然性をもったものである。しかし，活動＝体験＝経験という単純な図式で教育活動が行われている場合も少なからずあり，主体なき体験学習，また，学びなき体験学習という批判もある。とくに，特別活動においては，特定の環境に児童生徒を置くことが第一条件になり，自然体験，職業体験（インターンシップ）もそれを体験させるだけで目標が達成されたと捉えられがちである。体験によって児童生徒が反省的な思考をもてるような（経験への昇華）体験の場の設定や評価が求められた。

▷6　学校（支援）ボランティア
中央教育審議会答申（1996年7月）において「開かれた学校」の一手段として示された学校ボランティアは，翌年，文部省（現文部科学省）の教育改革プログラムのなかで，「学校の教育活動について地域の教育力を生かすため，保護者，地域人材や団体，企業等がボランティアとして学校をサポート」する「学校支援ボランティア」として提唱されるようになった。地域人材が学校に入ることで，保護者，地域住民も自己実現が可能となり，結果的に崩壊しつつある地域コミュニティを活性化し，学校，家庭，地域がともに児童・生徒を「共育」する体制を構築するきっかけになっている。

せることの必要性を述べていることと密接にかかわっている。

とくに，学校週5日制の導入にかかわって，教育課程審議会答申（1998年7月）においては，「家庭や地域社会における教育については，子どもたちがもっと社会体験や自然体験などの様々な活動を体験し，それらと，学校における教育活動とを更に有機的に関連付けることによって一層教育効果を高めることができる」（Ⅰ—1—⑴）として，体験を軸とした教育機能の連携のあり方が示唆された。文部（科学）省では，地域や家庭の教育力の充実を目指して，「全国子どもプラン」を策定し，1999（平成11）年度から2001（平成13）年度までの3年間に関係省庁と協力しながらさまざまな事業を進め，5日制社会の基盤を醸成しようとした。[4]

生涯学習審議会答申「地域における生涯学習機会の充実方策について」（1996年4月）では，「学社融合」という視点にたって，地域社会の教育力の活用（地域社会の人材等を活用した教育活動，学校に対する地域社会の支援など）を提言している。さらに，生涯学習審議会答申「生活体験・自然体験が日本の子どもの心をはぐくむ」（1999年6月）では，「生活体験が豊富な子どもほど」「お手伝いをする子どもほど」，「道徳観・正義感が充実している」という1998（平成10）年度に文部（科学）省が行った調査結果を冒頭部分に示しながら，子どもたちにさまざまな体験の機会を意図的・計画的に提供していくことの必要性を積極的に提言した。[5]

「学社融合」の視点から，学校教育のいろいろな領域に学校（支援）ボランティア[6]が入り込み，それと同時に教師や子どもたちの学校外活動が充実してくるようになれば，学校内から学校外へ，学校外から学校内へという交流ができて，参加型の社会体験学習を確立するための基盤ができてこよう。逆に，そうした広がりのある社会体験学習についての共通認識が確立しなければ，教育の私事化（Privatization）の悪弊（例えば，アイデンティティをともなわないボランティア活動）[7]が表面化するおそれがある。

さまざまな社会体験学習が推奨されるなかで，「子どもインターンシップ」[8]は，子ども（長期）自然体験村プロジェクトとならんで，その後の学校の教育活動に密接にかかわってきた。

文部（科学）省で当初企画された「子どもインターンシップ」事業は，中小企業庁の関係団体である全国商店振興組合連合会やPTA団体などの協力により実施されている子どもの商業活動体験（就業体験＝インターンシップ）のことである。それまでも大学生や高校生におけるインターンシップについてはその重要性が指摘され，各地で実施されていたが，小・中学生を対象に意図的に学校の外で働く場を提供し，将来の自分自身の進路について考える機会をもたせる試みは初めてのことであった。産業構造が変化し，親の就業している姿をみ

ることなく，豊かなモノ文化に浸っている子どもたちにとっては，必要なモノを手に入れるための苦労を体験することができにくくなっている。その点，身近にある商店街など多様な職業，地場産業などが集中している場所に行って，実際に働いたり，働いている大人の姿を見ることによって，働くことの大切さや苦労を知ることはまさに現代的な教育的意義がある。

　今日，土曜スクール[9]も行われるようになったが，「子どもインターンシップ」事業は，原則として学校の教師だけに任せないところに意義がある。それは，これまでの学校週5日制にかかわる論議のなかで，休みになった日に子どもの面倒を誰がみるのかという単なる「受け皿」的な発想が相変わらず根強く存在し，それでは学校中心主義のパラダイム転換は難しいからだ。これまで一貫して問われてきた「生涯学習的見地の導入」や「自己教育力の育成」を図るためには，従来のように子どもを公教育体制下の学校といういわば操作的な教育環境の下で捉えることを超えて，子どもをまるごと捉えようという指向をもつことが大切であり，そのためには，学校，教師だけでなく，保護者，地域住民が連携・協力してかかわることが求められる。

　新学習指導要領では，特別活動をキャリア教育の要の時間として設定しているが，それは，当然のことながら家庭，地域とのつながりのなかで綿密に計画される必要があろう。

2　「社会に開かれた教育課程」と特別活動

1　特別活動と地域資源の活用

　新学習指導要領では，次の改訂が想定される2030年の社会やその先の社会の変化を見据えながら，その社会に生きる子どもたちの資質・能力を養うことを目的としている。そのために「社会に開かれた教育課程」が求められ，その達成のための重要なポイントの一つとして，「カリキュラム・マネジメント」のあり方について述べている（「小学校におけるカリキュラム・マネジメントの在り方に関する検討会議報告書」2017年2月14日）。

　そこでは，以下の三つの側面から，教育課程に基づき組織的・計画的に教育活動の質の向上を図っていくとされている。

(1)　各教科等の教育内容を相互の関係で捉え，学校教育目標を踏まえた教科等横断的な視点で，その目標の達成に必要な教育の内容を組織的に配列していくこと。
(2)　教育内容の質の向上に向けて，子供たちの姿や地域の現状等に関する調査や各種データ等に基づき，教育課程を編成し，実施し，評価して改善を図る一連のPDCAサイクルを確立すること。

▷**7**　ボランティア活動（奉仕・体験活動）
新学習指導要領でも，体験学習の重要性とともにボランティア活動の重要性を積極的に評価していることが注目される。とくに，特別活動の領域では，学校行事だけでなく，学級活動，児童会（生徒会）活動でもボランティア活動を重視している。「ボランティア活動については，自発性・非営利性・公益性の特性に基づき，できる限り児童の発意・発想を生かした貢献活動を行い，児童が主体的に参加するように配慮する」（『新学習指導要領解説　特別活動編』）とあり，自主的・自発的な学習を本旨とするボランティア活動をどう学校教育に組み込んでいくかは，学校の創意工夫に委ねているところが多い。奉仕活動を高等学校の必修科目にしている自治体もある。

▷**8**　子どもインターンシップ（職場体験活動）
1998年，兵庫県で始まった「トライやる・ウィーク」を契機にして，全国の中学校において，職場体験をはじめとする社会体験活動が実践されるようになった。

▷**9**　土曜スクール（授業）
2013年11月に学校教育法施行規則が改正され，教育委員会が必要と判断すれば，土曜日にも授業などが実施できるようになった。文科省「平成27年度公立小・中学校における教育課程の編成・実施状況調査」によれば，小学校では24.6%，中学校では25.0%が，児童生徒の代休日を設けずに，土曜日，日曜日・祝日を活用して教育課程内の学校教育活動を行っている。

> (3) 教育内容と，教育活動に必要な人的・物的資源等を，地域等の外部の資源も含めて活用しながら効果的に組み合わせること。

　(3)に関していえば，特別活動は，戦前から重視されてきた学校行事（運動会や修学旅行等）など地域とのかかわりのなかで行われてきた。学校行事を含む特別活動が教育課程に位置づけられた今日においても，例えば，「勤労生産・奉仕的行事」など地域の一員としての自覚を重視する特別活動が積極的に行われている。言い換えれば，地域との密接なかかわりの下で特別活動が成り立ってきたといっても過言ではない。

　ただし，新学習指導要領では，「総則」の前に，「前文」が入り，そこには以下のような記述が特記されていることに留意すべきである。

> 　教育課程を通して，これからの時代に求められる教育を実現していくためには，よりよい学校教育を通してよりよい社会を創るという理念を学校と社会とが共有し，それぞれの学校において，必要な学習内容をどのように学び，どのような資質・能力を身に付けられるようにするのかを教育課程において明確にしながら，社会との連携及び協働によりその実現を図っていくという，社会に開かれた教育課程の実現が重要となる。

　すなわち，「社会に開かれた教育課程」という視点から，これまでの「連携」とは異なる，地域ぐるみでの「連携・協働」を進め，教育課程の共有化が求められているのである。その点，これからの特別活動のあり方を考えるとき，これまでの学校と家庭，地域との「連携」の実態を振り返り，新たに「協働」の視点で再点検する必要がある。

［2］ 学校中心主義と脆弱な学社協働基盤

　「協働」の視点から，地域に開かれた特別活動の実践にはどのような条件整備が必要となるのだろうか。まず，これまでの学校と家庭，地域とのかかわりを振り返ってみたい。

　大まかにいえば，臨時教育審議会において，「開かれた学校」が標榜され，学校完全週5日制が実施され始める2002（平成14）年度頃から，家庭，地域における体験を中心に学校と家庭，地域の連携が模索されるようになった。そのこととかかわって，2001（平成13）年3月，政府は，学校教育法一部改正案と社会教育法一部改正案を国会に提出した。学校教育法の改正では，初等中等教育での社会奉仕体験活動充実のための規定の新設，問題を起こす小・中学生を出席停止とする場合の4要件の明示，また，社会教育法の改正では，社会奉仕体験活動や家庭教育の充実方策を提供する教育委員会の事務役割の明示などが

▷10　猿田は，新学習指導要領を含む一連の政策において，「『社会に開かれた教育課程』を『学校と社会との接点』としながら，地域ぐるみで『連携と協働』を進める考えが鮮明になった」ことを指摘し，「その成否は，教育課程の共有化という点にかかっている」ことを示唆している（猿田，2017, 15〜16ページ）。

▷11　開かれた学校
臨時教育審議会答申のなかでなされた提言の一つであり，いわゆる学校中心主義を是正し，わが国の教育構造の見直しを図ろうとするものである。「開かれた学校」をキーワードの一つとして教育改革の指針を示した中央教育審議会答申「21世紀を展望した我が国の教育の在り方について」(1996年7月）など，その後の中央教育審議会答申やさまざまな施策などによって実施が図られつつある。学校評議員制度もその具現化の一つである。

主な内容となっている。ちなみに，これらの改正案は，2000（平成12）年12月の「教育改革国民会議」の報告が背景になっており，今日の学校と家庭，地域との「協働」を図る施策の基盤となっている。

　戦後6・3制に起因し高度経済成長を誘因として，高等学校，そして大学，短大への進学率は急激に上昇したが，それは国民の強い教育要求に支えられ，その国民の教育要求のエネルギーが学歴を強く指向するエネルギーとなり，その結果，学校が学歴付与機関として強化されたという側面がある。学校は，学校を取り巻く家庭・地域の教育力が後退するなかで，必然的に家庭や地域のこれまでもっていた教育機能をいっそう強力に担わなければならなくなった。結果的に，学校は，現在，子どもの学習においても生活においても社会の中心に位置づけられてしまったといっても過言ではないだろう。いわゆる学校中心主義社会（学校化社会）である。

　臨時教育審議会答申のなかで提言された「開かれた学校」「生涯学習体系への移行」などの提言は，こうした学校中心主義を是正し，わが国の教育構造の見直しを図ろうとするものであり，その後の中央教育審議会答申やさまざまな施策などによって模索されてきた。しかし，実際の教育の分担・連携のあり方を考えたとき，家庭や地域の教育力の低下，特殊な公共施設としての学校の位置づけ，そして，教師，保護者，地域住民の意識などが壁になり，具現化は容易ではなかった。

　はたして，「学校は家庭，地域と連携・協力して子どもの教育を行っている」という言説は正しいのだろうか。

　戦後における学校と家庭，地域とのつながりを概観すれば，戦後の一時期を除いて，学校にとって，家庭，地域は，それが学校教育にマイナスに作用するときでなければ意識してつながりをもとうとしてこなかったのではないだろうか。例えば，PTA活動さえ学校の後援会的な意義しか認めてこず，地域住民の地域への共属感情の希薄化などの問題は学校の問題とは切り離されてきた。とくに，学校では保護者との関係を「私」の多様性の問題として捉え，地域との関係において学校自らをコミュニティの核として捉えようとするのではなく，学校開放に代表される「公」的施設としての管理運営という狭い役割の問題に分けて捉える傾向もあった。

　現在，学校では，アクティブ・ラーニングなど知識獲得に至るまでのプロセスやそのための表現力などを重視する「方法知」重視の教育課程への転換を図り，その改革の過程において，家庭や地域との連携の必要に迫られている。しかし，行政主導の改革であり，必ずしも教師の意識転換はうまくいっていない。それにかかわって，保護者の意識転換や行政も含めた地域の支援が思うように得られないことなどから，改革は暗中模索状態にあるといってよい。

▷12　教育改革国民会議
小渕恵三内閣の私的諮問機関であり，小渕内閣以後，森内閣に引き継がれた。教育改革国民会議最終報告書「教育改革国民会議報告—教育を変える17の提案」（2000年12月22日）では，いじめ，不登校，校内暴力，学級崩壊，凶悪な青少年犯罪の続発など教育をめぐる危機感を前提に，奉仕活動などを含む体験活動の充実や出席停止，教員評価，新しい学校としてのコミュニティ・スクールなどの提言を行っており，今日の教育改革にもつながっている。

▷13　学校化社会
イヴァン・イリッチがその著書『脱学校の社会』において，社会が「学校化され」価値が「制度化」されていると指摘した言葉であり，学校教育の量的拡大や学校の多機能化などの要素を含んだ社会現象をいう。

▷14　戦後の学校と家庭，地域との関係については，戦後の代表的な教育実践・行政的な施策という視点から，堀井（2000）が概観している。

　もちろん，家庭は言うまでもなく社会の最も基本となるべき構成単位であり，人間形成において基礎的な影響力を及ぼす第一次的社会である。法的にも，家庭の教育権については，民法第818条「成年に達しない子は，父母の親権に服する」，民法第820条「親権を行う者は，子の監護及び教育をする権利を有し，義務を負う」と唯一，子どもに対する教育権が規定されている。また，地域は，学校に通う子どもたちがそこに生き，その保護者たちがそこで生活しているという点で，家庭と同様に学校教育の前提条件としてつねに存在してきた。こうした学校と家庭，地域の位置づけは変わらない。しかし，学校中心主義や家庭，地域の変容の下で，どこまでありのままの子どもの姿を捉え，「よりよい」姿を考えようとしているのか再考されなければならない。改めて，現在行われているさまざまな施策の意味を，学校，家庭，（地域）社会それぞれが子どもの発達の視点から問い直し，「学社協働」の意味を基本的なところから捉え直す必要がある。

［3］　コミュニティ・スクールと特別活動

　中央教育審議会答申「新しい時代の教育や地方創生の実現に向けた学校と地域の連携・協働の在り方と今後の推進方策について」（2015年12月）では，「地域とともにある学校」に転換していくための持続可能な仕組みとしてコミュニティ・スクールを捉え直し，「地域学校協働本部」の整備や「コミュニティ・スクールと地域学校協働本部が相互に補完」する仕組みが提言された。「地域とともにある学校」という視点は，東日本大震災後の学校運営の改善の在り方等に関する調査研究協力者会議の提言「子どもの豊かな学びを創造し，地域の絆をつなぐ──地域とともにある学校づくりの推進方策」（2011年7月5日）や「新しい公共」という国家戦略の下に，今日の学校のあり方として重要な指標となっている。

　ちなみにコミュニティ・スクールとは学校運営協議会制度を導入した学校のことをいう。地方教育行政の組織及び運営に関する法律（地教行法）第47条の5によれば，コミュニティ・スクールは，主に，⑴校長が作成する学校運営の基本方針を承認する，⑵学校運営について意見を述べることができる，⑶教職員の任用に関して（教育委員会規則に定める事項について）意見を述べることができるという機能をもっている。

　今日，コミュニティ・スクールに期待されていることは次の3点である。
① 　コミュニティとしての地域と学校を「つなぐ」
　東日本大震災以後，防災拠点としての学校の機能が問い直されるなかで地域コミュニティと「つなぐ」学校経営が求められている。学校が地域の実態を踏まえることは戦後一貫した教育課程編成の大原則（学習指導要領総則）であり，

学校は「地域に根ざす教育」を意識してきたはずであるが，マッキーバーが著書『コミュニティ』（1917年）において指摘した「地域性」や「共同性」を属性として捉えた地域社会（コミュニティ）をまるごと捉える視点は必ずしも明確ではなかった。多くの人々が互いに群れてかかわりあっていた地域は，今日では家庭や地域の人間関係が希薄になり，孤独死や無縁化が社会問題になっている。学校は貧困を含む教育格差による共属感情の希薄化など地域基盤そのものの変化を踏まえて，地域とのつながりを再構築することが求められており，コミュニティ・スクールはそのための仕組みとして期待されている。

② ガバナンス改革としてのコミュニティ・スクール

中央教育審議会答申「今後の地方教育行政の在り方について」（1998年9月）以降，地方分権や規制緩和の動きと相まって市町村教育委員会への権限移譲や校長の権限拡大が図られ，学校教育に家庭や地域の意見を反映していくための学校評議員制度やコミュニティ・スクール，そして学校選択制など新たな仕組みが導入されてきた。これらの施策は学校教育をアカウンタビリティの視点から問い直すと同時に，学校の内向きな協働性を保護者や地域住民を巻き込んだ外向きの協働性へと転換し，管理運営体制の変革（ガバナンス改革）を求めている。実際には，校長の諮問機関としての学校評議員制度からコミュニティ・スクール導入による合議制への参加（参画）への転換が求められている。

ただし，ガバナンス改革は閉鎖的と言われてきた学校を改革するという点ではわかりやすいが，家庭や地域の教育力の低下，特殊な公共施設としての学校の位置づけなどの問題を考えたとき，単純に具現化しにくいのも事実である。例えば，コミュニティ・スクールの重要性を認識しながら学校運営協議会制度を導入しない理由として「お伺いをたてるような危険性」も指摘されているし（堀井，2014），コミュニティ・スクールが家庭や地域からの要望に応えるという点にのみ強調されれば恣意的な学校経営になる危険性も懸念される。

③ 学校支援としてのコミュニティ・スクール

今日のコミュニティ・スクールには，ガバナンス改革より2008（平成20）年度から全国的に行われている「学校支援地域本部事業[15]」の延長線上に捉えようとする側面がある。この事業を通じて，多くの地域人材が学校支援ボランティアとして学校に入っている。「学校支援地域本部事業」は，ガバナンス改革やそれを達成するための参加などの法制化（学校運営協議会など）との関係から，とくに，学校支援ボランティアを学校に都合よく使うという一方通行的視点ではなく，学校支援ボランティアにとっても意義深い活動になるような双方向的な視点をもつことが大切である。学校と，家庭，地域の双方向的な経験の共有を尊重する地域教育経営的な発想があれば崩壊しつつある地域コミュニティを活性化し，学校，家庭，地域がともに児童生徒を「共育」する体制を構築する

▷15　学校支援地域本部事業
政府広報（2008年5月）によれば，「学校支援地域本部事業」は，学校長や教職員，PTAなどの関係者を中心とする「学校支援地域本部」を全国に設置し，その下で地域住民が学校支援ボランティアとして学習支援活動や部活動の指導など地域の実情に応じて学校教育活動の支援を行うとされている。原則として中学校区を基本的な単位として設置される学校支援地域本部では，学校支援活動の企画，学校とボランティアの間を調整する地域コーディネーターの配置，学校支援ボランティア活動の実施，広報活動，人材バンク登録者の作成，事後評価などを行い，本部内には，事業の状況や方向性などを協議するため，学校長，教職員，PTA関係者，公民館館長，自治会長，商工会議所関係者などで構成された実施主体となる「地域教育協議会」が設置される。「学校支援地域本部事業」は今日の「地域学校協働本部」設置につながっている。

きっかけになるかもしれない。

　子どもも教師も生きがいを感じられる特別活動であるために，今後，学校の内と外でどのように特別活動の時間を確保し，学校，家庭，地域でどのようなつながりをもって運営していくのかが改めて問われている。その際，こうしたコミュニティ・スクールとのかかわりにおいて特別活動の充実を図っていくことが考えられるのである。

3　特別活動と地域との新たなかかわり
——コミュニティ・スクールの実践から

　学校運営協議会を設置するコミュニティ・スクールが制度化されたのは，2004（平成16）年である。その後，徐々に増加し，2018（平成30）年4月現在，学校運営協議会を設置している公立学校は，46都道府県5432校となり，全国の公立学校（幼稚園，小学校，中学校，義務教育学校，中等教育学校，高等学校，特別支援学校）の14.7%がコミュニティ・スクールを導入している。

　学校運営協議会は，家庭・地域とのつながりのよい学校には必要ないという声がある。確かに，新しい仕組みを入れたからといって目に見えて何が変わったのかという数値は出にくい。しかし，コミュニティ・スクールの実践が進むなかで学校教育に協力的な風土がさらに醸成され，家庭・地域の連携強化による教育活動のさらなる充実や学校関係者評価の活性化につながっていくことは少なからずある。それは，ある意味で「協働」として「社会に開かれた特別活動」の一つの姿を示しているように思われる。

　断片的ではあるが，小中一貫校にコミュニティ・スクールを導入することによって，特別活動を含めた教育活動を充実させている静岡県磐田市の事例を紹介しよう（以下，久米，2017）。

　「ながふじ学府協議会」（小中一貫校における学校運営協議会）は，中学校より11人，2つの小学校から6人ずつの計23人の委員にて構成され，年2回の学府協議会での協議を中心に協議会委員や教職員を対象とした研修会，3校が地域にて合同で行う行事等の企画・運営を詳細に話し合う場として機能している。

　「ながふじ学府」の3校が小中一貫教育として9年間を見通した教育活動を実践していくにあたり，次の4つの側面からすべての教育活動で「生きる力」を育成していくことを目的とし，これらの項目は「ながふじ学府」のグランドデザインに以下のように明記され共通の目標として認識されている。

「知」‥‥‥‥‥「学ぶ喜び・分かる楽しさが味わえる授業づくり」
　　　　　　　〈共通実践事項〉話の聴き方，発表の仕方
「徳」‥‥‥‥‥「当たり前のことが当たり前にできる心根づくり」
　　　　　　　〈共通実践事項〉あいさつ，そうじ（黙動），靴そろえ
「体」‥‥‥‥‥「健やかな心と体づくり」
　　　　　　　〈共通実践事項〉体力アップに繋がる補強運動，姿勢，歯磨きの習慣

「こころざし」‥「目標に向かって挑戦するこころざしづくり」

これら4項目の実現を目指し，教員と学府協議会委員が具体的な年間実施計画を策定するのである。留意すべきは，こうした目標を学校の教職員，保護者，地域住民が共通理解した上で，地域人材に支えられて学校行事やキャリア教育を充実させていることである。

例えば，平成28（2016）年度の活動においては，5月下旬に中学校恒例の「鉄人遠足」が催された。学校からおよそ30km離れた自然観察施設を目指し往復する徒歩による遠足である。昨今の交通事情を鑑みると大規模な見守りが必要となる。教員の配置だけでは十分な安全が確保できない可能性もあり保護者及び地域の方々の協力を得ている。伝統に支えられているとはいえ毎年十分な計画とその周知が求められる。実施当日には，コース上に多くの地域住民が出て温かな声掛けがなされた。実施運営する学校にとって，それ以上に行事に臨む生徒に大きな力を与えることとなった。

6月にはキャリア教育の機会とする「未来授業」が実施された。様々な職業の方を招いて，仕事の内容だけでなく「働くことの意義」「目標を持って生活することの大切さ」「中学校時代に何をすべきか」について学ぶ機会が設けられた。中学2年生全員を対象とした行事であり，生徒たちの様々な進路への学びを深めるために多方面，多勢の講師が必要となる。平成28（2016）年度は25人の方を講師として招いた。生徒は4～5人のグループに分かれて，2回（講師2人）お話を伺う。この学びが10月に実施される職業体験に繋がるよう図られている。

「未来授業」は中学校の行事であるが，小学校においても同様の行事が行われている。「ようこそ先輩」と称し小学生向けのキャリア教育がなされている。「未来授業」においても「ようこそ先輩」においても多くの講師が必要となる。学府として講師を招聘することで講師の選定，承諾，行事の準備等の労力が大いに軽減される。小中一貫教育の利点を垣間見る行事といえる。

この行事の運営においてコミュニティ・スクール・ディレクターの働きは大きく，教員にかわり講師招聘のための渉外活動を一手に担ってくれた。日頃の学校教育活動に地域人材が上記のとおり活用され，学びの場が創出されている。それに対し夏季休業中は中学生等が積極的に校外に出かけ活躍している。◁16

こうした活動は，コミュニティ・スクールにおける活動のほんの一端にすぎないが，学校の目標を学校，家庭，地域で共通理解し，共通の目標に向かって，実践においてPDCAサイクルを大切にしながら，地域人材も含めた地域の資源を最大限活用した社会総がかりの活動（教育課程の共有化）になっている。職業体験の場が広がらない，学校支援ボランティアに地域住民の協力が得られないという声を聞くことが少なからずあるが，コミュニティ・スクールにおいては，学校運営協議会が学校の応援団として機能し，地域人材のネットワークが広がっている。文部科学省もこれからの学校のあり方としてコミュニティ・スクールをしっかり組み込んでいる。すなわち，文部科学省のこれからの教育施策として，「チーム学校の前提」として，また，「開かれた教育課程」の実現に向けた学校の基盤づくりの前提として，コミュニティ・スクールが位置づけられているのである。

当然のことながら，コミュニティ・スクールという仕組みを入れることが目的ではなくて，その仕組みを入れることが学校と家庭，地域のつながりをもう一度見直すきっかけになる。コミュニティ・スクールは，個々の学校が目指す教育の方針を家庭や地域と共有し，学校と家庭，地域の連携および協働のもと

▷16　本事例では，ディレクターと呼んでいるが，一般的にはコーディネーターである。もともと，コーディネートという言葉には，点と点を結ぶこと，その結びつきを調整すること，全体としての統一を図ることなどの意味が含まれるが，今日，社会総がかりの教育を活性化するために，地域住民と学校との連絡調整を行う「地域コーディネーター」や複数のコーディネーターとの連絡調整等を行う「統括的なコーディネーター」の配置や機能強化が求められている（中央教育審議会答申「新しい時代の教育や地方創生の実現に向けた学校と地域の連携・協働の在り方と今後の推進方策について」2015年12月21日）。

にまさに「社会総がかり」で教育活動を充実させていく機能をもっている。

　「社会に開かれた教育課程」とは，「これからのよりよい社会を創るよりよい学校教育とは何か」「これからの社会を創っていく子供たちが身に付けるべき資質・能力とは何か」「目標を達成するためにどのように社会との連携・協働を行っていくか」を考え，実践することである。その点，コミュニティ・スクールは，「社会に開かれた教育課程」の実現に向けた連携・協働による取り組みを効果的かつ計画的に進めることができる仕組みとして捉えられている（文部科学省パンフレット「コミュニティ・スクール2018──地域とともにある学校づくりを目指して」参照）。

　実際に，コミュニティ・スクールの導入によって得られた地域住民の多くの「まなざし」や協力は，社会での多様な経験を踏まえた保護者や地域住民の温かく柔らかな「まなざし」として子どもたちを包み込み，子どもたちの自己肯定感の向上のみならず教師のやりがいにつながっている。今日のような教育格差の増大にともなう子どもの貧困や児童虐待など子どもの多様で複雑な育ちに向き合うためには，スクールソーシャルワーカーを中心とした学校と家庭・地域の連携が求められるが，それ以前に求められるのは，こうした「まなざし」の復活なのである。

　「学校教育の出口としての社会」を意識し，特別活動が育成すべきとされる「社会に出て実践的に働く力」は，学校という時間，空間だけでなく，「地域に開かれた学校」がもつ温かく多様な「まなざし」の下に育成されるものである。

Exercise

① 　あなたは学校週5日制の下で，土曜日をどのように生活していたのか。土曜日に行われている学校行事，部活動などの活動はあなたの成長にとってどのような意味をもっていたのだろうか，皆で話し合ってみよう。

② 　特別活動のさまざまな活動と地域（保護者，地域住民，公民館等の施設）とのかかわりを具体的に振り返ってみよう。そうした活動のなかでの保護者や地域の人たちとのかかわりはあなたの成長にとってどんな意味をもっていたのだろうか。

③ 　全国各地で行われるようになったコミュニティ・スクールの実践を調べ，特別活動とのかかわりやコミュニティ・スクールの教育的意義について考えてみよう。

📖次への一冊

白石克己・佐藤晴雄・田中雅文編『学校と地域でつくる学びの未来』ぎょうせい，2001年。

　　生涯学習の視点から，学校と地域（社会教育）による「協働」機能にいち早く着目し，学校や家庭，地域がいかにして子どもたちの「新たな」学びを創造するかをさまざまな問題にかかわって具体的に提起している。

高橋興『学校支援地域本部をつくる──学校と地域による新たな協働関係』ぎょうせい，2011年。

　　学校支援地域本部事業が立ち上がるまでの政策的な経緯や学校支援地域本部のマネジメントのあり方が全国各地の実践を踏まえてわかりやすく述べられており，学校ボランティアの教育的意義が理解できる。

佐藤晴雄『コミュニティ・スクール──「地域とともにある学校づくり」の実現のために』エイデル研究所　2016年。

　　今日のコミュニティ・スクールがどのような経緯で誕生し，どのような意義があり，どんな現状でどんな課題があるのか，そしてどのように取り組んでいったらいいのか，全国調査のデータを踏まえてわかりやすく述べられている。

内山隆・玉井康之『実践　地域を探求する学習活動の方法──社会に開かれた教育課程を創る』東洋館出版社，2016年。

　　「社会に開かれた教育課程」の理念を具現化するとはどういうことなのか。教科等と連動して地域を探求する学習のあり方を具体的に示しながらわかりやすく述べている。

引用・参考文献

天笠茂編著『中学校新学習指導要領の展開　特別活動編』明治図書出版，2008年。

天笠茂・宮川八岐・森嶋昭伸編『特別活動実践指導全集　理論編』日本教育図書センター，2000年。

大林正史『学校運営協議会の導入による学校教育の改善過程に関する研究』大学教育出版，2015年。

小川正人「学校における働き方改革と教育経営学の課題」日本教育経営学会，2018年度公開シンポジウム資料。

金子郁容・鈴木寛・渋谷恭子『コミュニティ・スクール構想──学校を変革するために』岩波書店，2000年。

久米昭洋「小中一貫教育校のコミュニティ・スクールにおける教員とコミュニティ・スクール・ディレクターとの協働について──『ながふじ学府』磐田市立豊田中学校区の取組より」『平成28年度常葉大学共同研究報告書　静岡県におけるコミュニティ・スクールの導入・普及に係る成果と課題』（研究代表：堀井啓幸），2017年，19〜42ページ。

国立教育政策研究所編『資質・能力　理論編』東洋館出版社，2016年。

猿田真嗣「『社会に開かれた教育課程』の実現の地域社会の連携」日本教育制度学会編『教育制度研究』24号，2017年11月。

杉田洋編著『平成29年度小学校新学習指導要領ポイント総整理　特別活動』東洋館出版

社，2017年。

高木展郎・三浦修一・白井辰夫『新学習指導要領がめざすこれからの学校・これからの授業』小学館，2017年。

仲田康一『コミュニティ・スクールのポリティクス』勁草書房，2015年。

西村文男・天笠茂・堀井啓幸編『学校 5 日制の実践的展開』教育出版，1992年。

日本ボランティアコーディネーター協会編『ボランティアコーディネーター』筒井書房，2002年。

堀井啓幸「保護者・地域社会と学校」大塚学校経営研究会編『現代学校経営論』，2000年 6 月。

堀井啓幸「八戸市の地域密着型教育推進事業」（平成25年度文部科学省委託調査研究報告書『コミュニティ・スクール指定の促進要因と阻害要因に関する調査研究』：研究代表佐藤晴雄），2014年。

堀井啓幸・山西哲也・坂田仰編『特別活動の理論と実践』教育開発研究所，2016年。

堀井啓幸「特別活動における『話し合い活動』の現状と課題（その 1 ）——実践事例から」『常葉大学教育学部紀要』第38号，2017年，123〜132ページ。

文部科学省／国立教育政策研究所 教育課程センター編『特別活動指導資料　学級・学校文化を創る特別活動（中学校編）』東京書籍，2016年。

文部科学省『小学校学習指導要領（平成29年告示）解説　特別活動編』東洋館出版社，2018年。

山口満・安井一郎編著『改訂新版　特別活動と人間形成』学文社，2010年。

第15章
特別活動を担う教師の資質・能力

〈この章のポイント〉

　ここまで，わが国における学校教育のうち，特別活動についての歴史的変遷や，具体的な内容・指導のあり方について詳述してきた。本章では，新学習指導要領で求められる次世代の教育内容や社会的なニーズを踏まえ，このうち，特別活動では，どのような教育実践や教師の指導力が求められるのか，また，そのためには，今後，教員養成課程の段階において，何を考究，習得しておくことが望ましいのか，などについて学ぶ。

1　新学習指導要領において求められている特別活動の内容

1　新学習指導要領の基本的な考え方

　すでに前章までに述べられている通り，2017年3月に小・中学校の新学習指導要領が告示された。その全体的な改訂の基本方針については，「小学校学習指導要領解説総則編」において，以下の内容が示されている（文部科学省，2018a，まえがき）。

> ①教育基本法，学校教育法などを踏まえ，これまでの我が国の学校教育の実践や蓄積を生かし，子供たちが未来の社会を切り拓くための資質・能力を一層確実に育成することを目指すこと。その際，子供たちに求められる資質・能力とは何かを社会と共有し，連携する「社会に開かれた教育課程」を重視すること。
> ②知識及び技能の習得と思考力，判断力，表現力等の育成のバランスを重視する平成20年改訂の学習指導要領の枠組みや教育内容を維持した上で，知識の理解の質を更に高め，確かな学力を育成すること。
> ③先行する特別教科化など道徳教育の充実や体験活動の重視，体育・健康に関する指導の充実により，豊かな心や健やかな体を育成すること。

　これらをもとに，各教科等の「学習指導要領解説」において，今後の具体的な教育実践のあり方や，各教科における留意事項等が示されている。このうち，例えば，「小学校学習指導要領解説特別活動編」では，学級活動，児童会活動，クラブ活動，学校行事の四つ（中・高等学校はクラブ活動を除いた三つ）という既存の活動内容のみならず，教科横断的な取り組みに寄与する各教科学習

の共通基盤的な役割や，子どものキャリア形成に向けた指導のあり方など，改善，配慮すべき事項が数多く示されている。

　すなわち，これまでの学校生活や各教科学習で習得した知識や技能等を，さらに，特別活動を中心とした実践的，体験的な活動によって，いかに統合的かつ柔軟に利用できるか，いわゆる「なすことによって学ぶ」ことによる学習内容の理解や質の高まりが求められているのである。そして，既有の知識や技能が教科枠内のみにとらわれず，新しい場面や環境に対し，児童生徒一人ひとりが主体性をもって，積極的，開発的に取り組む姿勢を育成すべきことが，今回の改訂により明確にされたことも重要な点である。

　そして，これらを実現するために，学校全体として「カリキュラム・マネジメントの確立」に努めることが基本方針に掲げられている。

　なお，これらが新学習指導要領の全体的な基本方針として示された背景には，国際学力調査の結果によって示されたわが国の教育実態（例：OECD〔経済協力開発機構〕が2015年に実施した国際学習到達度調査〔PISA〕の結果）と今後の課題や，産業界からの期待と要請，グローバル社会への対応力の向上など，わが国の学校教育に対する質的転換の志向が趨勢になっていると考えられる。

［2］ 特別活動に期待される具体的な学びの特性

　一方，これまで，教育現場において，特別活動の意義や，指導内容や方法，評価のあり方が，一部では不明瞭であったことに対する提言という意味も，新学習指導要領の改訂の趣旨に含まれている。

　すなわち，子どもにとっては，各教科の学習は日々の学校生活における「学びの活動」であると認識されやすいものであるが，一方で，特別活動は，正課の学習活動でありながらも，「他の教科学習による学びとは異なる活動」と誤認されやすかったことも事実である。

　そこで，「小学校学習指導要領解説特別活動編」をはじめ，中学校や高等学校のものにおいても，「人間関係形成」「社会参画」「自己実現」という三つの視点を手がかりとし，各種活動を通して，「何を学ぶのか」「どのように学ぶのか」「何ができるようになるのか」について，教師側が明確な視点をもつこと，そして，子どもが立案や議論，振り返り等のなかで上記を意識できるように適切な指導ができることを期待されている。

　実例で考えてみたい。例えば，小学校の特別活動の各活動・学校行事において，世間一般的にイメージされやすいものの一つに遠足・集団宿泊的行事がある。その内容として，「平素と異なる生活環境にあって，見聞を広め，自然や文化などに親しむとともに，よりよい人間関係を築くなどの集団生活の在り方や公衆道徳などについての体験を積むことができるようにすること」と記され

ている。このような活動については，当然ながら，集団行動を基本として取り組まれることから，活動内容と集団における役割を意識して自己実現を図ることができると言えよう。そして，上記の学びの視点として求められている内容についても，例えば，事前・事後の学習時間を通じて，行事での活動内容に関する子どもの意見の表明や，議論と合意形成の場を教師が設定し，その過程で子どもが，適切な説明・表現，建設的な議論の展開への寄与のあり方を意識し，自らの資質向上として学びを実感できることが考えられる。その際，当然ながら，発達的に未成熟な児童生徒であることから，教師によるガイダンス，すなわち適切な情報の提供や，議論の方向性に対する支援や助言，あるいは個々の子どもの特性を把握して，適切な場面での個別の指導も必要となる。

　さらに解釈を深めれば，中学校の新学習指導要領のなかで示されている特別活動に対する各教科の実践的あるいは共通基盤的役割についても，例えば，「野外での調理活動」を想定すると，理科の「燃焼条件の実験」や家庭科の「食品の特性と調理技能」，数学科の「比例の理解」等，各教科の学習で完結しがちな内容が特別活動の機会を通じて，実用的な学習成果になることが考えられる。これらを計画的に設定し，そして，その成果を学校として評価することによって，特別活動による学びの意義を明確化でき，さらなる教育内容の充実について考え，教師としての指導のあり方を熟考することができる。また，教師間の連携を考える機会にもなり，子どもを未来社会に生きる人間として，一人ひとりをどう指導するかについて具体的に検討し，取り組む全体的基盤になることが期待できる。

③　特別活動における教師の指導的役割の重要性

　「小学校学習指導要領解説特別活動編」をはじめ，中学校や高等学校のものにおいても，第1章「総説」の「1　改訂の経緯及び基本方針(2)改訂の基本方針」のなかで「主体的・対話的で深い学び」の実現に向けた授業改善の推進が求められている。また，そのあとの記述においても，「社会参画の意識の低さが課題となるなかで，自治的能力を育むことがこれまで以上に求められていること」，「『様々な集団活動に自主的，実践的に取り組み，互いの良さや可能性を発揮しながら集団や自己の生活上の課題を解決することを通して』資質・能力の育成を目指すこととした」など，「自主性」「主体性」の育成を重視した言葉が注目される。

　もちろん，新学習指導要領において，子どもの「自主性」「主体性」を今後の未来社会に向けて高めていくことは期待されているが，教師の指導や支援的介入が抑制されるものでは決してない。

　例えば，中学校学習指導要領の「第5章　特別活動：第3　指導計画の作成

▷1　中学校の新学習指導要領「理科」の内容には，「日常生活や他教科等との関連を図ること」（下線は筆者による）という項目が示されている。また，「数学」の第1学年「比例」の項についても「具体的な事象の中から二つの数量を取り出し，それらの変化や対応を調べることを通して，比例，反比例の関係についての理解を深める」（下線は筆者による）ことが記されている。

▷2　この経緯については，一つの見方として，2012年8月の中央教育審議会答申「新たな未来を築くための大学教育の質的転換に向けて──生涯学び続け，主体的に考える力を育成する大学へ」の前後において「アクティブ・ラーニング」による学習手法が世に広まったことから初等・中等教育にも影響が及び，あたかも高等教育と同様の問題意識と学習方法の改善の必要性があるものとして誤認されたことが考えられる。

と内容の取扱い」のうち，２の(1)内容の取扱いについての配慮事項において，以下のように記されている。

> (1)　学級活動及び生徒会活動の指導については，指導内容の特質に応じて，<u>教師の適切な指導の下に</u>，生徒の自発的，自治的な活動が効果的に展開されるようにすること。その際，よりよい生活を築くために自分たちできまりをつくって守る活動などを充実するよう工夫すること。
> （下線は筆者）

この「教師の適切な指導の下に」という文言が明示されていることは，初等・中等教育における教育現場を想定すれば，きわめて重要なことである。とくに，「中学校学習指導要領解説特別活動編」の第２節「内容の取扱いについての配慮事項」では，以下のように記されている。

> 生徒の自発的，自治的な活動を特質としている内容は，学級活動の「(1)学級や学校における生活づくりへの参画」及び生徒会活動である。
> これに対して，学級活動の「(2)日常の生活や学習への適応と自己の成長及び健康安全」と「(3)一人一人のキャリア形成と自己実現」及び学校行事は，教師の指導を中心とした生徒の自主的，実践的活動を特質とする内容である。

このように，活動内容が区分的に記されているものの，いずれの活動においても，子どもの「自発的，自治的な活動」を促すために，教師が計画的に活動内容を十分に構想して指導に臨む必要がある。

例えば，「自発的，自治的な活動」を促すことは重要であるが，児童期から青年期まで発達を考慮した際に，学級活動や生徒会活動における議論であっても，大人社会同様に建設的かつ開発的に十分な俯瞰的思考のもと進められるわけではない。集団による議論の方向性が不適切なものであれば，助言的指導は必要であるし，また，さまざまな状況や事情により，個別に支援や指導が必要なケースもある。加えて，生徒会活動や学級活動の議論に基づく自発的，自治的な活動の内容によっては，校長の責任が問われるものとなり得ること，あるいは，国および地方公共団体による法令等に抵触するものは認められないことも介入的指導の条件となる。ただし，これらの指導にあたっては，「理由を示さない拒否」ではなく，学校と社会との信頼関係について考えることや，すべての子どもや家庭にとって真の利益になり得るのか，また，法令等については，その存在によって公共性や，私たち自身の利益が保障されていることなどを，発達に即して適切な内容と方法で指導する必要がある。

2　新学習指導要領に示される特別活動の目標と学習内容

［1］　新学習指導要領における特別活動の目標

　小学校の新学習指導要領の「第6章　特別活動」では，特別活動の全体目標は以下のとおり示されている。

　集団や社会の形成者としての見方・考え方を働かせ，様々な集団活動に自主的・実践的に取り組み，互いのよさや可能性を発揮しながら集団や自己の生活上の課題を解決することを通して，次のとおり資質・能力を育成することを目指す。
(1)多様な他者と協働する様々な集団活動の意義や活動を行う上で必要となることについて理解し，行動の仕方を身に付けるようにする。
(2)集団や自己の生活，人間関係の課題を見いだし，解決するために話し合い，合意形成を図ったり，意思決定したりすることができるようにする。
(3)自主的，実践的な集団活動を通して身に付けたことを生かして，集団や社会における生活及び人間関係をよりよく形成するとともに，自己の（人間としての）生き方についての考えを深め，自己実現を図ろうとする態度を養う。

（　　）は中学校

　以下，新学習指導要領に示された文言について，その教育実践の具体例を筆者なりに解釈をして付記しながら説明していくこととする。

　まず，新学習指導要領では，特別活動の全体目標から大幅に見直され，具体的に「何を育み」「何ができるようになる」のか，育成されるべき資質や能力が明示された書き方となっている。もちろん，本質的な目標は，これまでの学習指導要領と大きく変わるものではないが，例えば，「集団の一員」という帰属意識にとどまることなく，「集団や社会の形成者」あるいは「集団や自己の課題を解決する」という，より主体的，実践的な資質や能力の育成が求められている。これは，特別活動固有としての教育内容にとどまらず，他教科との連携や生徒指導の充実に具体的に寄与することで，学校生活全体の発展性に大きな影響をもつという教育的な意義が強く意識されていると考えることができる。さらに，多様かつ予測困難な未来社会に向けて，より柔軟な対応が可能となるよう，固定概念的な「望ましさ」ではなく，創造的な「望ましさ」を協同的に構成できる指導も大切である。

　そこで，今後，教師の立場として特別活動を具体的にどのように運用することが望ましいか，以下の項から考えていきたい。なお，下記の実現のためには，集団に対し「学ぶ目的」等を意識させるためのガイダンスの充実，そして，個々の児童生徒への対応力の基礎としての「カウンセリングマインド」の

▷3　カウンセリングマインド
日本の造語で，教師からのアプローチによる，子どもへのさりげない声掛けや働きかけのことである。

研鑽など，さまざまな教職の資質が，新学習指導要領のみならず，「教職課程コアカリキュラム▷4」等，新たな各種法令，通知などにおいて求められていることにも，今後，留意してほしい。

［2］ 児童生徒の自己理解の促進と自己成長課題の意識，明確化

　まず，特別活動を通じて，教師が子どもに対し，さまざまな自己実現や協同性を育むにあたって，そのスタートラインに立たせるためには，「自分はどのような特性を有する存在か」，例えば，「自分は何が得意で，何が苦手なのか」など自己理解にじっくりと取り組ませることを，教師の適切な指導により，カウンセリングマインドをもって取り組ませることが求められる。これは，「特別の教科 道徳」などでも取り組まれていることであるが，子どもの自己成長の課題は，当然，個々に異なるものである。そこで，特別活動に含まれるさまざまな活動を通して，子どもが「自分は何から始めることができるのか」「自分は何ができるようになりたいのか」など，自分の成長に目標や見通しをもつことができるようになる。これは，新学習指導要領において示される「一人一人の自己実現とキャリア形成」に通じるものである。もちろん，個々の自己洞察能力については，学年や発達に応じてレベルは異なるであろうし，また，深い自己理解への試みが，抑圧された不快な思いにつながる可能性も稀に考えられる。しかし，これからの未来を生きる子どもの自己成長欲求を育む姿勢を基本とすることで，個々に適した積極的な活動を期待することができる。また，次項で述べる他者の特性への積極的理解や他者の尊重，さらに他者の長所を活かす人間関係形成に有効となる。

［3］ 他者の理解と尊重，役割意識の醸成による社会貢献力の構築

　次に，他者理解，とりわけ他者の優れた点を積極的に見出そうとする姿勢を育むことが重要となる。これは，新学習指導要領解説のうち，目標として示されている「人間関係形成」「社会参画」「自己実現」を具体的に実現させるものであると位置づけられる。また，教職課程コアカリキュラムのうち，指導法の達成目標においても「集団活動の意義を例示できる」ことが望まれている。この考え方が，集団によって成し遂げられるさまざまな活動の成果を見通すうえで，必要な要素になる。もちろん，そこには自分自身が寄与する可能性を含めて考えることも求められる。そのためには，クラスやクラブなど集団の成員が，相互に長所を理解し，認め合い，あらゆる機会への参与を促し，可能な役割を期待するということを教師が用意することが望ましい。そこで例えば，新しいクラスが構成され，その初期段階において，教師主導によって，開発的カウンセリングの手法の一つである「構成的グループエンカウンター▷5」を導入

▷4　教職課程コアカリキュラム
新学習指導要領の告示とともに，大学等における教員養成課程の教職専門の各科目において，何を資質として習得しておくべきかを取りまとめたものである（『教職課程コアカリキュラムの在り方に関する検討会』，2017年11月）。このうち，「特別活動の指導法」については，全体目標として「よりよい集団や学校生活を目指して様々に行われる活動の総体」とされており，各教科等との往還的な関連，地域住民や他校の教職員と連携した組織的な対応などの素養を身につけられることが求められている。さらに，具体的な下位項目として，一般目標や到達目標も示されており，将来，教育職に従事するにあたっての重要な指針が示されている。

▷5　構成的グループエンカウンター
開発的カウンセリングの手法の一つである。リーダーが提起するさまざまなエクササイズをペアや小集団で実施し，さらに，事後にエクササイズを通じて感じたことを本音で語り合う活動である。

し，さまざまなエクササイズを展開しながらお互いを認め合い，個を尊重する姿勢や態度を育むことも一つの手法であろう。そのうえで，さまざまな活動へ向けた能動性，貢献性について，「個の課題」としてだけでなく，俯瞰的に「集団の課題」として考え，取り組めるようになることが期待できる。

　また，新学習指導要領のなかで，「3　内容の取扱い」に示される配慮事項として，さまざまな意見交流を通じて合意形成を図ることが各学年共通に掲げられている。すなわち，自分と異なる意見に対する対処能力を求めたものであり，ひいては多文化理解，共生，グローバルな考え方を育むことも視野に含まれているものと考えられるが，その根底には，やはり，上記のような他者理解と相互の認め合い，個々の尊重があると考える。教師が集団を通じて個々の成長を育むためのプロセスとして，このような取り組みを期待したい。

4　自己有能感，自己効力感へのつながり

　教育現場を具体的にイメージするならば，まず，教師主導のもと，「クラス開き」から始まり，さまざまな活動を通して「クラスの協同性」が育まれていくことが期待される。また，日常的な教科学習が進められるなかで，そして，集団による大きな活動成果として期待されるものの一つが，特別活動における各種活動である。これは，新学習指導要領における目標で示される「社会参画」に対して「自己実現」を実感できる重要な教育内容になるものである。特別活動については，学級（ホームルーム）活動，児童会（生徒会）活動，学校行事，クラブ活動（小学校のみ），と多様な活動がある。例えば，学校行事であれば，儀式的行事，文化的行事，健康安全・体育的行事，遠足・集団宿泊的行事，勤労生産・奉仕的行事とさまざまな活動があげられるが，いずれも学校によるカリキュラム・マネジメントに基づき，適切かつ可能な時期に実施されなければならない。

　しかし，これら学校行事等の多くについて，実際には，児童生徒が受け身の存在となりやすいものであったと思われる。これまでの学習指導要領にも「児童・生徒の主体的活動」に関する記述はあったものの，教育現場での実現可能性や条件などを考えると，教師主導の方が効率的であるとして運用されてきたものも多いのではないだろうか。もちろん，一部の儀式的行事や健康診断など，教師側が主体的に実施すべきものもあるが，新学習指導要領の考え方にある子どもの「主体性」「社会への参画可能性」を育むことを考えるうえで，そのような活動であっても，各種活動のプロセスを見直し，子どもの参加可能性を積極的に取り入れられるような工夫ができることもある。確かに，教師が一つひとつの役割や注意事項を子ども一人ひとりに教え伝えていくことは相当な労がともなうであろうし，その後，安全かつ適切に運用されているか注視する

▷6　自己有能感と自己効力感
「自己有能感」は、「他人の役に立つことができた」「他人に喜んでもらえた」など、相手の存在や言動をもとに、自分と他者（集団や社会）との関係を自他共に肯定的に受け入れられることで生まれる自己に対する肯定的な評価を行うことができる感情とされ、「自尊感情」と比較的近い、あるいは包括的な感情とされている。一方、「自己効力感」とは、カナダの心理学者バンデューラが唱えた内容で、「ある行動を達成するために必要な方針を計画し、それを実行する能力についての自身の信念の強さ」とされている。これは、彼の提唱する「社会的認知理論」を構成する中心概念の一つで、ある行動がある結果を生み出すという推測（結果予期）と、その結果を生み出すために必要な行動ができるという確信（効果予期）という二つの要因によって、行動遂行が可能となる、という考え方である。いずれも、児童生徒が学校生活において積極的な活動が可能となる基盤的な要因になるものと考えることができる（出所：国立教育政策研究所生徒指導・進路指導研究センター、「生徒指導リーフ.18」2015年）。

▷7　中央教育審議会答申「今後の学校におけるキャリア教育・職業教育の在り方について」（2011年1月）を参照。

のも大変である。しかしながら、その結果として、子どもの学校への帰属意識が高まり、「自己有能感と自己効力感」が育まれることも期待できる。

3　「キャリア意識の形成」に資する特別活動の取り組み

1　現代の学校教育に求められる「キャリア教育」とは

わが国において「キャリア教育」という文言が公的に登場し、その必要性が提唱されたのは、1999年12月の中央教育審議会答申「初等中等教育と高等教育との接続の改善について」とされている。

キャリア教育とは、「一人一人の社会的・職業的自立に向け、必要な基盤となる能力や態度を育てることを通して、キャリア発達を促す教育」と定義されている。このような教育内容が重視される背景には、子どもたちが育つ社会環境の変化、心身の発達のアンバランスさの増長など、さまざまな児童生徒が育つ現代の社会事情が影響しており、その教育の根幹として学習指導要領に「キャリア教育の推進」が明記されることとなった。

現在までにも、中学校における職業体験活動や、小・中学校における「社会見学」等、関連する学習活動はいくつか見られているが、キャリア意識の育成には、さらなる充実が求められる。

また、新学習指導要領において、キャリア教育については、従来に引き続き、学級活動ならびに学校行事の「勤労生産・奉仕的行事」を中心に、共助の姿勢や社会奉仕の精神の涵養など、関連内容が示されるとともに、学級活動の内容として「一人一人のキャリア形成と自己実現」という内容が設けられている。具体的な項目として、小学校にあっては、「現在や将来に希望や目標をもって生きる意欲や態度の形成」「社会参画意識の醸成や働くことの意義の理解」「主体的な学習態度の形成と学校図書館等の活用」、中学校にあっては、「社会生活、職業生活との接続を踏まえた主体的な学習態度の形成と学校図書館等の活用」「社会参画意識の醸成や勤労観・職業観の形成」「主体的な進路の選択と将来設計」が示されている。この点で留意すべきことは、特別活動の内容のなかで、学校行事ではなく、学級活動に加えられていることである。

例えば、新しい中学校学習指導要領における第1章総則の第4の(3)では、「生徒が、学ぶことと自己の将来とのつながりを見通しながら、社会的・職業的自立に向けて必要な基盤となる資質・能力を身に付けていくことができるよう、特別活動を要としつつ各教科等の特質に応じて、キャリア教育の充実を図ること。その中で、生徒が自らの生き方を考え主体的に進路を選択することができるよう、学校の教育活動全体を通じ、組織的かつ計画的な進路指導を行う

こと」と明記されている。また，その具体例として，学校図書館の活用について示されており，限られた直接体験のみならず，書籍やインターネット情報等，多様な情報を収集してキャリア意識を形成することが推奨されている。そのほか，キャリア教育の内容については，中学校のみならず，小学校や高等学校とのつながりを考慮し，設定されていること，また，学級活動を要としながら，総合的な学習の時間や学校行事，道徳科や各教科における学習，個別指導としての教育相談等の機会を生かしつつ，学校の教育活動全体を通じて必要な資質・能力の育成を図っていく取り組みや，さらに幅広い地域活動との連携も重要であると示されており，多岐にわたってその重要性が示されていることも特徴的であると言えよう。

[2]　キャリア教育にあたって教師側が備えておくべき資質

① カウンセリングマインドの習得と実践

　まず，第一に，児童生徒が思い描く多様な職業観や人生設計に対し，教師が肯定的受容を基本とした相談や支援を行っていくために，カウンセリングマインドを習得し，実践することが必要である。すなわち，子どもの思いを尊重しつつ，さらに深化へ導くための姿勢である。これにより，子どもがさらに自立的なキャリア意識を形成し，そのための道筋，すなわち洞察力が育まれ，目指すべきキャリア発達へとつながる。また，あわせて，自己の客観的理解と目標に向けて努力する意識を育むことができる。

　さらに，教師自身が知識や体験を広げることによって，児童生徒の相談に応じる資質を高めておくことも必要となる。ただし，社会環境，とりわけ産業や職種の多様さ，そしてそれぞれの就労形態の変化，すなわちオートメーション化や AI（人工知能）の発達など，社会の進化の観点を含めて，すべてを予測的に理解し，説明することは不可能である。そこで，まずは子ども一人ひとりが思い描く未来像に寄り添い，共感的で，将来への希望をもつことができる相談の姿勢を備えることが必要である。

② 児童生徒が自分の人生を築くための主体的意識を抱かせる機会の用意

　キャリア意識の形成にあたって，未来をイメージさせる取り組みのみが注目されやすい傾向にあると思われるが，現在の自分を見つめたときに，夢や希望と現実とが乖離したものである場合，その未来に対し，あきらめや失望感を抱くことも想像に難くない。また，新学習指導要領において，キャリア教育に関する内容が学級活動に設定されている点からも，日常の学校生活において，自身が委員や係の役割について主体的に参加したり，話し合いの機会に意見表明をして合意形成の過程に貢献するなど，日々の現実的な集団への参画が，自分の思い描く未来へ歩むための自信や自己有能感の根拠となるよう，あらゆる機

会を利用し，すべての児童生徒に用意することが求められる。

　このような教師による日頃からの教育的配慮や工夫によって，特別活動がキャリア発達につながることも意識しておきたい。

4　集団指導と個別指導についての教師の考え方

　生徒指導提要によれば，子どもの指導における集団指導・個別指導の方法原理として，「集団指導と個別指導については，集団指導を通して個を育成し，個の成長が集団を発展させるという相互作用により，児童生徒の力を最大限に伸ばすことができるという指導原理があります」と記されている。すなわち，学校における学びの効果には，個の特性と課題の理解，集団すなわち他者との交流による成長，さらに新たな課題の発見と達成欲求の向上，などのように相補的，循環的に機能する特性がある。したがって，特別活動においても，このような学校による学びの効果が十分に発揮されるよう綿密な計画や検討が必要である。そして，学校という場を主体に，地域や家庭へと学びのフィールドが広がり，その成果や経験がまた学校という場で精錬され，個々の成長へと影響することを考えていくことが望まれる。このような学びの展開を実践するには，十分な知識と熟慮が必要になり，また，前述の通り，子どもの自立性，主体性，あるいは自己効力感などを考慮した指導計画が求められる。

　そこで，「小学校学習指導要領解説総則編」における第3章の第4節「児童の発達支援」において，児童の発達に即した教師の指導方針がわかりやすくまとめられているので，その内容をもとに具体的な指導の留意点を検討する（文部科学省，2018b，98〜99ページ）。

（小学校低学年）

　低学年では，自分でしなければならないことができるようになるとともに，幼児期の自己中心性は残っているが，他の児童の立場を認めたり，理解したりする能力も徐々に発達してくる。善悪の判断や具体的な行動については，教師や保護者の影響を受ける部分が大きいものの，行ってよいことと悪いことの理解ができるようになる。このため，行ってよいことと悪いことの区別がしっかりと自覚でき，社会生活上のきまりが確実に身に付くよう繰り返し指導するなどの指導上の工夫を行うことが求められる。

　幼児期の発達については，個人差が大きく，月齢の影響も若干残るところではあるが，通常，4月の小学校入学の段階では，集団での学びを基本とするため，同一の指導を展開していく。幼稚園教育要領［2017年版］においても，「幼児期の終わりまでに育ってほしい姿」という目安が示され，幼小接続においても一定基準の到達事項をある程度想定しながら小学校からの指導が進めら

れる。これを子どもの視点で考えた場合，急な環境変化であるがゆえに，発達レベルの差異以外に，情緒，適応の問題で本来有する特性を発揮できないケースもありえる。したがって，教師には，まず，個々の特性を十分に発揮できる寛容な姿勢と環境を保障することを基調とした指導が求められる。さらに，発達に応じた集団の特性を考えるならば，小学校中学年以降とは異なり，関係性は流動的であったり，目的がとくにないこともしばしば見られる。よって，集団の形成を固定的に捉えすぎることなく，個の成長を見据えながら集団活動による成果を味わえるように学級経営を考えていくことが望まれる。

（小学校中学年）

　中学年では，社会的な活動範囲が広がり，地域の施設や行事に興味を示し，自然等への関心も増えてくるとともに，自分の行為の善悪について，ある程度反省しながら認識できるようになる。このため，自分を内省できる力を身に付け，自分の特徴を自覚し，そのよい所を伸ばそうとする意識を高められるよう指導するなどの指導上の工夫を行うことが求められる。

　小学校中学年になると，個々の考え方や興味，好むものなどが明らかになる。また，自分という存在について，集団のなかからさまざまな気づきが生じはじめる時期でもある。発達心理学の分野でも「ギャングエイジ」と呼ばれるように，特定の目的や志向性に基づいたグループが組成されやすくなることが指摘されている。したがって，教師としてこの世代の指導においてとくに注意したいことは，「集団に入らない児童」への配慮である。これには，「集団を好まない」児童もいれば，「集団に入りたくても入れない」児童もいる。いずれにせよ，教師はカウンセリングマインドをもって緩やかにコミュニケーションを図りながら，個々の心情に十分な配慮をしつつ，集団への参加による小さな成功経験などを通じ，集団に対する肯定的な感情を緩やかに育むことが望ましい。

　もちろん，実社会において個人での生活や行動が必ずしも否定されるものではないが，学校という集団活動の特性が児童自身にも理解され，多様な環境のなかで，その「良さ」や「楽しみ」が個々に実感できるように学級経営を考えていくことが望まれる。

（小学校高学年）

　高学年では，相手の身になって人の心を思いやる共感能力が発達してくるとともに，自律的な態度が発達し，自分の行為を自分の判断で決定しようとする ことに伴い，責任感が強くなり批判的な能力も備わってくる。このため，教師は児童の自律的な傾向を適切に育てるように配慮することが求められる。また，さまざまな生徒指導上の課題等が早期化しており，中学校からではなく，小学校高学年からの対応もより一層必要となっている。

　小学校高学年になると，児童の間でも集団を意識した行動がより多く見られるようになる。学級や児童会，クラブ活動などにおいて，あらゆる児童が高学年にふさわしく適切にリーダーシップを発揮し，児童の学校生活が積極的，建設的に営まれていれば何ら問題はないが，この世代特有のものとして，いくつかの問題が生じうることにも留意する必要がある。

　近年，高学年児童に関して，とくに指摘される内容の一つに，集団や児童個人に対して，集団凝集性と排他性に「価値づけ」が加わる事象があげられている。例としては，「キャラ」「スクールカースト」と呼ばれることもある（鈴木・本田，2012他）。このこと自体は，生徒指導の考え方に基づき，成員個々の相互理解と尊重の考え方を育むことが大切であるが，特別活動にあたっては，このいわゆる価値づけが活動内容に影響するケースも散見される。そこで，成員の多様性の理解と公正性を意識した指導が求められる。すなわち，特定の主張性の強い児童のみが活躍するのではなく，個々の優れた特性が活かされるよう，多様な児童が活躍できる場を構成することが望まれる。もう一つは，性差の捉え方についてである。かつては，発達差によって女性の成熟が加速的に認められることや，体力や筋力等の身体発達に関して男性が優位になりやすいことなどが多く指摘されてきたが，現代においては必ずしも当てはまらない事象が見られることもある。そこで，ガイダンスを通じて単純に性差のみで個々の児童の特性を捉えるのではなく，価値観や志向性など，多様性を尊重した集団への指導が望まれる。

5　教員養成課程の段階において特別活動の指導のために何を学ぶべきか

① 特別活動を通じて「何を育むことができるのか」を具体的に考究する能力

　一般的に，特別活動の学習内容としてイメージしやすい事例は，学校行事が多いと思われる。また，小学校であれば，クラブ活動も比較的実感しやすいことと思われる（なお，部活動については，教育課程外の活動であり，特別活動に含まれない）。ほかにも，学級活動（ホームルーム活動），児童会活動（生徒会活動）がある。

　そこで，新学習指導要領では，具体的な到達目標が明示され，育むべきものや指導すべき事項が明記されていることに留意してほしい。そのうえで，そこに示される目標や記載事項をもとに，各種活動において子どもに「何を育むことができるのか」を，教育現場の各場面をシミュレーションしながら具体的，実際的に考える能力が求められる。

　例えば，新年度となり，新しい学級が組織される場面を想定してみよう。「担任教師の自己紹介」「児童生徒による自己紹介」のあり方一つをとっても，

形式的にならず，主体的に児童生徒が取り組みたくなるような工夫が何か考えられないだろうか。「慣例にとらわれない創意工夫」を取り入れ，実際に取り組めるよう，日頃から考えるようにしてみてほしい。

② 子どもの主体性を育むために，あらゆる事態をシミュレーションする能力

　教師が入念に指導計画を検討しても，予測しない事象が生じることは，教育現場でも少なくない。1時間の授業計画一つをとっても，授業の展開において予期しない質問が児童生徒から発せられたり，簡単に理解できるであろうと想定していたことでも，既有知識の個人差などのために思わぬ誤認を招くこともあり得る。授業であれば，もちろん毎時貴重な時間であるものの，次回の授業時に追加・修正することによって，さらに学習を進めることができる。

　しかしながら，このような修正ができないものが，特別活動には多く存在する。とりわけ，学校行事については，当然ながら，やり直しがきかないものがほとんどである。

　このことから，特別活動の内容については，一つの活動に対するあらゆる角度からのシミュレーションをすることが強く求められる。このような内容は，現在，教職課程で学ぶ学生であっても十分に可能であろう。また，内的にイメージするだけでなく，授業の機会を通じて，例えば，ミニ運動会などを模擬的に実施し，そこで，自分たちが計画したことについて，想定外の事象や行動が生じることなく運営できていたかを確認し，臨機応変な対応力を学ぶというのも一つの方法である。また，とくに重要な事項として，安全面に問題がないかを十分に検討することも求められる。例えば，運動のように非言語的活動を言語によって説明することは非常に難しい。よって，「シミュレーション力」と「説明力」を教職課程の段階で身につけることは，特別活動の教育実践にあたって有効となるであろう。

③ 子どもが「よい思い出であった」と心に刻むことができるように開発的な取り組みを考えられる能力

　以上，2点については，特別活動の教育実践の難しさ，注意点を中心に述べてきたが，みなさんにとって，過去の学校生活の思い出を振り返るならば，やはり特別活動の内容が多いのではないだろうか。修学旅行や文化祭，体育祭など，精力的に取り組んだ内容ほど，思い出に深く刻まれるものであることと思われる。新学習指導要領に示される目標や内容を遵守し，育まれるべきことが達成されるのは，もちろん大切ではあるが，より人間的に考えるならば，児童期や青年期の思い出は，大人社会を生きるうえで糧となったり，教訓となったり，さらには，人によっては厚い友情や恋心の芽生えなどが付随することもある。これらも決して悪いものではない。教師として，人生の先輩として，かけがえのない学校生活の時間を過ごす子どもにとって特別活動がよい思い出とな

るよう，積極的・開発的に工夫，配慮を試み，そして，自分自身も楽しみなが
らさまざまなアイデアを生み出せるように，豊かなイメージ力を学生の間に育
んでもらいたい。

Exercise

①　特別活動に求められる教師の資質・能力とはどのようなものだとあなたは
　考えるのか，まわりの人と話し合ってみよう。

②　修学旅行のプランを作成してみよう。費用，日程などは自分で設定し，そ
　のなかでタイムスケジュール，行程などを具体的に書き込んでみよう。さら
　に，そのプランを振り返ってみて，プライベートな旅行とは異なり，教育的
　意義や安全面への配慮など，学習指導要領の学校行事の内容を確認しなが
　ら，さまざまな留意すべき点を検討してみよう。

③　キャリア教育に向けた学習の一環として，自分史を作成してみよう。とく
　に，幼少期の頃にどのような夢を抱き，どのような人生を歩みたかったのだ
　ろうか。また，自分の思い描いていた人生と現在の自分を比較してみたり，
　自分が影響を受けた人物やその言葉，あるいは自分が周囲にどのような影響
　を与えていると思うか，じっくりと考え，書き出してみよう。

📖次への一冊

国分康孝・片野智治『構成的グループ・エンカウンターの原理と進め方』誠信書房，
　2001年。
　　特別活動を実践するうえで，児童生徒の心の交流は非常に重要になってきた。これ
　を計画的，体系的に実践するうえで非常に有益な本である。
渋谷真樹・中澤静男・金子光夫・井深雄二編『集団を育てる特別活動』ミネルヴァ書
　房，2015年。
　　本書は，教職教養の基本として原理的な内容を中心に解説してきたが，より実践的
　なイメージをもつうえでは，きわめてわかりやすい本である。

引用・参考文献

鈴木翔・本田由紀『教室内カースト』光文社，2012年。
林尚示編著『教職シリーズ5　特別活動』培風館，2012年。
文部科学省『生徒指導提要』教育図書，2010年。
文部科学省『幼稚園教育要領（平成29年告示）』フレーベル館，2017年。
文部科学省『小学校学習指導要領（平成29年告示）解説　総則編』東洋館出版社，2018
　年ａ。
文部科学省『小学校学習指導要領（平成29年告示）解説　特別活動編』東洋館出版社，

2018年 b 。

文部科学省『中学校学習指導要領（平成29年告示）解説　特別活動編』東山書房，2018
　　年。

山口満・安井一郎編著『改訂新版　特別活動と人間形成』学文社，2010年。

小学校学習指導要領　特別活動

第1　目　標

　集団や社会の形成者としての見方・考え方を働か
せ，様々な集団活動に自主的，実践的に取り組み，互
いのよさや可能性を発揮しながら集団や自己の生活上
の課題を解決することを通して，次のとおり資質・能
力を育成することを目指す。

(1)　多様な他者と協働する様々な集団活動の意義や活
　動を行う上で必要となることについて理解し，行動
　の仕方を身に付けるようにする。

(2)　集団や自己の生活，人間関係の課題を見いだし，
　解決するために話し合い，合意形成を図ったり，意
　思決定したりすることができるようにする。

(3)　自主的，実践的な集団活動を通して身に付けたこ
　とを生かして，集団や社会における生活及び人間関
　係をよりよく形成するとともに，自己の生き方につ
　いての考えを深め，自己実現を図ろうとする態度を
　養う。

第2　各活動・学校行事の目標及び内容
〔学級活動〕

1　目　標

　学級や学校での生活をよりよくするための課題を見
いだし，解決するために話し合い，合意形成し，役割
を分担して協力して実践したり，学級での話合いを生
かして自己の課題の解決及び将来の生き方を描くため
に意思決定して実践したりすることに，自主的，実践
的に取り組むことを通して，第1の目標に掲げる資
質・能力を育成することを目指す。

2　内　容

　1の資質・能力を育成するため，全ての学年におい
て，次の各活動を通して，それぞれの活動の意義及び
活動を行う上で必要となることについて理解し，主体
的に考えて実践できるよう指導する。

(1)　学級や学校における生活づくりへの参画

　ア　学級や学校における生活上の諸問題の解決

　　　学級や学校における生活をよりよくするための
　　課題を見いだし，解決するために話し合い，合意
　　形成を図り，実践すること。

　イ　学級内の組織づくりや役割の自覚

　　　学級生活の充実や向上のため，児童が主体的に

組織をつくり，役割を自覚しながら仕事を分担し
て，協力し合い実践すること。

　ウ　学校における多様な集団の生活の向上

　　　児童会など学級の枠を超えた多様な集団におけ
　　る活動や学校行事を通して学校生活の向上を図る
　　ため，学級としての提案や取組を話し合って決め
　　ること。

(2)　日常の生活や学習への適応と自己の成長及び健康
　安全

　ア　基本的な生活習慣の形成

　　　身の回りの整理や挨拶などの基本的な生活習慣
　　を身に付け，節度ある生活にすること。

　イ　よりよい人間関係の形成

　　　学級や学校の生活において互いのよさを見付
　　け，違いを尊重し合い，仲よくしたり信頼し合っ
　　たりして生活すること。

　ウ　心身ともに健康で安全な生活態度の形成

　　　現在及び生涯にわたって心身の健康を保持増進
　　することや，事件や事故，災害等から身を守り安
　　全に行動すること。

　エ　食育の観点を踏まえた学校給食と望ましい食習
　　慣の形成

　　　給食の時間を中心としながら，健康によい食事
　　のとり方など，望ましい食習慣の形成を図るとと
　　もに，食事を通して人間関係をよりよくするこ
　　と。

(3)　一人一人のキャリア形成と自己実現

　ア　現在や将来に希望や目標をもって生きる意欲や
　　態度の形成

　　　学級や学校での生活づくりに主体的に関わり，
　　自己を生かそうとするとともに，希望や目標をも
　　ち，その実現に向けて日常の生活をよりよくしよ
　　うとすること。

　イ　社会参画意識の醸成や働くことの意義の理解

　　　清掃などの当番活動や係活動等の自己の役割を
　　自覚して協働することの意義を理解し，社会の一
　　員として役割を果たすために必要となることにつ
　　いて主体的に考えて行動すること。

　ウ　主体的な学習態度の形成と学校図書館等の活用

　　　学ぶことの意義や現在及び将来の学習と自己実

現とのつながりを考えたり，自主的に学習する場としての学校図書館等を活用したりしながら，学習の見通しを立て，振り返ること。

3　内容の取扱い

(1) 指導に当たっては，各学年段階で特に次の事項に配慮すること。

〔第1学年及び第2学年〕

話合いの進め方に沿って，自分の意見を発表したり，他者の意見をよく聞いたりして，合意形成して実践することのよさを理解すること。基本的な生活習慣や，約束やきまりを守ることの大切さを理解して行動し，生活をよくするための目標を決めて実行すること。

〔第3学年及び第4学年〕

理由を明確にして考えを伝えたり，自分と異なる意見も受け入れたりしながら，集団としての目標や活動内容について合意形成を図り，実践すること。自分のよさや役割を自覚し，よく考えて行動するなど節度ある生活を送ること。

〔第5学年及び第6学年〕

相手の思いを受け止めて聞いたり，相手の立場や考え方を理解したりして，多様な意見のよさを積極的に生かして合意形成を図り，実践すること。高い目標をもって粘り強く努力し，自他のよさを伸ばし合うようにすること。

(2) 2の3の指導に当たっては，学校，家庭及び地域における学習や生活の見通しを立て，学んだことを振り返りながら，新たな学習や生活への意欲につなげたり，将来の生き方を考えたりする活動を行うこと。その際，児童が活動を記録し蓄積する教材等を活用すること。

〔児童会活動〕

1　目　標

異年齢の児童同士で協力し，学校生活の充実と向上を図るための諸問題の解決に向けて，計画を立て役割を分担し，協力して運営することに自主的，実践的に取り組むことを通して，第1の目標に掲げる資質・能力を育成することを目指す。

2　内　容

1の資質・能力を育成するため，学校の全児童をもって組織する児童会において，次の各活動を通して，それぞれの活動の意義及び活動を行う上で必要となることについて理解し，主体的に考えて実践できるよう指導する。

(1) 児童会の組織づくりと児童会活動の計画や運営

児童が主体的に組織をつくり，役割を分担し，計画を立て，学校生活の課題を見いだし解決するために話し合い，合意形成を図り実践すること。

(2) 異年齢集団による交流

児童会が計画や運営を行う集会等の活動において，学年や学級が異なる児童と共に楽しく触れ合い，交流を図ること。

(3) 学校行事への協力

学校行事の特質に応じて，児童会の組織を活用して，計画の一部を担当したり，運営に協力したりすること。

3　内容の取扱い

(1) 児童会の計画や運営は，主として高学年の児童が行うこと。その際，学校の全児童が主体的に活動に参加できるものとなるよう配慮すること。

〔クラブ活動〕

1　目　標

異年齢の児童同士で協力し，共通の興味・関心を追求する集団活動の計画を立てて運営することに自主的，実践的に取り組むことを通して，個性の伸長を図りながら，第1の目標に掲げる資質・能力を育成することを目指す。

2　内　容

1の資質・能力を育成するため，主として第4学年以上の同好の児童をもって組織するクラブにおいて，次の各活動を通して，それぞれの活動の意義及び活動を行う上で必要となることについて理解し，主体的に考えて実践できるよう指導する。

(1) クラブの組織づくりとクラブ活動の計画や運営

児童が活動計画を立て，役割を分担し，協力して運営に当たること。

(2) クラブを楽しむ活動

異なる学年の児童と協力し，創意工夫を生かしながら共通の興味・関心を追求すること。

(3) クラブの成果の発表

活動の成果について，クラブの成員の発意・発想を生かし，協力して全校の児童や地域の人々に発表すること。

〔学校行事〕

1　目　標

全校又は学年の児童で協力し，よりよい学校生活を築くための体験的な活動を通して，集団への所属感や連帯感を深め，公共の精神を養いながら，第1の目標

に掲げる資質・能力を育成することを目指す。

2 内容

　1の資質・能力を育成するため，全ての学年において，全校又は学年を単位として，次の各行事において，学校生活に秩序と変化を与え，学校生活の充実と発展に資する体験的な活動を行うことを通して，それぞれの学校行事の意義及び活動を行う上で必要となることについて理解し，主体的に考えて実践できるよう指導する。

(1) 儀式的行事

　学校生活に有意義な変化や折り目を付け，厳粛で清新な気分を味わい，新しい生活の展開への動機付けとなるようにすること。

(2) 文化的行事

　平素の学習活動の成果を発表し，自己の向上の意欲を一層高めたり，文化や芸術に親しんだりするようにすること。

(3) 健康安全・体育的行事

　心身の健全な発達や健康の保持増進，事件や事故，災害等から身を守る安全な行動や規律ある集団行動の体得，運動に親しむ態度の育成，責任感や連帯感の涵養，体力の向上などに資するようにすること。

(4) 遠足・集団宿泊的行事

　自然の中での集団宿泊活動などの平素と異なる生活環境にあって，見聞を広め，自然や文化などに親しむとともに，よりよい人間関係を築くなどの集団生活の在り方や公衆道徳などについての体験を積むことができるようにすること。

(5) 勤労生産・奉仕的行事

　勤労の尊さや生産の喜びを体得するとともに，ボランティア活動などの社会奉仕の精神を養う体験が得られるようにすること。

3 内容の取扱い

(1) 児童や学校，地域の実態に応じて，2に示す行事の種類ごとに，行事及びその内容を重点化するとともに，各行事の趣旨を生かした上で，行事間の関連や統合を図るなど精選して実施すること。また，実施に当たっては，自然体験や社会体験などの体験活動を充実するとともに，体験活動を通して気付いたことなどを振り返り，まとめたり，発表し合ったりするなどの事後の活動を充実すること。

第3　指導計画の作成と内容の取扱い

1　指導計画の作成に当たっては，次の事項に配慮するものとする。

(1) 特別活動の各活動及び学校行事を見通して，その中で育む資質・能力の育成に向けて，児童の主体的・対話的で深い学びの実現を図るようにすること。その際，よりよい人間関係の形成，よりよい集団生活の構築や社会への参画及び自己実現に資するよう，児童が集団や社会の形成者としての見方・考え方を働かせ，様々な集団活動に自主的，実践的に取り組む中で，互いのよさや個性，多様な考えを認め合い，等しく合意形成に関わり役割を担うようにすることを重視すること。

(2) 各学校においては特別活動の全体計画や各活動及び学校行事の年間指導計画を作成すること。その際，学校の創意工夫を生かし，学級や学校，地域の実態，児童の発達の段階などを考慮するとともに，第2に示す内容相互及び各教科，道徳科，外国語活動，総合的な学習の時間などの指導との関連を図り，児童による自主的，実践的な活動が助長されるようにすること。また，家庭や地域の人々との連携，社会教育施設等の活用などを工夫すること。

(3) 学級活動における児童の自発的，自治的な活動を中心として，各活動と学校行事を相互に関連付けながら，個々の児童についての理解を深め，教師と児童，児童相互の信頼関係を育み，学級経営の充実を図ること。その際，特に，いじめの未然防止等を含めた生徒指導との関連を図るようにすること。

(4) 低学年においては，第1章総則の第2の4の(1)を踏まえ，他教科等との関連を積極的に図り，指導の効果を高めるようにするとともに，幼稚園教育要領等に示す幼児期の終わりまでに育ってほしい姿との関連を考慮すること。特に，小学校入学当初においては，生活科を中心とした関連的な指導や，弾力的な時間割の設定を行うなどの工夫をすること。

(5) 障害のある児童などについては，学習活動を行う場合に生じる困難さに応じた指導内容や指導方法の工夫を計画的，組織的に行うこと。

(6) 第1章総則の第1の2の(2)に示す道徳教育の目標に基づき，道徳科などとの関連を考慮しながら，第3章特別の教科道徳の第2に示す内容について，特別活動の特質に応じて適切な指導をすること。

2　第2の内容の取扱いについては，次の事項に配慮するものとする。

(1) 学級活動，児童会活動及びクラブ活動の指導につ

いては，指導内容の特質に応じて，教師の適切な指導の下に，児童の自発的，自治的な活動が効果的に展開されるようにすること。その際，よりよい生活を築くために自分たちできまりをつくって守る活動などを充実するよう工夫すること。

(2)　児童及び学校の実態並びに第1章総則の第6の2に示す道徳教育の重点などを踏まえ，各学年において取り上げる指導内容の重点化を図るとともに，必要に応じて，内容間の関連や統合を図ったり，他の内容を加えたりすることができること。

(3)　学校生活への適応や人間関係の形成などについては，主に集団の場面で必要な指導や援助を行うガイダンスと，個々の児童の多様な実態を踏まえ，一人一人が抱える課題に個別に対応した指導を行うカウンセリング（教育相談を含む。）の双方の趣旨を踏まえて指導を行うこと。特に入学当初や各学年のはじめにおいては，個々の児童が学校生活に適応するとともに，希望や目標をもって生活できるよう工夫すること。あわせて，児童の家庭との連絡を密にすること。

(4)　異年齢集団による交流を重視するとともに，幼児，高齢者，障害のある人々などとの交流や対話，障害のある幼児児童生徒との交流及び共同学習の機会を通して，協働することや，他者の役に立ったり社会に貢献したりすることの喜びを得られる活動を充実すること。

3　入学式や卒業式などにおいては，その意義を踏まえ，国旗を掲揚するとともに，国歌を斉唱するよう指導するものとする。

中学校学習指導要領　特別活動

第1　目　標

　集団や社会の形成者としての見方・考え方を働かせ，様々な集団活動に自主的，実践的に取り組み，互いのよさや可能性を発揮しながら集団や自己の生活上の課題を解決することを通して，次のとおり資質・能力を育成することを目指す。

(1)　多様な他者と協働する様々な集団活動の意義や活動を行う上で必要となることについて理解し，行動の仕方を身に付けるようにする。

(2)　集団や自己の生活，人間関係の課題を見いだし，解決するために話し合い，合意形成を図ったり，意思決定したりすることができるようにする。

(3)　自主的，実践的な集団活動を通して身に付けたことを生かして，集団や社会における生活及び人間関係をよりよく形成するとともに，人間としての生き方についての考えを深め，自己実現を図ろうとする態度を養う。

第2　各活動・学校行事の目標及び内容

〔学級活動〕

1　目　標

　学級や学校での生活をよりよくするための課題を見いだし，解決するために話し合い，合意形成し，役割を分担して協力して実践したり，学級での話合いを生かして自己の課題の解決及び将来の生き方を描くために意思決定して実践したりすることに，自主的，実践的に取り組むことを通して，第1の目標に掲げる資質・能力を育成することを目指す。

2　内　容

　1の資質・能力を育成するため，全ての学年において，次の各活動を通して，それぞれの活動の意義及び活動を行う上で必要となることについて理解し，主体的に考えて実践できるよう指導する。

(1)　学級や学校における生活づくりへの参画

　　ア　学級や学校における生活上の諸問題の解決

　　　　学級や学校における生活をよりよくするための課題を見いだし，解決するために話し合い，合意形成を図り，実践すること。

　　イ　学級内の組織づくりや役割の自覚

　　　　学級生活の充実や向上のため，生徒が主体的に組織をつくり，役割を自覚しながら仕事を分担して，協力し合い実践すること。

　　ウ　学校における多様な集団の生活の向上

　　　　生徒会など学級の枠を超えた多様な集団における活動や学校行事を通して学校生活の向上を図るため，学級としての提案や取組を話し合って決めること。

(2)　日常の生活や学習への適応と自己の成長及び健康安全

　　ア　自他の個性の理解と尊重，よりよい人間関係の形成

　　　　自他の個性を理解して尊重し，互いのよさや可能性を発揮しながらよりよい集団生活をつくること。

　　イ　男女相互の理解と協力

　　　　男女相互について理解するとともに，共に協力し尊重し合い，充実した生活づくりに参画すること。

　　ウ　思春期の不安や悩みの解決，性的な発達への対応

　　　　心や体に関する正しい理解を基に，適切な行動をとり，悩みや不安に向き合い乗り越えようとすること。

　　エ　心身ともに健康で安全な生活態度や習慣の形成

　　　　節度ある生活を送るなど現在及び生涯にわたって心身の健康を保持増進することや，事件や事故，災害等から身を守り安全に行動すること。

　　オ　食育の観点を踏まえた学校給食と望ましい食習慣の形成

　　　　給食の時間を中心としながら，成長や健康管理を意識するなど，望ましい食習慣の形成を図るとともに，食事を通して人間関係をよりよくすること。

(3)　一人一人のキャリア形成と自己実現

　　ア　社会生活，職業生活との接続を踏まえた主体的な学習態度の形成と学校図書館等の活用

　　　　現在及び将来の学習と自己実現とのつながりを考えたり，自主的に学習する場としての学校図書館等を活用したりしながら，学ぶことと働くことの意義を意識して学習の見通しを立て，振り返る

こと。

イ　社会参画意識の醸成や勤労観・職業観の形成

社会の一員としての自覚や責任をもち，社会生活を営む上で必要なマナーやルール，働くことや社会に貢献することについて考えて行動すること。

ウ　主体的な進路の選択と将来設計

目標をもって，生き方や進路に関する適切な情報を収集・整理し，自己の個性や興味・関心と照らして考えること。

3　内容の取扱い

(1)　2の(1)の指導に当たっては，集団としての意見をまとめる話合い活動など小学校からの積み重ねや経験を生かし，それらを発展させることができるよう工夫すること。

(2)　2の(3)の指導に当たっては，学校，家庭及び地域における学習や生活の見通しを立て，学んだことを振り返りながら，新たな学習や生活への意欲につなげたり，将来の生き方を考えたりする活動を行うこと。その際，生徒が活動を記録し蓄積する教材等を活用すること。

〔生徒会活動〕

1　目　標

異年齢の生徒同士で協力し，学校生活の充実と向上を図るための諸問題の解決に向けて，計画を立て役割を分担し，協力して運営することに自主的，実践的に取り組むことを通して，第1の目標に掲げる資質・能力を育成することを目指す。

2　内　容

1の資質・能力を育成するため，学校の全生徒をもって組織する生徒会において，次の各活動を通して，それぞれの活動の意義及び活動を行う上で必要となることについて理解し，主体的に考えて実践するよう指導する。

(1)　生徒会の組織づくりと生徒会活動の計画や運営

生徒が主体的に組織をつくり，役割を分担し，計画を立て，学校生活の課題を見いだし解決するために話し合い，合意形成を図り実践すること。

(2)　学校行事への協力

学校行事の特質に応じて，生徒会の組織を活用して，計画の一部を担当したり，運営に主体的に協力したりすること。

(3)　ボランティア活動などの社会参画

地域や社会の課題を見いだし，具体的な対策を考

え，実践し，地域や社会に参画できるようにすること。

〔学校行事〕

1　目　標

全校又は学年の生徒で協力し，よりよい学校生活を築くための体験的な活動を通して，集団への所属感や連帯感を深め，公共の精神を養いながら，第1の目標に掲げる資質・能力を育成することを目指す。

2　内　容

1の資質・能力を育成するため，全ての学年において，全校又は学年を単位として，次の各行事において，学校生活に秩序と変化を与え，学校生活の充実と発展に資する体験的な活動を行うことを通して，それぞれの学校行事の意義及び活動を行う上で必要となることについて理解し，主体的に考えて実践できるよう指導する。

(1)　儀式的行事

学校生活に有意義な変化や折り目を付け，厳粛で清新な気分を味わい，新しい生活の展開への動機付けとなるようにすること。

(2)　文化的行事

平素の学習活動の成果を発表し，自己の向上の意欲を一層高めたり，文化や芸術に親しんだりするようにすること。

(3)　健康安全・体育的行事

心身の健全な発達や健康の保持増進，事件や事故，災害等から身を守る安全な行動や規律ある集団行動の体得，運動に親しむ態度の育成，責任感や連帯感の涵養，体力の向上などに資するようにすること。

(4)　旅行・集団宿泊的行事

平素と異なる生活環境にあって，見聞を広め，自然や文化などに親しむとともに，よりよい人間関係を築くなどの集団生活の在り方や公衆道徳などについての体験を積むことができるようにすること。

(5)　勤労生産・奉仕的行事

勤労の尊さや生産の喜びを体得し，職場体験活動などの勤労観・職業観に関わる啓発的な体験が得られるようにするとともに，共に助け合って生きることの喜びを体得し，ボランティア活動などの社会奉仕の精神を養う体験が得られるようにすること。

3　内容の取扱い

(1)　生徒や学校，地域の実態に応じて，2に示す行事の種類ごとに，行事及びその内容を重点化するとと

もに，各行事の趣旨を生かした上で，行事間の関連
や統合を図るなど精選して実施すること。また，実
施に当たっては，自然体験や社会体験などの体験活
動を充実するとともに，体験活動を通して気付いた
ことなどを振り返り，まとめたり，発表し合ったり
するなどの事後の活動を充実すること。

第3　指導計画の作成と内容の取扱い
1　指導計画の作成に当たっては，次の事項に配慮す
るものとする。
(1)　特別活動の各活動及び学校行事を見通して，その
中で育む資質・能力の育成に向けて，生徒の主体
的・対話的で深い学びの実現を図るようにするこ
と。その際，よりよい人間関係の形成，よりよい集
団生活の構築や社会への参画及び自己実現に資する
よう，生徒が集団や社会の形成者としての見方・考
え方を働かせ，様々な集団活動に自主的，実践的に
取り組む中で，互いのよさや個性，多様な考えを認
め合い，等しく合意形成に関わり役割を担うように
することを重視すること。
(2)　各学校においては特別活動の全体計画や各活動及
び学校行事の年間指導計画を作成すること。その
際，学校の創意工夫を生かし，学級や学校，地域の
実態，生徒の発達の段階などを考慮するとともに，
第2に示す内容相互及び各教科，道徳科，総合的な
学習の時間などの指導との関連を図り，生徒による
自主的，実践的な活動が助長されるようにするこ
と。また，家庭や地域の人々との連携，社会教育施
設等の活用などを工夫すること。
(3)　学級活動における生徒の自発的，自治的な活動を
中心として，各活動と学校行事を相互に関連付けな
がら，個々の生徒についての理解を深め，教師と生
徒，生徒相互の信頼関係を育み，学級経営の充実を
図ること。その際，特に，いじめの未然防止等を含
めた生徒指導との関連を図るようにすること。
(4)　障害のある生徒などについては，学習活動を行う
場合に生じる困難さに応じた指導内容や指導方法の
工夫を計画的，組織的に行うこと。
(5)　第1章総則の第1の2の(2)に示す道徳教育の目標
に基づき，道徳科などとの関連を考慮しながら，第
3章特別の教科道徳の第2に示す内容について，特
別活動の特質に応じて適切な指導をすること。
2　第2の内容の取扱いについては，次の事項に配慮
するものとする。
(1)　学級活動及び生徒会活動の指導については，指導
内容の特質に応じて，教師の適切な指導の下に，生
徒の自発的，自治的な活動が効果的に展開されるよ
うにすること。その際，よりよい生活を築くために
自分たちできまりをつくって守る活動などを充実す
るよう工夫すること。
(2)　生徒及び学校の実態並びに第1章総則の第6の2
に示す道徳教育の重点などを踏まえ，各学年におい
て取り上げる指導内容の重点化を図るとともに，必
要に応じて，内容間の関連や統合を図ったり，他の
内容を加えたりすることができること。
(3)　学校生活への適応や人間関係の形成，進路の選択
などについては，主に集団の場面で必要な指導や援
助を行うガイダンスと，個々の生徒の多様な実態を
踏まえ，一人一人が抱える課題に個別に対応した指
導を行うカウンセリング（教育相談を含む。）の双
方の趣旨を踏まえて指導を行うこと。特に入学当初
においては，個々の生徒が学校生活に適応するとと
もに，希望や目標をもって生活をできるよう工夫す
ること。あわせて，生徒の家庭との連絡を密にする
こと。
(4)　異年齢集団による交流を重視するとともに，幼
児，高齢者，障害のある人々などとの交流や対話，
障害のある幼児児童生徒との交流及び共同学習の機
会を通して，協働することや，他者の役に立ったり
社会に貢献したりすることの喜びを得られる活動を
充実すること。
3　入学式や卒業式などにおいては，その意義を踏ま
え，国旗を掲揚するとともに，国歌を斉唱するよう
指導するものとする。

索　引

《監修者紹介》

吉田武男（筑波大学名誉教授，貞静学園短期大学学長）
<small>よしだたけお</small>

《執筆者紹介》<small>（所属，分担，執筆者順，＊は編著者）</small>

＊吉田武男<small>よしだたけお</small>（編著者紹介参照：はじめに，第1章，第9章第1節，第10章第1節，第11章第
　　　　　1節・第3節，第12章第1節）

星野真澄<small>ほしのますみ</small>（明治学院大学文学部専任講師：第2章）

花屋哲郎<small>はなやてつろう</small>（秀明大学学校教師学部教授：第3章）

島埜内恵<small>しまのうちめぐみ</small>（白鴎大学教育学部専任講師：第4章）

板橋雅則<small>いたばしまさのり</small>（明治学院大学文学部専任講師：第5章）

佐藤　真<small>さとうしん</small>（関西学院大学教育学部教授：第6章）

＊京免徹雄<small>きょうめんてつお</small>（編著者紹介参照：はじめに，第7章）

金　珬淑<small>きむひょんすく</small>（聖徳大学教育学部准教授：第8章）

齋藤眞弓<small>さいとうまゆみ</small>（つくば国際大学東風小学校講師：第9章第2節，第10章第2節，第11章第2
　　　　　節・第4節，第12章第2節）

緩利　誠<small>ゆるりまこと</small>（昭和女子大学大学院生活機構研究科准教授：第13章）

堀井啓幸<small>ほりいひろゆき</small>（常葉大学教育学部教授：第14章）

森田健宏<small>もりたたけひろ</small>（関西外国語大学英語キャリア学部教授：第15章）

《編著者紹介》

吉田武男（よしだ・たけお／1954年生まれ）

筑波大学名誉教授，貞静学園短期大学学長

『シュタイナー教育を学びたい人のために──シュタイナー教育研究入門』（協同出版，1997年）

『発想の転換を促すシュタイナーの教育名言100選』（学事出版，2001年）

『カウンセラーは学校を救えるか──「心理主義化する学校」の病理と変革』（共著，昭和堂，2003年）

『シュタイナーの人間形成論──道徳教育の転換を求めて』（学文社，2008年）

『「心の教育」からの脱却と道徳教育──「心」から「絆」へ，そして「魂」へ』（学文社，2013年）（那楽・欒天訳『却脱「心霊教育」的道徳教育』（人民出版社，2016年））

京免徹雄（きょうめん・てつお／1982年生まれ）

筑波大学人間系助教

『フランスの学校教育におけるキャリア教育の成立と展開』（風間書房，2015年）

『キーワード キャリア教育──生涯にわたる生き方教育の理解と実践』（共著，北大路書房，2016年）

『世界の学校と教職員の働き方──米・英・仏・独・中・韓との比較から考える日本の教職員の働き方改革』（共著，学事出版，2018年）

『新しい時代の生徒指導・キャリア教育』（共著，ミネルヴァ書房，2019年）

『現代キャリア教育システムの日仏比較研究──学校・教師の役割とそれを支えるメカニズム』（風間書房，2021年）

MINERVA はじめて学ぶ教職⑭
特別活動

2020年11月25日　初版第1刷発行　　　　　　〈検印省略〉
2023年2月20日　初版第3刷発行

定価はカバーに表示しています

編著者	吉 田 武 男
	京 免 徹 雄
発行者	杉 田 啓 三
印刷者	藤 森 英 夫

発行所　株式会社　ミネルヴァ書房
607-8494　京都市山科区日ノ岡堤谷町1
電話代表　（075）581-5191
振替口座　01020-0-8076

亜細亜印刷

ISBN978-4-623-08780-8
Printed in Japan

MINERVA はじめて学ぶ教職

監修　吉田武男

「教職課程コアカリキュラム」に準拠　　全20巻＋別巻1

◆　B5判／美装カバー／各巻180〜230頁／各巻予価2200円（税別）　◆

【姉妹編】
MINERVA はじめて学ぶ教科教育　全10巻＋別巻1

監修 吉田武男　B5判美装カバー／各巻予価2200円（税別）〜